사람
　　사는
　　세상

사람 사는 세상

초판 인쇄 2021년 4월 21일
초판 발행 2021년 4월 23일

저　　자 조석중
펴 낸 이 김재광
펴 낸 곳 솔과학
등　　록 제10-140호 1997년 2월 22일
주　　소 서울특별시 마포구 독막로 295번지
　　　　　302호(염리동 삼부골든타워)
전　　화 02-714-8655
팩　　스 02-711-4656
E-mail solkwahak@hanmail.net

I S B N 979-11-87124-87-0 (03810)

ⓒ 솔과학, 2021

값 18,000원

※ 이 책의 내용 전부 또는 일부를 이용하려면
　 반드시 저작권자와 도서출판 솔과학의 서면동의를 받아야 합니다.

고통은 오르막길일 뿐 담담히 지나가면 됩니다

사람 사는 세상

조석중 지음

THE WORLD OF HUMAN LIFE

솔과학

들어가며

*가끔씩
흔들리는 마음들*

　현대를 살아가는 우리는 과학의 발전과 사람살이의 진보를 보고 있다. 하지만 주위 분들의 말을 들으면 "옛날이 좋았지! 지금은 재미없어"라고 표현한다. 과거와 비교해 지금 사람들은 마음에 짐이 많다. 육체적인 편리함의 증가에 따른 정신적 피곤함이 가중되는 비례 현상이다. 문명이 발전할수록 개인불만이 커지는 현상을 우리는 보고 있다. 개인의 행복과 문명의 발달은 공존 가능한 이야기인가? 인간의 파괴와 통합, 소유본능에 의해 국가는 탄생했다. 국가는 법과 양심교육으로 죄책감을 만들어 국민을 다스린다. 우리는 국가에 살고 있다.

현대는 과학의 발전에 힘입어 산업화에 의한 인간생활의 편리함을 이루었다. 그럼에도 불구하고 우리는 역설적인 현상을 목격한다. 현대를 살아가는 우리들은 머리 위에 무거운 장식을 항상 달고 다닌다. 무슨 데코가 그리 많은지 모르겠다. 잘 사는 것 같은데 불행하다는 목소리가 높아가는 현실이다. 상대적 빈곤, 사회 양극화, 분주함, 경쟁, 갈등, 낙오, 소외 등에서 자유스럽지 않다. 우리는 인간이다. 고대 이래로 이성적 성취감을 높게 평가하고 추구하는 동물이다. 행복을 인간살이의 목적으로 추구하는 사람들이 많다는 것이다. 인간정신은 지루함을 견디지 못한다. 반면 재미를 추구하는 동물임에 틀림없다. 그리고 의미를 찾는다.

우리는 현재 물질과 문명의 혜택을 누리고 산다. 하지만 정신적으로 수많은 갈등과 번뇌가 상존한다. 이와 같은 상황에 우리는 무엇을 해야 할까? 나는 현재를 살아가는 우리가 진보와 발전의 시대에 반시대적 상상을 해 볼 시기라고 생각한다. 과거의 느리고 더딘 사회로 돌아가 보자는 것을 제안한다.

나이가 좀 드신 분들이 '라떼'를 이야기 한다. 꼰대도 이유가 있다.

　대가족 구성, 협동, 어울림, 연대 등을 살펴보자는 것이다. 나는 이 글의 의미를 뒤로 가는 길목을 찾는 과정 중 하나라고 말하고 싶다. 1969년생이 50이 넘은 나이에 나를 비추어 보는 반성의 글이다. 반성은 이전의 무엇을 다시 생각해 보는 것이다. 잘못을 반성하는 것도 중요하다. 여기에서 반성은 뒤로 가보고 거기에서 앞을 보자는 뜻도 있다. 뒷걸음은 더 멀리 앞으로 뛰기 위한 것이기도 하다.

　우리에게 너무나 익숙해진 현대적 삶은 과거와 어떻게 다른가? 우리의 마음을 무겁게 하는 요인은 무엇인가? 선택지가 많은 시대에 욕망을 욕망하는 시대이다. 그에 따른 마음에 병이 양산되는 현대적 삶이다. 나는 이러한 삶이 우리들의 자유와 행복을 흐려지게 한다고 생각한다. 이에 반기를 들고 싶다. 모든 것의 진보만이 우리들의 목적인지 스스로 질문해 보아야 한다. 몸은 좀 불편해도 마음이 풍요로운 사회는 어떤 사회일까? 농경사회로? 말이 안 되는 소리?

마음이 무거운 현실을 인식하는 이들이 많아지고 있다. 바람직한 일이다. 이 시대를 멈추게 하고 반시대적 사고를 가진 사람들이 많아진다. 이러한 사람들이 많이 모인 연대가 늘어나고 있다. 땅을 뒤덮은 장판을 거둬내는 일을 하는 사람들이 늘어난다. 그들은 우리에게 이야기 한다. 우리는 육체와 정신의 행복을 이야기 할 준비가 되었다고.

나는 뒤로 가는 세상을 꿈꾸며 이 글을 쓰고자 한다. 진보와 발전의 혜택을 누리며 불행한 장수를 누릴 것인지, 여기서 뒤로 돌아 초라하지만 재밌게 노는 나를 찾아 장수할 것인지 말이다. 나는 현대적 삶에 완전히 학습된 사람이다. 하지만 몸은 그렇게 되었을지라도 정신은 아직 아니다. 이글을 통해 후진 작업을 하고 싶다. 반시대적 상상을 하고자 한다. 여기서부터 나는 '의미'라는 것을 이야기 할 수 있을 것이다. 그리고 숙제를 얻은 것이다. 마음을 가볍게 할 수 있는 시작점을 찾아야 한다는 숙제를 발견하는 것이다. 그 시작점이 뒤돌아보는 반성이다.

인간의 궁극적인 삶의 의미는 무엇일까? 600만 년 전부터 이어져 오는 인간 진화의 최종적인 의미는 무엇일까? 이러한 의문은 나에게 끊임없이 질문하는 '화두'이기도 하다. 사람은 하루 종일 자기와의 대화에서 벗어날 수 없다. 타인과의 관계 맺음에 있어서도 지속적으로 자기와의 대화는 이어진다. 어떤 작용에 의해 나는 나와 대면하고 있는가? 내안의 본능과 자아, 초자아의 갈등은 인간의 숙명인가? 갈등은 내가 일으키는 나의 마음으로부터 생산되는가? 그러한 내면의 대화는 나를 어떤 존재로 만드는가? 생각이라는 기능을 소유한 인간 종은 어떻게 살아야 하는가? 나는 지난 50년 동안 수많은 시행착오를 겪었다. 생각하건데 어처구니없는 실수도 많이 하고 살았던 것 같다. 후회와 반성이 교차하는 시간이 많아졌다. 50년 세월이 짧지는 않다. 그래서 한번 뒤돌아보는 계기를 마련한 것이다.

우리 인간은 숙명적인 태어남과 죽음의 인식으로 내면의 갈등을 생산한다. 심리적 해방의 자유를 스스로 억압하고 있다. 나를 고통스럽게 하는 요인은 무엇일까? 인간의 삶 자체가 끊임없는 고통의 연속이라고 한다. 그 고통을 극복할 수 있는 방법은 어디로부터 탐구하여야 할까?

니체는 "심연의 고통의 깊이를 극복하는 순간 진정한 자유를 얻을 수 있다"고 하였다. 인간의 생각하는 능력이 오히려 인간을 더욱 더 고통스럽게 하는 것일 수도 있다. 살다보니 그러한 생각이 든다. 하지만 고통을 회피하는 것만이 방법은 아닐 것이다. 진정한 해방감은 회피가 아니라 직접 맞장 뜨는 데서 올 수도 있다.

나는 지금까지 특별하지도 위대하지도 않은 삶을 살고 있다. 어디에서도 만날 수 있는 그저 일반적인 사람이다. 나는 보통 사람이다. 이글은 자랑할게 없는 사람이 나이 50을 넘어가는 시점에 멈추어 본 것이다. 내가 누구인지 스스로 질문해 보자는 것이다. 잠시 멈추고 변화되는 길목에 서있고 싶어서이다. 또한 아들에게 인생 선배로서 뭔가 남기고 싶은 욕심도 있다. 인생 선배가 지금까지 살면서 느꼈던 절반의 느낌을 말하고 싶다. 인간 내면의 갈등과 고통을 이야기 하려고 한다. 지금까지 살아왔고 앞으로 살고자 하는 의지를 전달하고자 한다. 이 글은 나에게 들려주는 절반의 보고서이기도 하다. 내가 품어온 생각의 고리를 만들어 보고자 한다. 그 중에 중요하다고 판단되는 느낌을 내 맘대로 펼쳐 본다.

무엇이든지 새로움과 모험을 준비하는 시작이 있다. 시작을 지나 과정에서 겪게 되는 수많은 느낌도 생산된다. 과정에서 얻게 되는 성장과 실패는 모두 다 성장이고 인생 성과이다. 과정에서 얻는 양면을 알아가고 포용하는 것이 나의 목적이다. 이것은 내면을 숙성시킬 수 있는 내공을 기르는 반복적인 과정이다. 그것이 참살이 (Well Being)의 준비라고 생각한다.

나는 세상을 살면서 느꼈던 바를 될 수 있으면 진정성을 유지하며 쓰려고 한다. 내가 이해하고 느꼈던 것을 그대로 표현하는 것이 좋을 것 같아서이다. 사람 사는 세상이 나에게 선물한 부대낌을 표현하고 싶다. 내가 대면하는 세상과 사람들의 이야기에서 작은 씨앗을 발견하고자 한다. 이러한 작은 씨앗이 열매가 되어 숭고하게 익어가는 통로를 보고 싶다. 단 한 문장에서라도 씨앗이 발견된다면 나의 소임을 다한 것이라고 생각한다.

나의 생각에 고리가 그리 길고 깊지가 않다. 세상사 모든 것을 표현하고 싶은 생각은 많다. 아직은 절반의 부족한 생각일 뿐이다. 다만 내가 여기서 얻고자 하는 것은 여기에 있는 나의 존재이다. 나를 포착하고 드러내 보이고자 하는 것이다. 나의 생각의 고리가 어떠한 것에 중심을 두고 있는지도 알 수 있을 것이다. 그것이 여러분들과 공감하는 부분이 있다면 우리는 조금 연대하고 있는 것이다.

지금까지 내가 살면서 듣고 보았던 사실과 경험은 많다. 머릿속에서는 많은 생각으로 가득하다. 개인적 삶과 직장에서의 수많은 경험은 많다. 하지만 이 모든 것을 글로 표현하는 것은 쉬운 일은 아니다. 이 글은 본능적으로 이끌어 나온 현재의 나를 표현하는 데 있다. 지나간 일에 대한 반성이며 작은 울림이다.

대한민국에서 현재를 살고 있는 나와 같은 나이 50이 넘어가는 분들은 많다. 그 지점을 살고 있는 우리는 다양한 경험과 느끼는 바가 많이 있을 것이다. 그러한 분들을 대신해서 좁고 얕은 영역이나마 표현하고자 한다.

나는 중간 지점에서 잠시 나를 뒤돌아보고 싶었다. 그래야 다시 없음으로 가는 여행을 좀 알고 떠나지 않을까 생각해서다. 중요한 것은 내 스스로 내가 누구인지 알고자 하는 의지이다. 사람 사는 세상에 각자의 삶이 주어진 세상이다. 다만 조금 더 지금을 나아지게 하려고 애쓰는 존재일 뿐이다. 어쩌면 수많은 나와 같은 오십 줄 인생 동반자들이 고민하고 있는 일인지도 모른다.

살다보니 50이 넘어 버렸다. 확실하게 이루어 놓은 것은 아직 없다. 미래는 불확실하다. 앞으로의 일이 어떻게 전개될지도 모른다. 모든 것이 불안하고 고민스럽다. 현재를 사는 오십 줄 인생살이는 피곤하고 힘들다. 삶에 무게가 가중되는 현실이다. 그 오십 줄들이 사람 사는 세상의 중심에 있다. 우리는 인생 전환점을 발견하는 시간을 확보하여야 한다. 다시 한번 힘을 내고 100을 향해 달려보고자 한다. 이 땅에 모든 오십 줄 분들께 말씀드리고 싶다. 지금까지 달려오시느라 수고 많으셨습니다. 인생 후반전을 위해서 다시 시작하는 겁니다.

2021년 3월

서해대교를 바라보며

차 례

005 들어가며 **가끔씩 흔들리는 마음들**

Part 01 시작

021 시작이라는 것 별거 아닙니다
030 여러분! 지구에 오신 것을 환영합니다
036 우리는 원래 자연인입니다
042 사람은 축복입니다
048 가슴 뛰게 만드는 선생님이 계셨습니다
056 나의 아버지는 광부입니다
064 선생님 보고 싶습니다
072 편지를 기억하십니까?
081 지금 나로 살고 계신가요?
088 나는 촌놈입니다
095 아버지
101 어머니
106 누님

Part 02 느낌

- 115 우리가 우리를 봅니다
- 123 생각 좀 하고 살겠습니다
- 131 세상에서 가장 힘든 직업은 인간 직업입니다
- 139 있을 땐 잘 모릅니다 떠나면 알게 됩니다
- 145 시작과 출발을 잘하고 계시나요?
- 152 홀로 있는 시간이 나를 부릅니다
- 157 예의 좀 지키며 살면 좋을 텐데요
- 163 시간은 우리를 치유하는 약입니다
- 169 책도 사람이 먹는 음식입니다
- 174 최선을 다 해본 경험이 있으시나요?
- 180 노동자가 행복한 나라는 어디에 있습니까?
- 188 진정한 불평등을 말하고 싶습니다
- 197 친구
- 201 하늘나라로 가는 기차를 잘 타는 방법 있습니다
- 205 힘 있으면 막 해도 되는 겁니까?
- 211 자기희생 좀 그만 합시다

Part 03 성장

- 221 아름다움이 그냥 보입니까?
- 227 내 마음 같은 사람은 이 세상에 없습니다
- 235 거짓 행동과 양심적 행동은 바로 드러납니다
- 243 지금 잘 살고 계신가요?
- 252 40년만 젊었으면 좋겠습니다
- 258 21세기가 여러분을 원하고 있습니다
- 265 우리는 어디에서 어디로 가고 있습니까?
- 272 교육에 대하여 의견 있습니다
- 280 내 마음아 사랑한다
- 283 가만히 듣겠습니다
- 291 고통은 오르막길일 뿐 담담히 지나가면 됩니다
- 298 감성을 착하게 만들어보면 부자 됩니다
- 306 부모의 부모가 되어 보겠습니다
- 314 사지 멀쩡함에서 깨달음을 얻었습니다

Part 04 익어감

- 325 오늘부터 독립하겠습니다
- 330 잘 익은 막걸리 한 잔 하시지요
- 334 소크라테스 형! 고마워요
- 339 나를 팔아 부자가 되고 싶습니다
- 343 알 깨고 나갑니다
- 351 우리는 원래 착한 바보였습니다
- 360 자유롭고 뿌리가 깊은 사람은 스스로를 익어가게 만듭니다

Part 05 조각

- 369 나의 조각을 찾아서 붙입니다

- 380 나오며 가끔씩 흔들리는 마음들

Part 01

시작

시작한다는 것은 모험을 예고한다.
새로움에 대한 설렘도 동반한다.
그래서 신선하고 향기롭다.
실험적이며 탄생을 잉태하는 동기이다.
결과는 시작이 있어야 나오는 것이다.
모든 것이 시작이 없으면 끝도 없다.
지금 시작하기를 두려워하는가?
겁내지 말고 말을 걸어보고, 행동으로 옮겨보고 질러보자.
시작이 반이다. 정말 시작이 반이다.

시작이라는 것
별거 아닙니다

　내가 술을 좋아하고 친구들과 만남을 자주할 때의 일이다. 친구들과 처음에는 이런 저런 사는 이야기를 나누면서 술을 마시게 된다. 술자리 시간이 오래되면 나는 학벌 좋고, 좋은 직장에 다니는 놈들 앞에서 좀 작아지는 기분이 꼭 든다. 그러면 나는 만날 때마다 책을 쓰겠다고 언성을 높이곤 하였다. 숨기고 싶은 열등감을 술기운에 극복해 보려는 나였다. 이러한 짓을 반복하다보니 돌이킬 수 없는 마음의 숙제가 생겨버렸다. 그런데 정말 책을 써야 될 것 같은 느낌이 엄습했다. 하지만 언제 시작하지? 언제부터 쓸까? 마음으로만 계속 간직하고 있었지 구체적으로 글을 쓰겠다는 계획은 1도 없었다.

그러던 중 서점에서 책을 10여 년째 주문해서 읽고 있는 나 자신을 발견한 것이다. 내 심장에서 "읽기는 그만하지! 너도 써봐"라는 명령이 내려졌다. 이제 나도 한번 써보자 하는 마음이 발동한 것이다. 그래서 2020년 6월 1일부터 무작정 시작한 것이 오늘에 이르렀다. 그동안은 "내 주제에 무슨 글을 써" 이랬던 나였다. 하지만 친구 놈들에게 술 먹은 정신에 장담했던 말이 자꾸 생각났다. 사실 글을 써보고 싶은 마음도 있었다. 그래서 일단 써보자. 그 다음은 모르겠다. 그랬던 것이 하루하루 쓰다 보니 여기까지 온 것이다. 시작하면 이미 절반이다.

도덕경 1장에 보면 無名天地之始(무명천지지시), 有名萬物之母(유명만물지모)라는 문장이 있다. 해석해보면, 대체로 있음(有)은 모두 없음(無)에서 시작한다.

모두 다 그런 것 같다. 아직 모양하지 않고 이름이 없는 때가 곧 만물의 시작이 된다. 마침내 형체가 있고 이름이 있는 때가 곧 자라나고 길러진다. 휴식 하고 성숙되어 그 어미가 된다.

여기서 시(始)는 여자의 처음이다. 여자가 잉태하는 시점이다. 처음은 가령, 가위로 옷감을 자르는 것 조금 자를 때 이미 시작된다. 처음은 시작 준비와 출발의 교차지점에 존재한다.

시작은 이 세계 어디에도 구체적으로 존재하지 않는다. 시작이라는 사건이 없으면 자르기라는 운동이 없다. 이 세계는 구체적인 모습은 없지만 이 세계를 가능하게 해주는 영역이 있다. 거기에서 비롯된 현상을 우리는 '있다'라고 한다. 유(有)는 만물을 통칭하여 가리킨다.

우리 몸에 텅 빈 공간이 있어 활동하게 된다. 이것이 무(無)이다. 공간은 출발이나 시작 같은 것이다. 즉 자기 존재성은 없다. 하지만 그것 때문에 다른 것들이 가능해지는 것이다. 그것을 노자는 무(無)라고 한다.

동양에서는 아기를 아버지가 낳고 어머니는 기른다고 한다. 눈에 보이는 많은 것들과 구체적인 것들이 있다. 어머니가 자식을 안듯이 안아서 그것을 유(有)라고 이름 붙인다. 눈에 보이지 않는 것을 무(無)라 한다. 보이는 것을 유(有)라고 칭한다. 언제나 무를 가지고 세계의 오묘한 영역을 나타내려 한다. 언제나 유를 가지고는 구체적으로 보이는 영역을 나타내려 한다.

젊은 여자 마음은 신도 자기도 모른다. 묘한 상태이다. 무는 지기는 없으면서 다른 것이 기능할 수 있게 해주는 영역이다. 여자의 마음이다. 언제나 유를 가지고 구체적으로 보이는 영역을 나타내게 한다. 노자는 두 가지 창인 유와 무를 같이 나왔다고 한다. 이 둘은 같이 나와 있지만 이름을 달리한다. 같이 있다는 것 이것이 신기하다는 것이다. 어떤 것이 나오는 것이 아니라 이것이 들락거리는 문이다.

이 세계는 유/무 대립 면에 공존으로 되어 있다. 노자의 관계론은 유와 무의 긴장과 공존이다. 이 둘이 세계를 만들고 있다는 것을 알려주고 있다. 죽고 태어나는 것도 유무의 긴장이다. 이 세상 모든 일은 유·무의 긴장에서 이루어진다. 여기서 멈추고 생각해 보아야 한다. 사람 사는 세상이 어떻게 이루어졌고 진행되고 있는지 고민해 볼 필요가 있다. 내 자신, 우리, 가족, 직장, 사회, 국가가 어떻게 형성되었는가?

인간이 자기 존재를 인식하는 것은 생각이다. 유/무의 대립 면과 일치하는 지점은 우리의 존재감에 있다. 나는 나로 존재하지만 타자의 존재로 인해 비로써 나를 비추는 거울이 있게 된다. 존재하고 관계 맺음의 시작이다. 시작한다는 것 이것이 바로 무에서 유로 진입하는 과정이다. 우리는 스스로 시작함에 있어 두려움을 갖고 산다. 그만큼 현대사회에서 발생하는 우연치 않은 경우의 수가 수없이 존재한다. 경우의 수에 우리들은 두려움을 갖는다. 어떠한 일을 시작하거나 계획하는 데 망설이게 된다. 당연한 일이다. 하지만 이러한 두려움이 지속적으로 우리의 사고를 지배한다면 우리 스스로 머물러 있겠다는 선언이다. 머물러 있겠다는 것은 두려움이다. 그것을 넘어서는 순간 우리는 창조되고 발전된다. 두려움은 사라지고 모험의 세계가 펼쳐진다. 이것이 시작이다.

'시작이 반이다'라는 말이 있다. 일단 시작을 하고 보자. 다음 일은 과정이다. 그 속에서 우리는 생각하는 깊이를 맛본다. 나를 더욱 더 괴롭힌다. 그것으로 나는 뿌리를 깊게 내리는 계기가 된다. 나 혼자만의 계획과 시작도 무에서 유로 가는 관계 맺음이다. 또한 타자와의 관계 속에서 행하여지는 시작과 계획도 관계 맺음이다. 이것이 무에서 유로 가는 길목일 것이다. 두려워하거나 겁낼 이유가 없을 것이다. 창조적인 정신은 유쾌한 모험을 바탕으로 하는 신비함을 맛본다. 그것이 과정으로 진입하는 단계이다. 인간만이 가지는 유일한 기쁨일 것이다.

우리는 먼 대양을 향해 힘차게 전진하는 고독한 항해자이다. 무에서 유를 발견하는 나 자신으로 거듭나는 개척자이다. 새로운 길이 결코 부드럽고 쉬운 여정이라고 단정하면 안 된다. 그러면 인생의 맛은 밋밋할 것이다. 인생의 참 맛은 우연의 길목에서 물러서지 않는 것이다. 부딪쳐보는 것이다. 세상과 맞장 뜨는 정신을 갖는 것이다. 나의 내면에 축적된 예리한 칼을 항상 품어야 한다. 서투르게 작동하는 우리의 정신세계를 날카롭게 연마하여야 한다.

이 세상을 올바르게 바라보고 판단하는 정신으로 무장하여야 한다. 그러기 위해서는 항상 나를 올바르게 성찰할 수 있게 뒤를 볼 줄 알아야 한다. 현재의 나와 비교해 보라는 것이다. 반성적 마인드를 항상 지니고 있어야 한다. 그것이 과정에서 생산되는 느낌을 제대로 감지할 수 있는 능력이 될 것이다. 결과에 연연하지 않고 두려워하지 않을 뻔뻔한 능력을 길러야 한다.

진정한 영웅은 결과에 연연하지 않는다. 그냥 간다.

내가 나를 보는 능력을 길러야 한다. 자기가 되어가는 것은, 스스로를 손님으로 대면하는 연습을 하는 것이다. 그것이 바로 객관화일 것이다. 우리들 스스로가 이러한 연습을 축적하고 실천한다면 어떠한 시작과 계획이 두렵지 않을 것이다. 인생에서 가장 두려워해야 하는 것은 주변 환경과 타인이 아닐 것이다. 바로 내 자신이 될 것이다. 우리들의 정신세계에 비집고 들어올 두려운 타자는 이미 나에게 있다. 오직 나 자신의 내면에 존재하는 또 다른 나일 것이다. 나를 극복하는 자는 세상을 품는다.

스스로를 이기는 놈은 무서운 놈이다. 이길 수 없다.

나는 회사생활을 하면서 뒤늦게 경영학 박사과정을 마쳤다. 학위논문을 완성하고 박사학위를 취득하면서 느꼈던 소중한 경험이 있다. 나의 목표에 도전하고 포기하지 않으면 고지에 깃발은 언젠가는 꽂을 수 있다는 것이다. '시작은 미약하였으나 끝은 창대할 지어다'는 말이 있다. 작은 씨앗의 자람이 거대한 나무로 성장하는 자연법칙이다. 우리 인간도 자연의 일부이다. 이와 다를 바가 없는 것이다. 내가 세웠던 목표는 위대한 것은 아니었다. 쉬운 일도 아니었다. 차근차근 과정의 고개를 넘어갔다. 결국 목표는 나의 노고에 미소를 보내고 깃발을 건네주었다. 기나긴 여정에서 오는 고단함을 이기지 못할 수도 있었다. 하지만 주변의 관계맺음에서 오는 동기부여는 지속적으로 나를 목적지로 이끌고 있었다.

나는 살아가면서 사람의 관계가 있는 듯 없는 듯 오묘하게 작용하는 것을 알았다. 나를 내가 되어가게 하는 것과 그러한 흐름이 세상이치라는 것도 알았다. 나 혼자만이 이 세계를 여행하고 있는 것이 아니다. 관계가 없으면 나로 존재하지 않는다. 그냥 덩그러니 놓여있는 현상에 지나지 않는다. 내가 여기에 있는 것은 나만의 힘으로 이루어지지 않는다. 서로가 있기 때문에 내가 있다. 혼자 갈 일도 아니고 자존심의 각을 높일 일도 아니다. 서로 살게 하는 관계가 부대낌일 것이다. 사람 사는 것이란 서로 빚지고 사는 것이다. 기꺼이 도움을 주고받는 마음자세를 가져야 한다. 그것이 인간살이이다.

여기에 서있는 나라는 존재는 혼자로 이루어진 것이 아니다. 나는 주변 환경에 구성되어 있는 조직의 일부이다. 서로 살게 하고 빚지고 있는 것이다. 반드시 사람이 아니어도 좋다. 우리가 그 사물들에 의해 감동을 받을 수 있다면 잘 살고 있는 것이다. 정지해 있는 것에서도 감동을 느낄 수 있는 능력을 키워야 한다. 그것이 시작이 주는 새로움이다. 서로가 서로를 이롭게 할 수 있는 바람직한 마음 상태로 발전시켜야 한다. 나 혼자만의 세계에서 머물려 하는 것은 위험하다.

나만의 세계에 존재하는 알을 깨야 한다. 알을 박차고 나오려는 의지가 지금 필요할 때이다. 나의 밖에 있는 모든 것과 조화로움을 추구하면 좋을 것이다. 그것이 시작이 주는 설렘과 동시에 아름다운 모험을 하겠다는 자기 선언이다. 사람 사는 세상은 관계이다. 스스로 뒤돌아보는 공간을 만들어 내고 없음에서 새로움을 창조하여야 한다.

　성찰은 나와 관계하고 있는 모든 것에 대한 식견을 갖는 것이다. 지식과 경험으로 사물을 분별할 수 있는 식견이 따른다. 이러한 것이 바탕이 된 사람은 다르다. 자신이 한 일을 깊이 되돌아보는 성찰을 갖는다. 이러한 사람은 지혜를 만들어낼 수 있는 역량을 확보하는 것이다. 새로움을 만들어낼 수 있는 창의적 발상의 시작이다. 시작한다는 것에서 없음과 있음이 서로 살게 하는 유무상생(有無相生)의 진정한 의미를 포착하게 될 것이다.

여러분!
지구에 오신 것을 환영합니다

나의 어릴 적 지구는 신비였다.
눈이 내리면 눈사람을 만들고 동네에서 썰매도 타게 하였다.
하얀 첫 눈에 신기해 하기도 하였다.
비가 오면 우산도 쓰게 하였다.
추위가 오면 좋은 옷도 입게 하였다.
여름에는 산 계곡에서 목욕도 하게 했다.

해가 뜨고 지고, 달이 뜨고 지는 곳에서 우리는 산다.
계절이 있어 낭만을 알고 즐긴다.
어른이 되어서도 비와 함께 소주도 많이 먹었다.

계절에 따라 사람이 변해 간다.

지구는 우리들에게 무대이다.

우리는 배우이다.

칼 세이건(1934~1996)은 그의 저서 『코스모스(Cosmos)』라는 책에서 200억 년 전의 우주를 이야기하고 있다. 빅뱅을 시작으로 은하계가 구성되고 여러 은하계 중 태양계에 속한 지구의 모습을 말하고 있다. 지구는 우주에서 결코 유일무이한 장소라고 할 수 없다는 것이다. 그렇다고 해서 우주 어디에서나 볼 수 있는 아주 전형적인 곳은 아닐 것이다. 우주의 모습은 광대하고 냉랭하다. 어디로 가나 텅 비어 있으며 끝없는 밤으로 채워진 은하 사이의 공간이다. 알고 싶으나 알 수 없다는 이 무궁하고 광활한 영역이다.

우주에는 은하가 대략 1000억 개 있고 각각의 은하에는 저마다 평균 1000억 개의 별이 있다고 한다. 게다가 각 은하에는 적어도 수많은 별의 수만큼 행성들이 있을 것이다. 이토록 어마어마한 수의 별들 중에서 지구와 같이 생명이 사는 행성이 있을 것이다. 가늠할 수 없는 우주공간을 생각한다면 확실하지는 않지만 가능성은 충분하다.

아주 평범한 우리의 태양계만이 존재할 가능성은 얼마나 될까? 빅뱅이론에 의하면 우주가 하나의 점에서부터 시작한다. 빅뱅의 큰 폭발을 시점으로 우주가 팽창을 한다는 이론이다. 이를 근거로 한다면 태초에 우리는 작은 먼지 한 톨에 불과했다. 우리는 아직도 먼 과거의 우주 탄생에 대한 정확한 지식은 없다. 하지만 여기 지구라는 행성이 존재하고 우리는 여기에 있다는 사실은 명백하다.

지금까지 우리가 알고 있는 보편적 지식이 있다. 모든 생명체는 생성되고 소멸한다는 것이다. 그 중심에 인간이라는 생명도 예외는 아니다. 지구의 나이 대략 50억 년 정도라고 한다. 태양처럼 뜨거운 불덩이에서 시작되었다. 기후 변화와 지각 변동을 겪으면서 물이 생기고 식물이 자랐다. 결국에는 인간까지 살게 되었다.

우리는 이러한 긴 역사를 가진 지구에 겨우 80에서 100세 정도의 생명주기를 가진 인간이다. 그야말로 찰나의 순간이라고 할 수 있다. 우리가 흔히 보는 작은 모래 알갱이는 어마어마한 큰 돌의 변화이다. 수많은 시간의 흐름 속에 쪼개지고 쪼개진 결과물이다. 인간은 시간이라는 개념을 만들어 사용하고 있다. 큰 바윗덩이가 모래알이 되기까지를 시간으로 환산하는 것이 의미가 있을까 싶다.

이 우주에서는 도대체 무슨 일이 있었을까?

이 거대한 우주에서 그것도 수천억 개의 별들 중 지구라는 별에 인간이 존재한다. 우리는 한편으로 작은 먼지보다도 작은 존재일지도 모른다. 하지만 우리의 생각은 우주적이다. 우주의 나이에 비하면 인간의 살아있음은 별 볼일 없는 시간이다. 짧은 인생이다. 그러나 우리는 환영하고 기뻐하고 슬퍼하면서 생을 마감하는 존재이다. 종족 번식이라는 생물학적 진화를 거듭하면서 말이다. 누구나 한 번쯤 스스로의 존재를 의심해 보았을 것이다. 나는 누구인가? 나는 어디에서 와서 어디로 가는 걸까? 적어도 이러한 생각을 한 번쯤 해 보았다면 인생을 알 준비가 되었다고 할 수 있다.

수많은 생명체가 존재하고 관계하는 지구에 오신 것을 환영한다. 마치 내 자신이 지구의 주인 같다. 아니 우리 모두가 지구의 주인이다. 둥글한 공 속에 존재하는 우리들이다. 왜 하필 지구는 둥글까?

두루 알다시피 서양 사상의 원로인 플라톤-기독교 주의적 영향은 지대하다. 현실 세계의 삶보다 죽음 이후 내세의 세계를 우선시했다. 신을 만늘어 놓고 인간에게 믿으라고 했지 않는가? 따라서 서양사상은 인간을 약화시키는 작용을 하였다. 그는 현대를 살아가는 세계인의 정신세계와 생활방식에 영향을 많이 주었다. 서양사상은 종교와 함께 지구의 패러다임을 주도하였다. 동양사상도 불교에 입각하여 사람 사는 세상이 돌고 도는 세상이라고 한다. 지구촌 75억 명이 다 같은 생각일 수는 없다. 아무튼 직선적으로 가는 세상도 있고 돌고 도는 세상도 있다.

억지를 부리자면 지구가 둥근 원인은 있다. 돌고 돌아서 다시 그 자리로 돌아가라는 자연법칙을 지구는 만들어 놓았다. 이 거대한 지구 행성의 모양을 자연의 제1법칙으로 삼아야 한다. 둥글게 가는 인생살이와도 같다. 덜컹거림이 최소화되는 굴러가는 인생살이다. 지구가 이런 걸 바랄지도 모른다. 만물의 영장인 인간에게 내어준 이 공간을 둥글게 사용하라고 외치고 있다.

우리는 태어남과 동시에 소멸할 수밖에 없는 운명을 가지고 태어났다. 단 한번 뿐인 인생이다. 생각할 수 있는 유전적인 능력을 소유히고 태어난 인간이다. 우리 스스로 무언가 한 가지 비밀을 간직하고 있을지도 모른다. 그것을 깊이 탐구하고 연구하면서 살아가야 하지 않을까 싶다. 지구가 우리를 환영하고 바라는 것이 있을 것이다. 인간이 이 거대한 집을 잘 유지하고 보수하여 오래도록 사용하기를 바라는 것이다.

만약 우리가 죽지 않고 영원히 살아간다면 기분 좋은 일일까? 우리는 안다. 삶이 주는 무게감을 실시간으로 느끼고 있다는 것을. 그래서 우리는 '휴식'이라는 단어도 개발하지 않았던가. 우리에겐 소멸하는 것도 축복일 것이다. 그래서 사람들은 주위를 살피는 것이다. 죽어서도 영원히 살 수 있는 이유를 찾아 헤매는 존재이다. 삶의 의미가 곧 영원한 휴식이 될 것이다.

우리는 원래 자연인입니다

나는 한때 케이블 TV에서 방영하는 '나는 자연인이다'라는 프로그램을 즐겨봤다. 거기에 출연하는 사람들은 각기 사연이 다양하다. 공통점은 대부분 산이라는 곳에 거처를 마련하고 생활한다. 주인공들이 산을 찾아 정착한 사연은 다양하다. 사회에서 사업이 실패해서, 몸에 병이 나서, 자식을 앞세우고 세상살이가 힘들어서, 그냥 자연이 좋아서 등등이다.

그들의 이야기에는 대부분 세속적인 공간에서의 어려움을 극복하기 위해 자연으로 돌아온 이야기다. 자연으로 돌아와 스스로 치유하고 위안을 얻고 있는 스토리를 전개한다. 그들의 공통점은 홀로 자연과 대면하는 것이다. 자연이 주는 순수함에 스스로를 자연과 하나 됨에 만족한다. 그들은 말한다. 내가 하는 대로 자연은 응답한다는 것이다. 그들은 자연을 어떠한 인위적인 작용이 없다는 당연한 이야기를 한다. 그들에게 있는 그대로를 선사하는 자연의 응답을 찬양하고 있다.

우리의 삶은 세속적인 인간관계와 거기에서 오는 번뇌의 연속이다. 사실이 그렇다. 사람이 제일 무섭다. 자연인들은 세속적인 세상에 고통을 느꼈을 것이다. 관계 맺음의 번뇌는 생각하는 인간의 숙명이다. 어떤 이는 자연으로 돌아간 그들을 '회피자'라고 치부한다. 자연으로 도피하는 것이 '패배자'라고도 한다. 하지만 세상살이가 힘들고 지치면 스스로 치유하는 자생력을 발휘해야 한다. 그것의 한 방편으로 오롯이 나와의 대면의 공간으로 이끄는 것도 좋을 것이다. 나를 되돌아보고 한번 쯤 쉬어가는 것도 좋은 방법일 것이다. 나를 나답게 보는 방법을 구상하는 용기가 필요하다.

1983년 타계한 미국의 위대한 경제학자이면서 자연주의자인 스콧 니어링이라는 사람이 있다. 그는 "날마다 자연과 만나고 발밑에 땅을 느끼라고 충고했다." 이보다 52년 앞선 신비주의 철학자 지브란은 이렇게 말했다. "우리는 문명화에 의해 자연과의 접촉을 잃어가고 있다. 자연과의 접촉을 잃게 되면 우리는 대체작용으로써 수많은 책을 읽는다. 또한 미술관과 연주회를 가게 된다. 이렇게 예술에 의존하는 것은 도피의 한 형태이다. 만일 우리들이 날아다니는 새처럼 하늘의 아름다움을 보는 등, 자연과 직접 접촉한다면 그림을 보기 위해 미술관으로 가는 일을 하지 않을 것이다."

미술관에 전시된 그림은 비싸다. 우리는 더 비싼 풍경이 어디에 있는지 알고 있다.

18세기 말 프랑스의 계몽 사상가이자 교육자인 장자크 루소는 "자연으로 돌아가라"고 외쳤다. 현재를 과거와 비교해 보라는 메시지도 포함된다. 자연은 모든 병을 치유하는 능력을 갖고 있다는 것이 루소의 신념이다. 자연을 거스르는 만큼 인간에게 고통이 따른다는 것이다. 편리와 효용을 추구하는 현대 문명은 자연과 인간의 거리를 점점 멀게 한다.

또한 기원전 6세기경 동양의 노자는 도덕경에서 모든 인위석인 문명을 끊으라고 하였다. 자연으로 돌아가서 소박하게 살라고 가르쳤다. 이 같은 말은 현대를 살아가는 우리들에게 비현실적인 가르침이다. 시대적으로 우리는 이러한 가르침에 쉽게 동의할 수 없는 처지이다. 현대화에 학습된 상황에서 그렇게 실천하기가 쉬운 일이 아니란 말이다. 최소한 이러한 말의 공통점은 인간도 자연의 일부라는 것을 강조한다. 그리고 루소와 마찬가지로 지금 현실과 과거를 비교하고 반성하는 작업을 우리들에게 주문한다.

이 말들은 우리가 스스로 자연에서 소외시키고 있는지를 질문하고 있다. 생각해 볼 일이다. 과학과 문명의 발전으로 자동화나 첨단 시스템이 인간의 영역을 무섭게 잠식하고 있다. 인간이 소외되는 공간이 늘어나고 있다는 것이다. 우리는 어디 가서 놀아야 하는가? 사람들이 참여하는 분야와 공간이 줄어들고 있다. 불행한 것은 인간이 자연의 질서를 파괴하고 인위적으로 변형시키는 데 앞장서고 있다는 것이다. 인간 본능의 파괴와 통합의 반복이다.

지금 우리가 겪고 있는 코로나 바이러스에 의한 고통을 보면 알 수 있다. 우리들에게 시사하는 바는 여러 가지다. 인간 스스로 생태계의 질서를 무너트리는 행동에 대한 자연의 응답이다.

지구촌을 아름답고 살기 좋게 하는 것은 자연스러움일 것이다. 그것에 동, 식물의 작용이 한 몫을 담당한다. 생태계를 교란시키면

산이 무너지고 숲이 사라진다. 먹이사슬이 제대로 작동하지 않으면 숲이 사라지는 현상을 보게 된다. 예를 들면 인간이 정글의 육식동물을 무분별하게 포획한다. 결과는 초식 동물들만 남게 된다. 그러면 어떻게 자연은 변하는가? 자연적 먹이 사슬의 파괴가 초래된다. 초식 동물만 살아남아 숲은 사라지고 나무는 살지 못한다. 그래서 자연의 질서와 순환작용은 멈춘다. 자연스러움이 사라지면 이렇게 된다.

인간은 생각하고 실천하는 아름다운 능력을 유전적으로 이어받았다. 하지만 만물의 영장이 된 우리 인간의 자화상은 어떤가? 인간은 아름다운 능력을 잘못 사용하고 있는 것이다. 사람의 생각이 잘못되어 실천되면 큰 오류가 발생된다. 대표적인 것이 자기만을 생각하는 이기심의 발동일 것이다. 나만 잘되면 모든 사물과 타인의 피해는 상관하지 않는다는 이기심이다. 이런 결과로 우리는 지구를 괴롭히는 인간 동물로 거듭나고 있다.

21세기를 사는 도시의 현대인들은 하루 종일 아스팔트나 시멘트로 포장된 길을 이용한다. 그 위를 걷기도 하고 자동차를 타고 다닌다. 우리는 발밑에 땅기운을 느끼며 살 수가 없다. 땅과의 교감에서 단절되어 있다. 휴식시간에도 스마트폰, 인터넷뉴스, 유튜브 등을 본다. 우리가 만든 기계에 스스로 종속되어 살고 있다. 이제는 우리에게 휴식의 시간을 스스로 제공하여야 한다. 그리고 우리가 어느 곳으로 가야 하는지도 알아야 한다.

  인간은 자연적 동물이다. 자연에 순응하는 마음자세를 갖춰야 한다. 수많은 자연의 역습은 인간이 인위적이고 이기적인 발상에서 나온 결과물이 많다. 오늘부터라도 자연의 숨을 느껴보는 연습을 해보자. 가까운 공원, 시냇가의 흐르는 물, 산 등에서 자연이 주는 메시지를 들어보자. 아울러 자연에 대한 우리의 배려를 선사하자. 서로가 상생하는 아름다운 조화이다. 꽃보다 아름다운 것이 사람이라면 꽃에 부끄러움은 없어야 한다.

사람은 축복입니다

나는 아들이 둘이 있다. 내가 경험한 아이들 출산의 순간을 기억한다. 내가 태어나고 처음으로 또 다른 생명의 탄생을 직접 보는 경험이었다. 그렇게 태어난 작은 아이들이 중, 고등학생이 되었다. 나도 모르게 부쩍 자란 모습을 보고 있다. 건강하게 잘 성장하고 있어 고마운 일이다. 아이들이 어른이 되어 어떤 인생을 살 건지 기대가 된다.

아이들이 태어나는 순간이 생각난다. 아내가 첫아이 출산을 위해 분만실로 이동하는 순간부터 나는 긴장했다. 제발 무사하기를 바라면서 분만실 밖에서 대기하고 있었다. 한 시간여 정도의 시간이 흐른 것으로 기억한다. 분만실에 있는 간호사가 나를 불렀다. "아버님! 아이가 나오려고 합니다. 탯줄을 자르시게 들어오세요." 나는 긴장되어 분만실로 들어갔다. 아이는 엄마 자궁에서 반쯤 나오고 있었다. 의료진에 도움으로 아이가 엄마로부터 완전히 나오게 되었다. 내 아이가 눈앞에 보이는 순간이었다. 간호사가 아이의 손가락, 발가락 수를 세면서 상태를 설명했다. 건강하고 정상이라고 하였다. 순간 눈물이 나왔다. 의료진의 간단한 처치 후 아이는 울기 시작했다. 간호사가 나에게 가위를 주면서 탯줄을 자르라고 하였다. 탯줄을 자르는 '쓰윽' 하는 순간의 느낌이 있었다. 그렇게 나의 첫 아이가 내게로 온 순간이었다.

 내 아이가 태어날 때 여러 가지 각오는 많았다. 아내를 더욱 사랑하고 아이를 키우면서 가장으로서 열심히 살겠다는 각오 말이다. 그러나 그게 잘 지켜지지 않았다. 후회하고 반성할 일만 하였다. 처음 아이가 태어날 때 하였던 계획은 시간이 흐를수록 흐릿해지고 실천되지 않았다. 아내에게 실망과 나약함을 보여 주었다. 내가 너무 이기적이었다. 다 지나간 일이고 되돌릴 수는 없는 일이 되었다.
 나는 아내와 아이들에 대한 살핌을 성실하게 하지 못했다. 가장으로서 나의 책임을 다 하지 못했다. 가족을 소홀히 하는 어리석음을 보인 것이다. 지금은 최선을 다하고 있지만 아직도 많이 부족하다. 늦게나마 철이 들어 생각하건데 가장 소중하고 보물 같은 것이 가족일 것이다. 나는 가족을 제대로 지키지 못했다. 지금 깨달은 것은 이미 과거가 되었다는 사실이다. 복원할 수 없는 상처들로 남아있다. 되돌릴 수 없지만 후회하고 반성하고 있는 중이다.

우리는 어떤 일과 사람에 익숙해지면 관심이 점점 낮아진다. 정작 소중한 것은 가까이 있는데 말이다. 흔히 우리는 처음 알기 시작하는 관계에서는 조심스럽다. 관심이 많아지고 모든 걸 알고 싶어 한다. 하지만 시간이 흐르고 서로 익숙해지면 관계는 소홀하게 진행될 여지가 많다. 이 지점에서 우리는 조심하여야 한다. 익숙하고 일상이 될수록 더욱 세심한 주의력이 필요함을 알아야 한다.

우리는 가끔 과거를 회상하며 후회도 하고 그 시절로 되돌아가고픈 욕망에 사로잡힌다. 소홀히 했던 과거의 기억이 되살아난다. 그 결과로 현실에서 오는 불만족과 번뇌가 나를 괴롭히기 때문일 것이다. 마음속의 불편함이 있기에 과거로 돌아가려는 의지를 보일 지도 모른다. 인간의 동물적인 본능이 되살아나는 자연스러움이다. 뒤로 가는 생각거리에는 무의식적인 회귀 본능이 작동한다. 어머니의 자궁의 편안함을 욕망할 수도 있다. 잉태의 발아지점과 어머니의 보금자리에 안락함을 갈망한다.

모든 만물의 탄생은 신비함이다. 신기하고 귀한 것이 태어남이다. 우리가 사는 세상 자체가 신비함과 아울러 기쁨일 것이다. 탄생이라는 신비함이 우리를 흥분하게 하는 이유는 있다. 처음은 가능성을 내포하는 시작점이다. 앞으로 펼쳐질 가능성을 내포한 그 무엇이기 때문일 것이다. 사람은 탄생의 순간을 목격할 때의 순간을 숭고함으로 표현하기도 한다. 인간이 느낄 수 있는 한계를 넘어서는 것이다. 그러한 것은 언표될 수 없는 것이다.

숭고함의 아름다움과 기쁨이 우리들의 순수함을 되돌려 주기도 한다. 칸트 식으로 표현하면 최고의 미적 감정을 넘어서는 것이다. 산 정상에 올라 아래를 바라보며 느껴지는 무엇이다. 사람이 가장 깊숙하게 내려가 보고 온몸으로 받아보는 감정의 지점이다. 그 순간을 욕망하는 사람들은 자기가 되어가고 있는 중이다.

아무도 모르는 암흑의 순간에서 환희에 찬 태어남을 보는 기쁨은 인간만이 가지는 유일한 특권이다. 그만큼 인간에게 주어진 축복은 다양하고 다채롭다. 아이의 탄생을 직접 경험한 사람들은 그야말로 기쁨일 것이다. 그것이 미래에 어떠한 방향으로 흐르든지 상관없다. 그 순간은 모든 것이 환희이며 기쁨으로 우리를 감동하게 한다. 가능성을 내포한 새로운 생명의 태어남은 존재의 의미를 동반한 존재자가 되게 하는 기대감일 것이다.

탄생한다는 신비함에 대해 우리는 무엇을 추구하여야 할까? 내 자신은 분명 스스로 소중하다고 느낄 것이다. 타인이나 사물에 대한 이와 같은 마음 씀을 연습해야 한다. 모든 만물의 태어남을 소홀히 하지 않겠다고 다짐해야 한다. 그 자체로 신비하고 경이로운 현상이다. 이 세상에 쓸모없는 태어남이 있을까? 다시 한번 생각하고 반성해야 할 일이다.

나를 구성하고 있는 몸과 장기는 공간과 채움으로 이루어졌다. 없음과 있음이 따로 존재할 수 없다. 없음이 태어남이요. 태어남이 없음과 다를 바 없다. 서로 존재하기 때문에 있는 것이다. 텅 비어 있는 없음이 존재함으로써 우리가 있다. 없는 것과 있는 것의 같음이다. 보이는 것과 보이지 않는 것에 차별이 있을 수 없다. 우리가 고민하고 해결해야 할 태어남에 대한 예의이다. 그 쓸모 있음에 대한 생각을 다시 해야 한다.

우리가 살고 있는 우주는 처음에 아무것도 없는 그냥 없음이었을까? 없음에서 있음으로 이어지는 경계선은 어떻게 구분할 수 있을까? 모든 것의 시작인 태어남에 있어 의미는 무엇인가? 처음과 같은 시작이 있으니, 과정도 존재하는 우리들의 삶이다. 또한 결과도 존재한다. 우리 인간만을 바라보았을 때 나는 무엇인가? 어떠한 가능성을 내포하고 태어나는 존재인가? 그것이 사람이라면 가능성은 무궁무진할 것이다. 사람이라는 거대한 우주가 하나 더 지구라는 집에 보태어지는 순간일 것이다. 가장 순수하면서도 때 묻지 않은 태어남의 신비함을 우리는 알고 있는가? 그것을 뒤로 돌려놓는다면 그 뒤는 무(無)가 되는 것인가? 아무것도 없는 것이 있는 것으로 탄생하는 신비함을 다시 살펴볼 일이다. 내가 태어나고 아이가 태어나는 것의 의미를 물어본다.

가슴 뛰게 만드는 선생님이 계셨습니다

부모님의 힘을 빌려 내가 태어나고, 일곱 살 정도까지 따뜻한 보살핌으로 자유롭게 놀았다. 아무걱정 없이 순수하게 먹고 놀고 하였던 시기였다. 걱정을 할 나이는 아니지만 말이다. 그러나 나이가 차면 국가의 국민으로서 교육을 받아야 한다. 국가 시스템에 합류하는 시기가 온 것이다. 지금으로 말하자면 조직사회라는 곳에 처음으로 입성하는 곳이 초등학교였다. 현재는 교육부에서 초등학교로 명칭을 변경하였으나 1976년 그때 당시의 명칭은 국민학교였다. 내가 태어나고 살던 곳은 대한석탄공사가 위치한 전남 화순이다. 아버지께서는 1971년 이 곳 대한석탄공사의 광부로 입사하셨다. 지하 깊숙한 작업공간에서 탄을 채굴하는 직업으로 일을 하고 계셨다.

현재 연탄 한 장에 800원 정도이다.

화순은 논밭이 많은 시골이다. 광산이 있는 관계로 인구가 많이 늘어났다. 당시에는 전국에서 연탄을 난방용으로 대부분 사용하였다. 석유가 생산되지 않는 나라에서 당연히 연탄을 주 연료로 사용하는 것이었다. 전국적으로 연탄의 인기는 대단했던 시기였다. 물론 탄을 채굴하는 광부의 인기도 대단했었다. 사람들이 많이 모여 사는 동네가 대규모로 형성되었다. 우리 가족은 회사에서 마련해준 사택이라는 곳에서 살았다. 지금 생각해보니 군대 막사 같은 일렬종대의 그런 집이었다. 네 가구가 일렬로 붙어있는 주택이었다. 방 2개 부엌 이렇게 구성되었다. 옆집과의 방음은 전혀 고려되지 않았다. 옆집에서 무슨 일을 꾸미는지 다 알 정도로 개방적인 건물 구조로 기억된다.

내가 살던 동네에는 사택이 즐비하고 사람들이 엄청 많은 걸로 기억한다. 하여튼 나는 취학 연령이 되어 초등학교에 입학하게 되있나. 대략 한 반에 60명 정도에 3반에 걸쳐 6학년까지 있었으니 전교 학생이 1,100명 정도 되었다. 시골 학교 치고는 규모가 제법 큰 학교였다. 처음 학교에 입학 당시 오른쪽 가슴에 작은 수건을 옷핀으로 달고 입학식을 하였다. 수건의 용도는 정확히 기억나지는 않는다. 아마도 콧물 닦는 용도로 주로 사용하였던 것 같다. 국가를 위해 산업일꾼을 생산하는 시스템에 합류하는 시작이었다.

나는 1학년 때 2반이었다. 담임선생님 성함이 선순자 선생님이었다. 입학 당시 나는 세상에 이렇게 예쁜 여자가 존재하고 있다는 것을 처음 알았다. 여덟 살 인생 중 20대 초반의 여성은 처음 보았던 것이다. 세련되고 옷도 예쁘게 입으신 선녀를 본 것이다. 하여간 광산촌 사택에서 '몸빼' 아주머니들만 보다가 새로운 세상의 존재를 목격했던 것이다. 세련되고 예쁜 선생님을 본다는 것은 축복이었다.

학교에 가면 담임선생님의 일상이 내 시야에서 벗어나지 않았다. 천사가 따로 없었다. 음악시간에 풍금을 연주하는 선생님은 천사였다. 말로 표현할 수 없을 정도로 아름다움 그 자체였다. 선생님으로부터 1교시 국어, 2교시 산수, 3교시 도덕, 4교시 음악 이러한 과목 등을 배웠다. 아름다운 선생님이 가르치는 학습내용은 나에게 성경과도 같았다.

어린 나이임에도 불구하고 나의 남성본능은 정상이었다고 생각 한다. 그리고 순수하게 잘 작동하고 있었던 것 같다. 여자 선생님의 아름다움에 대한 남성성의 본능을 발휘한 것이다.

점점 같은 반 아이들과 친해지고 학교에 적응하면서 초등학교 시절을 보냈다. 부지불식간에 조직사회라는 환경에서 생활하는 나로 변해간 것이다. 학교는 입학하기 전과 후가 많이 달랐다. 나의 자유스러운 일상과 다른 면이 많았다. 규칙과 규율이 존재하는 곳이다. 이러한 단체 생활은 나에게 인간으로서 사회적 동물로 성장하는 시작이었다. 그렇게 6년간의 초등학교 생활은 시작되었다.

처음 학교생활은 낯설음에 익숙지 않았던 시기였다. 담임선생님의 천사 같은 미소와 친절함이, 학교생활을 잘할 수 있도록 도움이 많이 되었다. 당시에는 반공을 국시로 하는 박정희 정권의 군대식 교육과정이 많이 포함되었다. 북한과 대치하고 있는 휴전국가로서 '멸공통일'을 전 국민에게 외치던 시대였다.

엄격한 시대를 반영하듯 선생님들도 학생들에게 폭력을 행사하는 것이 다반사였다. 옆 반에서 들려오는 비명소리는 공포였지만 우리 반은 그런 일이 없었던 걸로 기억한다. 어린나이에도 첫 낯설음에 대한 추억치고는 제법 출발이 좋았다.

선생님을 언제 한 번 기회가 된다면 찾아뵙고 싶다. 그때 당시의 천사얼굴이 아니더라도 말이다. 아름다운 담임선생님은 어떻게 되셨을까. 아마도 당시 내 나이 8세 선생님이 25세 정도였다면 지금 내 나이 52세이니 선생님은 69세. 아직 살아계시면 정정하실 수도 있겠다. 한 번쯤은 뵙고 싶은 생각이 들곤 한다.

한 가지 기억나는 것이 있다. 선생님이 점심을 드실 때 설탕과 함께 밥을 드시는 것 같이 보였다. 나도 그렇게 설탕에 밥을 한번 비벼 먹어 보았다. 하지만 도저히 먹을 수 없었던 기억이 있다. 그것이 설탕이 아니었을 수도 있었을 것이다. 지금도 궁금하다. 그것이 진짜 설탕이었는지. 아마도 선생님을 좋아하다보니, 선생님께서 하시는 행동을 그대로 따라해 보고 싶었을 것이다. 이러한 학창시절을 보낸 사람들은 많을 것이다. 내가 좋아하는 사람의 행동을 모방했던 추억을 기억할 것이다. 그리고 성인이 되어서도 내가 존경하는 사람의 행동을 따라하는 나를 볼 수 있었을 것이다.

인간은 자기가 좋아하거나 따르고 싶은 사람의 습관이나 행동을 모방하는 기질이 있다. 그래서 부모의 역할과 선생님의 역할은 중요하다. 어린아이들은 옳고 그름을 떠나 자기가 좋아하는 사람을 역할 모델로 삼는 경우가 많다. 그래서 부모와 선생님의 역할은 아이들이 성장하는 데 영향을 많이 주게 되어 있다.

 아이들이 성장하여 성인이 되고 조직사회에 참여하는 시기가 온다. 그런 조직 공간에서도 리더의 역할은 이와 다를 바 없을 것이다. 먼저 태어난 사람을 우리는 '선생'이라고 한다. 선생은 먼저 태어나서 앞선 경험을 가진 사람이다. 올바르고 바람직한 행동이 다음 세대에 영향을 미치는 것은 당연할 것이다.

 사람 사는 세상에 사회라는 첫 경험은 나름 출발이 좋았다. 선생님께서는 부드러운 미소와 친절함이 있었다. 엄격한 시대에 어린 우리들을 감싸 않으셨다. 그리고 친절하게 학교생활에 적응하도록 보살핌을 아끼지 않으셨다. 나만 그렇게 느낀 건지는 모르겠으나 대체적으로 좋았던 기억만 있다. 다음 학년이 올라 갈수록 암울한 학교생활이 기다리고 있었다. 아무튼 시작이 좋았고 낯설음에 대한 공포가 없었다.
 아련한 추억이 아직도 되살아나고 엷은 미소를 지을 수 있는 것은 여유로움이다. 반드시 현재의 기준으로 성공하여야 여유로움이 생기는 것은 아닐 것이다. 인생살이가 다 힘들고 어려운 길임을 우리는 성장하면서 느끼고 산다. 스스로에게 잠시 쉬어가는 시간을 주는 것도 좋다. 생각의 휴식과 여유로움을 갖는 의지이다.

힘들고 지칠 때 추억도 필요하고 옆에 친구도 필요하다. 내 기억의 아름다운 추억을 되살려 보면 어떨까. 그러한 추억의 조각들과 대면하는 시간을 가져보는 것도 좋을 것이다. 조용한 곳에서 커피 한 잔의 여유로움을 나에게 선사하는 습관을 가져보는 것도 좋다. 잠시나마 좋았던 추억을 떠 올려보는 것은 나에게 휴식이자 위로를 제공하는 것이다. 일상 속에서 간간히 현재의 나를 과거의 순수함과 만나게 해야 한다. 나를 잠시 멈추어 보는 시간을 의도적으로 가지는 습관이 필요하다. 그래야 현재의 내가 어디에 있는지 인식한다. 지금 이 순간 머리가 복잡하고 혼란스럽다면 초등학교 시절로 잠시 시간을 돌려보는 것이다.

내가 초등학교 시절을 이야기 한 것은 이유가 있다. 어린 나이에 경험해보지 않는 것에 두려움이 많았던 기억이 난다. 공포와 두려움은 스스로를 움츠려 들게 한다. 나에게는 공포와 두려움이 많았다. 낯설음이 공포일수도 있다. 우리가 경험해보지 않는 미래에는 의문스럽고 불확실함에서 오는 공포감이 존재한다.

일단 그 과정에 진입하는 순간 문제가 발생한다. 그리고 발생한 문제에 대한 해결과정과 해법이 과정에 존재한다. 찾고자 하면 찾아지는 것이 문제를 대하는 방법이다. 문제에 과감하게 진입해

보고 마주할 때 문제는 답을 허락하는 것 같다. 두려워서, 힘들어서, 몰라서, 능력이 없어서 주저하는 사람 앞에는 해결하는 방법은 주어지지 않는다.

지속적으로 두려움을 생산하는 것은 시작을 시도하지 않기 때문이다. 시작에 대한 생각을 갖고 있다면, 진입하고 참여하고 도전하면 두려움과 공포는 사라진다고 생각한다. 세상살이는 시작으로 알게 된다. 또한 중요한 것은 혼자가 아님을 실감하게 된다.

나의 아버지는 광부입니다

현재 우리 가정에는 일부 지방을 제외한 거의 대부분이 천연가스 연료를 사용하고 있다. 1986년도부터 석탄과 석유연료에 대처된 액화천연가스(LNG)가 국내에 도입되었다. 일반적으로 도시가스라고 한다. 대도시를 시작으로 아파트에 난방 및 취사용 연료로 공급되고 있다.

과거에 도시가스가 본격적으로 공급되기 전, 주로 난방과 취사에 필요한 연료는 연탄이었다. 현재도 일부 연탄을 사용하는 곳이 있기는 하지만 이제 거의 사라지는 추세이다. 1960년대 전성기를 거쳐 1990년도 후반까지 연탄의 수요는 어느 정도 있었다. 지금은 연탄이라는 용어 자체를 모르는 세대도 있을 것이다.

나는 탄광촌에서 나고 자라서 연탄이라는 것에 익숙하다. 광부의 아들이었으니 말이다. 사실 전국에 연탄을 사용하지 않는 가정이 없을 정도로 90년대까지 연탄은 늘 사랑을 받아왔다. 하지만 지금은 석유가스, 천연가스가 연탄의 역할에 대체되었다. 연탄과 비교해 공해가 낮은 가스연료는 우리 생활에 편리함을 제공하고 있다. 우리나라가 천연가스를 도입하기 전에 국내에는 석탄 매장량이 많았다. 산업화 초기에 주로 민생 연료인 연탄으로 만들어져 사용되었다. 석유가 나지 않는 우리나라에서 연탄은 석유를 대체하는 에너지 역할을 톡톡히 해 왔었다.

보통 연탄 한 장에 8~12시간 정도 연료로써 사용가능한 걸로 기억한다. 지금 연탄 한 장에 800원 정도라고 한다. 연탄불위에 밥도 하고 국도 끓이고, 모든 요리를 연탄불에 의존했던 때가 있었다. 방에 구들장이 금이 가면 연탄가스가 방으로 스며드는 일이 다반사였다. 70, 80년대에는 연탄가스에 중독되어 목숨을 잃은 사람도 많았다.

나도 연탄가스를 마셔서 혼난 기억이 있다. 이렇게 우리들에게 유용한 연료이면서도 해로운 존재이기도 하였다. 제법 오래가는 연료이고 고마운 존재이기도 한 것이었다. 그만큼 산업화 개발 단계에 있어 석유자원이 없는 가난한 나라가 절대적으로 의존할 수밖에 없는 소중한 자원이었다.

대한민국도 산업화를 거쳐 선진국 대열에 속하면서 국민생활은 획기적으로 변모한 게 사실이다. 지금의 산업화를 일구어내는 데는 여러 분야에 국민들의 피와 땀이 녹아있다. 그러한 밑바탕에 전국에 있는 탄광의 막장에서 석탄을 채굴했던 광부들이 있었다.

대한민국이 성장하고 발전하는 데 있어 이들의 노고는 말로 표현할 수 없을 것이다. 석탄협회에 따르면 연관 산업의 부가가치 창출액까지 합쳐 석탄 광업이 그동안 500억 달러(한화 55조원)의 외화 절약 효과를 거둔 것으로 평가된다. 석유 한 방울 생산되지 않는 나라에서 절대적으로 필요한 연료는 석탄이었다. 석탄을 채굴하는 데 수 많은 광부들의 노고가 있었다. 그 중심에 나의 아버지도 계셨다.

2011년도 아버지는 25년 광부생활로 얻은 질병으로 돌아가셨다. 막장에서 일을 하면 석탄 분진가루가 폐로 스며들어 간다. 이것이 장기간에 걸쳐 폐에 쌓이게 되는 것이다. 현대의학으로는 고칠 수 없다고 한다. 불치병인 직업병으로 분류되어 있다. 나의 아버지는 이러한 직업병이 발병되어 호흡을 정상적으로 할 수 없게 되었다. 결국 완쾌를 하지 못하시고 '진폐증'으로 사망하신 것이다.

나는 아버지께서 돌아가시기 전까지 아버지의 일을 얼마나 알고 있었는지 스스로 물어 보았다. 모르는 것이 너무 많았다. 부끄러운 일이 아닐 수 없다. 나 자신이 광부의 아들이면서 아버지가 하시는 일에 대해 자세히 알지 못한 것이다. 또한 아버지의 노고에 대한 고마움을 모르고 자랐다는 것이다. 그나마 막장에서 석탄채굴을 하시는 광부들의 영상을 보고 아버지의 직업세계를 자세히 알게 되었다.

그 일은 석탄 분진 가루에 노출되어 땀에 온 몸이 범벅이 되는 힘겨운 육체노동이다. 석탄을 채굴하는 아버지 같은 광부들의 영상을 봤을 때, 죄송함과 부끄러움 슬픔 등의 자책감이 들었다. 이렇게 어둡고 깊은 굴속에서 일하셨다는 것이 나에게 충격으로 다가왔다.

아버지께서 탄광에 근무하시는 시기에 겼었던 일이 있다. 내가 어렸을 때 아버지를 위한 임무를 어머니로부터 부여받았다. 비가 오면 우산을 들고 아버지를 탄광입구에서 기다렸다가 같이 집으로 오는 일이였다. 탄광 입구로 나오시는 아버지의 모습은 영상 속 화면의 광부들과 같았다. 시커먼 얼굴에 눈자위만 하얗고 웃을 때

치아만 희게 보였다. 아버지가 나의 이름을 부르실 때, 아버지의 존재를 알고 달려가곤 했었다. 그때는 탄광 갱도 입구까지 가는 일이 귀찮고 싫은 일이었다. 어린 마음에 싫었을 것이다. 지금 생각해보니 철없는 짓이었다.

광부의 아들로서 아버지의 일을 알았어야 했다. 부끄러운 마음이다. 이제야 성인이 되고 성숙되는 시기에 깊은 애도를 이 땅의 모든 돌아가신 광부들에게 느끼고 있는 것이 부끄럽다.

이렇게 우리사회에는 보이지 않는 곳에서 묵묵히 자신의 소임을 다 하는 사람들이 많았다. 지금 이 순간에도 국가를 지탱하면서도 두각을 나타내지 않는 이들은 우리 주위에 많이 존재한다. 그들이 곧 국가이다.

나는 해양대학을 졸업하고 외항상선에 승선근무를 잠깐 하였다. 가족들과 떨어져 선박이라는 작은 공간에서 망망대해를 항해하였다. 젊은 선원도 있고 승선경력이 오래된 분들도 많다. 그들은 외로움과도 싸우고 있다. 보통 한 번 승선을 하면 6~8개월 정도 한 선박에서 근무를 하고 휴가차 하선을 하는 방식이다. 국내선사에서 근무하면 6~8개월 만에 집에 갈 수 있다. 하지만 외국선사에 근무하면 1년 이상 승선 생활을 해야 한다.

그들은 외화를 벌어오는 데 한 몫을 하고 있는 것이다. 내가 경험한 승선 생활은 외로움이 제일 힘들었다. 나는 총각이었는데도 불구하고 그랬는데 결혼을 하신 분들은 오죽 했겠는가. 아내와 자녀들을 많이 보고 싶어 하는 심정을 직접 겪어보지 않으면 모른다. 선원들은 집안 대, 소사에 있어 적시에 참여가 안 된다. 충실한 가장이 될 수 없으며, 효도하는 아들이 될 수 없는 구조이다.

누가 알아주기를 바라지도 않는다. 하지만 이러한 사람들의 노고로 인해 사회는 돌아가고 시작되는 것이다. 경제적 부의 많고 적음이 사회적 위치를 결정하는 시대이다. 부의 축적이 인격이 되는 시대로 변질되었다. 안타까운 일이다. 사회의 밑바탕에서 사회를 움직이게 하는 절대다수는 우리들 같은 보통 사람들이다.

새벽을 열며 청소를 하시는 분들을 시작으로, 택배 업무를 하시는 분들과 밤늦게까지 산업시설의 안전을 담당하는 사람들이 존재한다. 그 안에 우리사회를 작동시키는 여러 분야의 사람들이 존재하기에 우리사회는 안전하게 유지된다. 긍지와 자부심을 가져야 한다. 내가 가졌건 못 가졌건 한 사회의 일원으로서 살고 있다면 충분하다. 주위를 돌아보면 흔하게 볼 수 있는 보통의 우리가 있다. 우리 모두는 없어서는 안 될 존재이다.

인간의 심리는 익숙해지면 생물이든 무생물이든 관심의 정도가 약해진다고 한다. 당연한 사실이다. 하지만 그렇게 되지 않을 수 있는 방법은 무수히 많다. 보고 느끼고 그것의 소중함을 볼 줄 아는 역량을 키우면 된다. 내 앞에 있는 현실과 내 가까이에 있는 존재의 소중함을 알아야 한다. 이로써 모든 것이 소중하고 귀하게 여겨지게 된다.

잡히지도 않는 먼 미래의 이상을 찾는 데 에너지를 너무 소비하면 힘들다. 현실과 동떨어진 생각에 사로잡히면 현재의 삶이 약화 되고 빈약해진다. 결국은 아무것도 잡지 못하는 허무한 결과만이 기다리고 있는 것이다. 현재를 애써 포착하려는 의지를 발휘해야 할 것이다.

흔히 보는 한 송이의 꽃과 열매는 그냥 자연스럽게 우리에게 제공되지 않는다. 그 꽃과 열매도 사계절의 풍파를 견디며 성장한다. 그러면서 우리에게 아름다움과 맛을 제공하는 것이다. 그동안 연탄 한 장을 생산하기 위해서 암울한 지하 막장에서 일을 하신 분들이 많다. 그들이 캐어낸 탄이 연탄으로 탄생하기까지는 그들의 피와 땀이 있었다. 이러한 노고를 하셨을 아버지 같은 분들에게 감사할 따름이다.

우리가 먹는 모든 음식 또한 생산에서부터 조리하시는 분들까지 모든 분들의 정성이 들어간 음식이다. 투정 부릴 일이 아니다. 내게 보여지는 것이 전부가 아니다. 모든 것이 완성되기까지는 시작이 있고 과정이 존재한다. 완성된 모든 것에 여러분들의 노고가 들어갔다는 것을 알아야 한다. 모든 것이 감사할 일이다. 내 앞에 차려진 음식의 재료는 최선을 다해서 키우는 사람이 존재한다. 또한 조리하는 사람과, 먹기 좋게 차려내는 사람들의 정성이 있다. 오케스트라의 하모니가 이루어낸 작품이라고 생각한다. 그리고 "감사히 잘 먹겠습니다.", "잘 먹었습니다"라는 마음을 우리는 가져야 할 것이다.

사람과의 관계에서도 마찬가지일 것이다. 그 사람의 현재의 모습만으로 평가하는 단순함을 떨쳐 버려야 한다. 한 사람이 현재 위치가 되기까지 어떠한 고난과 역경을 견디면서 살아왔는지 충분히 이해하면서 대면하여야 한다. 그렇지 않고서 상대를 겉으로만 판단하여 함부로 대하면 안 된다. 사람관계에서 섣불리 판단하는 어리석음을 반복해서는 안 될 일이다. 조심스러워져야 사람이 보인다. 그래야 올바르게 볼 수 있다. 실수가 감소되고 사람 보는 눈이 넓어진다. 그러한 습관을 가져보면 사람 사는 세상에 대해 이해하는 마음이 조금씩 자라게 될 것이다.

선생님 보고 싶습니다

　내가 초등학교 4학년 때 만났던 선생님이 한 분 계신다. 그분은 아주 신사다운 면모를 가지고 계셨다. 말씀하시는 것부터 모든 면이 다른 선생님들과는 달랐다. 70년대 중반쯤 각 학교에 1교 1운동이라는 제도가 있었다. 우리학교에서는 야구를 선정하여 시범을 보이게 되었다. 나는 야구부에 들어가서 운동을 처음 배우게 되었고 그 선생님으로부터 야구를 배웠다. 처음 하는 운동이라 재미도 있고 제법 잘 한다는 칭찬도 받았다.

　우리는 야구 전문가가 아닌 학교 선생님에게 운동을 배웠다. 선생님은 나름 공부를 하시고 우리를 가르치셨을 것이다. 교과서적인 내용을 포함한 기본기를 익히는 과정을 착실히 하였다. 또한 어린나이에 단체생활과 그에 적응하는 소중한 경험을 하였다. 나에겐 집합적인 동아리가 주는 우월감도 있었다. 어린 나에게는 좀 우쭐대고자 하는 마음도 있었을 것이다. 단체에 소속되어 있다는 것이 그런 마음이 들게 만든다. 아무튼 나는 야구라는 운동과 함께 나름 즐거운 시간을 보냈다.

전문가는 아니었다. 야매(野昧)도 아니었다.

선생님으로부터 배운 것은 운동만이 아니었다. 단체생활과 인성교육까지도 배운 것 같다. 희생하는 것, 선후배 관계, 상호작용하는 것 등. 지금 생각해 보면 선생님께서 우리들을 많이 배려하는 마음으로 가르치셨던 기억이 난다.

선생님은 군사정권 시절에 혹독한 선생님들과는 거리가 멀었다. 인자하시고 폭력이라고는 모르는 분이셨다. 가끔 회초리를 드시는 경우는 있었지만 손이나 발로 우리들을 다루지 않으셨다. 그때 당시 몽둥이로 학생들을 체벌하는 것이 일반적이었다. 일부 성격 급한 선생님들은 손발을 우선적으로 사용하였다. 군사정권시절 인권이라는 용어자체가 없던 시절이었다. 부모님들도 우리들이 하교에서 맞고 집에 오면, 오죽이나 잘못을 했으면 맞았겠냐고 오히려 학생들을 꾸중하는 시대였다. 그만큼 당시 선생님의 절대 권위는 살아서 숨 쉬고 있었다.

한국은 1953년 휴전 이후 남북과 대치하며 휴전상태인 국가이다. 정치인들은 나름대로 정치적으로 이용하기 좋은 상황이다. 1960년대부터 시작된 군인 출신이 대통령직을 수행하는 나라였다. 사회 전반적으로 군대식 문화로 물들게 되는 사회였다. 그런 문화는 자기로 존재하지 않고 단체가 우선인 사회이다. 국민은 엄격한 규율을 따라야 하는 것이다. 지금도 웃음이 나오지만 초등학교 때 '국민교육헌장', '멸공통일', '멸사봉공', '반공', '간첩은 녹음기를 노린다' 등 이러한 단어에 익숙한 시대를 살았다.

당시 어린 나이에 이해가 되지 않는 것이 있었다. 왜? 간첩은 녹음기를 노릴까? 녹음기에 뭐가 있나? 우리 집은 녹음기는 없고 라디오는 있는데 말이다. 한참 지나서 깨달은 거지만 간첩은 풀이 많이 자라는 계절에 침투한다는 거였다. 우스운 이야기다. 지금은 민주화가 되어 개인 인권이 존중되는 사회이다. 많은 분들의 희생이 있었기에 지금의 우리가 자유와 인격적 존중을 누리고 있는 것이다.

반시대적인 사람들이 새로운 패러다임을 창조한다.

　세월이 흘러 나이 40이 넘어서는 시기에 사회생활을 하다가 문득 그 선생님이 생각났다. 나는 전남교육청에 문의하여 선생님의 소재를 파악했다. 완도초등학교 행정실로 전화를 했다. 3학년 1반에 계신다고 하였다. 그 당시 선생님은 분명 60세가 지난 시점이었다. 하지만 평교사로 담임을 맡고 계신다고 하여 조금 의아했다.
　행정실로부터 교실에 연결되는 전화번호를 받고 수업시간을 피해 전화를 걸었다. 초등학교를 졸업하고 30여 년의 세월이 흐른 후 선생님과의 통화였다. 과연 나를 알아보고 기억하실까. 궁금 반, 설렘 반 아무튼 만감이 교차하는 순간이었다. "선생님! 안녕하십니까? 저는 동면초등학교에서 1979년도 4학년 때 선생님으로부터 야구를 배웠던 조석중입니다." 처음에는 가물가물 기억을 찾아가고 계신 듯하였다. 선생님이 교편생활 중에 야구를 가르치셨던 기억은 또렷이 기억하고 계셨다. 통화가 길어지고 여러 가지 이야기를 하였다. 나를 기억하시는 지점이 나오고 대화가 이어졌다.
　아직도 평교사로 재직 중이시며 평교사로 정년을 맞이할 생각을 하고 계셨다. 왠지 나는 가슴이 뜨거워짐을 느꼈다. 먼 과거로 돌아가 그때를 회상하며 선생님의 제자로서 대화를 하고 있는 것이다. 선생님으로부터 야구도 배웠지만 6학년 때는 담임으로 인연이 되어 선생님의 가르침을 받았다.

당시에 특별할 것도 없는 학교생활이었다. 하지만 선생님의 이미지가 30년이 지난 뒤에도 생각나는 이유는 무엇일까? 어린 나로서 뭔가 선생님으로부터 잊혀지지 않는 존경심을 가지고 있었을 것이다. 그래서 오랜 시간이 지났음에도 불구하고 선생님께 나의 소식을 알리는 행위를 한 것이라 생각 된다. 또한 선생님의 현재가 궁금하기도 했을 것이다.

잠깐의 전화 통화를 했던 내용은 10여 년이 지난 지금 자세한 기억은 없다. 하지만 당시 통화할 때, 건강하게 잘 지내고 계시다고 하셨던 기억이다. 나는 기회가 된다면 반드시 선생님을 찾아뵙겠다고 하였다. 그러나 지금까지 실천에 옮기지 못하고 있다. 한 번쯤은 꼭 찾아뵙고 따뜻한 식사 한번 대접하고 싶다.

두루 알다시피, E. H. carr(1892~1982)의 『역사란 무엇인가?』는 우리에게 '역사는 과거와 현재의 대화'라는 대표 문장으로 알려져 있다. 카는 "역사란 역사가의 사실들의 지속적 상호작용의 과정이자 현재와 과거의 끊임없는 대화"를 말하고 있다. 현재지점에서 과거를 들추어 보고 그것에서 새로운 무언가를 만들어내는 것이라 생각한다. 뒤로 돌아가지만 또 다른 것을 생산하는 진보적 발상이 과거를 짚어보는 행위일 것이다. 아울러 나 자신이 걸어왔던 역사와 대화를 한다는 반성적 실천이기도 하다.

인간은 본능적으로 과거의 인연을 다시 만날 때 현재의 자기 모습을 돌이켜 본다. 왜냐하면 과거의 지나감에 현재의 나를 부끄럽지 않게 보이고 싶기 때문이다. 당연히 나의 당당한 모습을 보이고 싶어 한다. 초라한 모습을 보여주고 싶은 사람은 없을 것이다.

우리에게 지난 역사의 사람들이 주는 의미는 무엇인가? 특히 다시 대면하고자 하는 사람은 나에게 어떤 의미로 다가오는가? 과거 인연과의 대화는 내가 현재 어떠한 위치에서 가능한가? 스스로 질문해 볼 가치가 있을 것이다. 그것은 나의 현재가치가 과거 인연과의 대화의 질을 좌우할 것이다. 그래서 스스로 과거에 대해 자신감이 들도록 살아야 한다. 그래야 대면하는 일을 두려워하지 않을 것이다.

현재와 과거의 만남에 교차점에서 나의 과거가 현재를 다듬어 줄 수 있는 단초가 될 수 있다. 아울러 미래의 모습도 달라지는 결과를 가져온다. 과거와 대면이 두렵다거나 망설이는 행동은 현재의 나의 존재감과 자존감이 많이 상실되었다는 반증 아닐까. 내가 선생님의 존재를 알고 싶어 하고 만나고 싶어 하는 것은 스스로 과거에 대한 도전이라고 생각한다.

현재의 나를 바라보고 과거와의 대면을 자주 하는 것도 좋을 것이다. 그것은 현재의 나를 반성하고 지금의 나를 더욱 발전시켜 보겠다는 의지가 담겨 있는 것이다. 오늘 하루를 살아가는 사람들의 일상은 내일의 역사로 기억된다.

오늘을 어제에게 부끄럽지 않게 살아가야 한다. 이유는 항상 과거의 내가 오늘 나의 존재가치를 알려주는 기준이기 때문이다. 그러기 위해서 우리는 과거에 부끄럽지 않도록 현재의 자기를 가다듬어 보여주어야 한다. 과거의 사람, 사물 등 모든 것의 상호작용이 오늘날의 나이기 때문이다.

사람의 미래에 펼쳐질 삶이 어떻게 진행될지는 아무도 단정 지을 수 없다. 사람 사는 세상에 예측은 가능하다. 예측에 대한 두려움을 잠재우는 방법은 있다. 우리 스스로에게 질문을 해야 한다. 질문을 하는 사람은 창조적이다.

앞서가는 사람은 모험이나 실험을 두려워하지 않는다. 확신할 수 없는 내일을 예측 가능하게 살 수 있는 방법이 있다. 오늘 저녁에 내일 할 일을 생각하면 된다. 쉽지 않는가? 나머지는 우연히 되었든 필연이 되었든 그냥 살면 된다.

우리는 스스로 생각하는 대로 살아가야 한다. 그래야 변명의 여지가 있는 것이다. 나와 타인에게 합리적인 변명거리를 할 수 있는 것이 생각대로 사는 것이다. 반대로, 사는 대로 생각을 하게 되면 줄기차게 변명만 하는 나로 전락될 수 있다는 것을 잊지 말자. 사람이 초라해진다.

지나간 나의 과거에게 오늘이 부끄럽지 않게 설명해 주어야 한다. 과거의 선생님을 불러오는 것은 또 다른 창조적 행위이다. 현재의 나에게 마주할 모험이나 실험을 예고한다. 나의 인생에 의미로 주어질 가능성이 많다. 인생은 어쩌면 매일 모험하는 자세가 '인생 의미'일지도 모른다.

보고 싶은 사람이 있다는 것은 내가 건강하게 잘 살고 있다는 증거이다.

편지를 기억하십니까?

　우리는 21세기를 살면서 편리함의 혜택을 많이 누린다. 편리함이 우리에게 시간적 공간적 여유로움을 제공하기도 한다. 내가 태어난 1969년부터 2021년 현재를 비교하면 확실히 신체적으로는 편리해졌다. 반면 정신적 피로감은 많이 가중되었다고 생각한다.
　정보의 홍수가 우리의 뇌를 괴롭히고 있다. 우리는 빅 데이터에 스스로 뇌를 고달프게 한다. 수많은 정보가 우리를 결정에 이르게 하는 데 당황스럽게 한다. 우리의 뇌가 과부하로 괴로워하다. 지금 현재 너무나 많은 선택지가 우리를 바라보고 있다.
　케이블 T.V 채널이 500개 정도이다. 각종 미디어에서는 "이것을 보세요. 이것 사세요. 이것이 최고에요." 그리고 빨리 결정을 내리라고 재촉하고 있다. 그 와중에 우리의 뇌는 속도를 가속해서 굴린다. 그렇게 우리는 현재의 바쁨과 빠른 의사결정 속에 살고 있다. 몸은 움직이지 않고 뇌만 혹사당하고 있는 추세이다.

나는 컴퓨터 자판으로 글을 쓰고 있다. 제기랄!

내가 초등학교 다닐 때 국군 아저씨에게 손 편지를 보내는 행사가 있었다. 지금은 없어졌을 것이다. 70, 80년대는 편지지에 내용을 적어 우체통에 넣으면 됐다. 그러면 우편배달부 아저씨가 해당 주소지로 편지를 전달하였다.
당시 지인이나 친척에게 다급한 전달 내용이 있을 때가 있었다. 그때는 우체국에 직접 가서 전보를 보내는 방법도 있었다. 지금처럼 통신 수단이 다양화되기 전까지 일반적으로 소통의 도구는 편지였다. 그 시절 먼 곳에 있는 사람과의 유일한 의사소통은 마을 이장 댁으로 가서 전화를 하든가, 아니면 편지를 보내고 기다리는 것이었다. 지금은 곧바로 문명의 혜택인 스마트 폰을 이용한다. 나의 의사 전달을 쉽게 주고받는 시대에 우리는 살고 있는 것이다.

군인 아저씨에게 편지를 보내는 것이 나의 첫 번째 외부인과의 소통이었다. 하얀 종이에 연필로 또박 또박 적어가며, 군인 아저씨의 안부를 물었던 기억이 있다. 틀린 글은 지우개로 지워가며 수정하곤 하였다. 군인 아저씨로부터 내가 보낸 편지에 대한 답장이 한 번 정도는 왔었던 것 같다. 어린 나이라 편지를 기다린다는 의미는 잘 몰랐다.

중, 고등학생 시절에는 펜팔(Pen pal)이라는 것이 유행하였다. 먼 거리에 있는 친구들과 편지를 이용해 친분을 유지하는 것이었다. 그때야 비로써 기다림이라는 것을 알았다. 아마도 군인아저씨는 남자이고 펜팔친구는 여자라 그랬을 것이다. 남자의 본능이다. 이성에 끌리는 현상은 건강하다는 것이다.

어떤 경로인지는 기억나지 않지만 부산에 있는 동급생 여학생과 펜팔을 하였던 기억이 있다. 주소를 알고 온갖 좋은 말은 국어사전을 찾아가며 정성껏 편지글을 썼다. 편지를 보내고 기다리는 시간이 있었다. 기다리는 시간은 답장에 대한 기대감으로 보내는 시간이었다. 날짜가 흐른 후, 우편배달부 아저씨로부터 예쁜 답장 편지를 받는 순간은 참으로 기뻤다. 그렇게 편지글이 오가고 서로의 학교생활 등의 내용을 주고받았다.

지금 생각해 보면 답답한 일이라고 생각할 수도 있겠다. 하지만 그 시대에는 당연히 기다리는 것이 일반적이었다. 그래서 편지글의 내용도 심사숙고하여 최대한 상대편을 존중하는 글로 쓰여질 수밖에 없었다. 또한 그 기다림의 애틋한 감정이 있었다는 것이다. 지금의 나를 그 순간의 기억이 미소 짓게 한다.

편지글을 쓸 때 사람의 감정은 차분해진다. 충분히 생각하는 시간을 갖고 작성되는 것이 글쓰기이다. 이성적 사고로 글을 쓴다는 것이다. 나는 지금 글을 쓰고 있다. 이 글은 완벽하지는 않지만 수십 번의 수정과정을 거친 결과물이다.

그래서 편지글은 무례하지 않다. 상대를 충분히 배려하는 수단이라고 생각한다. 하지만 디지털 기기가 발달한 세상은 다른 것 같다. 통신 수단의 발달로 급속도로 의사교환이 빨라졌다. 의사결정을 위한 비즈니스분야에서는 탁월한 능력을 발휘한다. 다른 한편으로 사람 사는 세상에 스마트폰의 역할은 어떤가? 우리들의 관계는 어떻게 변화되고 있는가?

느린 사람이 부처이다.

인지심리학에서는 인간의 올바른 감정적 사고의 형성을 중요시 한다. 우리는 감정이 먼저 작동하여 행동으로 옮기는 경향이 강하다. 그다음 이성적 사고가 제어를 하는 것이다. 대니얼 커너먼은 그의 저서『생각에 관한 생각』에서 인간 뇌의 작동은 감정에 의한 본능과 직관이 먼저라고 한다. 그다음 이성에 의한 심사숙고가 이어진다고 하였다. 내가 지금까지 경험한 바로는 이 말에 동의하고 있다는 것이다. 나는 인간이 내리는 결정에 있어, 감정적 사고에 좌우되는 현상을 많이 봐 왔다. 여러분들도 곰곰이 생각해 보면 알 수 있을 것이다. 학습이 본격적으로 이루어지기까지 우리 인간은 동물이었다. 본능적으로 행동하는 동물인 것이다. 이성적 사고의 발달은 그다음이었다. 그렇게 인간은 진화되었다.

지금 시대에 감정적 사고를 우선시하는 사람들이 많아졌다. 아니 그렇게 성격이 형성되어 간 듯하다. 내가 동의하는 감정적 사고의 올바른 형성은 매우 중요하다. 여기에서 자기감정을 제어할 수 있는 수양이 필요한 것이다. 하지만 요즘시대에 우리는 생각하는 시간과 깊이가 짧고 얕아지고 있다.

급변하는 시대에 우리는 조급함을 안고 살고 있는 것이다. 체코의 소설가 프란츠 카프카는 "조바심이야말로 인간의 가장 큰 죄악이다. 또한 조바심 때문에 인간은 낙원에서 추방됐다."라고 하였다.

마음이 조마조마하고 초조할 때 쓰는 '조바심'이란 농사일에 비롯된 것이라 한다. '바심'은 타작을 뜻하는 우리말로 곡식 이삭을 비비거나 훑어서 낟알을 털어내는 일이다. 조바심이란 조 이삭을 털어내는 일을 말한다. 그런데 조는 이삭이 질겨서 잘 떨어지지 않는다. 온갖 방법으로 비비고 문지르면서 애를 써야 간신히 좁쌀을 얻을 수 있다. 그러다 보니 조바심을 할 때는 힘만 들고 좀처럼 마음대로 되지 않아 마음이 조급해지고 초조해지기 쉽다. 일이 뜻대로 되지 않을까 봐 마음을 졸인다는 의미이다.

우리시대에는 내가 조금만 방심하면 급속한 변화에 낙오되어 있다고 느낀다. 시대가 사람의 마음을 움직이는 상황이 되었다. 사람이 시대를 움직여야 하는데 말이다. 특히 이러한 시대적 상황에서 남녀의 연애관계에서는 쉽게 소통하고 쉽게 단절되는 경향을 볼 수 있다. 서로 빨리 알아야하고 상대를 나의 소유물로 하여야 직성이 풀린다. 그렇지 않으면 조바심으로 또한 쉽게 포기한다. 그래서 또 다른 인연을 찾는다. 그것이 반복되는 세상이다.

남녀 간의 사랑은 서로의 구속이 아닐 것이다. 두 사람이 만나 서로 잘되고 발전하고 있다면 그것이 최고의 사랑이다. 서로를 자유스럽게 놓아 주어야하고 기다려야 할 일이다. 그렇지 않으면 서로 부담을 가질 수밖에 없는 사이로 변질된다. 남녀 간의 조바심의 결과는 이별만이 우리들을 기다린다. 아무리 조바심을 갖는다고 하여, 나와 다른 상대방이 내 마음대로 되지 않는 것이다. 사랑이라는 명제가 결코 구속력을 발휘하는 목적으로 사용되어서는 안 된다.

자유스러움을 전제로 한, 양 당사자의 배려심이 발휘되어야 한다. 손 편지를 쓰던 시대처럼 차분히 기다리는 마음을 키워야 한다. 조바심이 낳은 결과는 설익은 과일을 먹고 내뱉는 행위와 다를 바 없다. 지금 시대를 찬찬히 살펴보면, 숙고하지 않는 감정적 사고를 남발하는 어리석음을 범하고 있는 것은 아닐까.

모범을 보여야 할 정치인들은 '아니면 말고' 식의 감정적 발언이 얼마나 사회를 피곤하게 하는지 알고나 계신지 모르겠다. 말 한마디로 사람을 죽게도 하고 살리게도 할 수 있는 것이다. 이것이 언어를 가진 인간이 하는 행위이다.

좋은 말로 표현되는 것을 빠르게 전달하는 것은 서로에게 기쁜 일이다. 스마트 폰을 최대한 이용하는 것도 좋은 일이다. 하지만 부정적 사고의 언어를 쉽게 남발하는 도구로 사용하지 않아야 한다. 이러한 것이 지금 시대 모든 소통하는 통신 수단의 맹점이다.

맹목적인 사고에서 나온 무책임 적이고 무례한 언어가 남발하는 시대이다. 사랑하는 사이일수록 자제하여야 할 일이다. 쉽게 상처 줄 수 있는 언어를 쉬운 통신 수단으로 사용하지 않아야 한다. 조바심이 낳은 결과이다.

군인 아저씨에게 편지를 썼던 것과, 펜팔의 시대에 어떤 인연과의 편지는 존중이었다. 즉흥적이지도 무례하지도 않았다. 또한 기다림이었다. 기다림에 의해 우리는 성숙해질 수 있는 시간을 갖는다. 조바심이 없는 기다림은 상대에 대한 배려이다. 그리고 나의 익어감이다. 스마트 폰의 장점은 더욱 좋은 방향으로 이용하면 된다. 하지만 여과되지 않고 이성적 사고가 작동되지 않는 표현은 위험하다. 우리의 제어되지 않은 감정을 쉽게 노출하여 서로에게 상처를 주는 통신 수단은 자제해야 할 일이다.

우리가 과거를 회상하고 추억하는 이유가 있다. 현재가 그만큼 무겁고 고달프다는 반증일 것이다. 과거로 회귀하려는 인간 본능은 현재의 삶이 주는 중압감과 고통에 대한 회피이다. 한 번쯤 멈춰 서서 뒤를 돌아보아야 한다. 그래야 내가 여기에서 어떤 존재인지가 보일 것이다. 그리고 지나온 과거를 반성하면서 덜어내고 덜어내어야 한다. 이것이 기다림의 연습이다. 심리적 무게감을 가볍게 할 일이다. 지금은 기다림에 대한 의지가 약화되는 시대이다. 조급함의 감정적 사고와 기다림의 이성적 사고가 서로 타협해야 할 시대이다. 손 편지의 유행이 다시 찾아오기를 기대한다. 그때는 우리의 감정 다루기가 달라질지도 모른다. 기다림에 대한 깨달음도 있을 것이다.

미디어를 외면하면 부처가 될 수 있다.

지금 나로 살고 계신가요?

나는 시골에서 태어나고 자랐다. 한 동네에서 오래 살고 성장하였다. 나는 자연스럽게 내가 살던 동네의 사정을 잘 알게 되었다. 동네 사람들도 나를 알고 있다. 내가 누구이고 누구의 자식으로 존재하는지 알고 있는 것이다. 나는 고향에 가면 나로 존재한다. 고향에 가면 나를 거의 알아본다. 자연스럽게 태도나 행동이 조심스럽다. 나의 존재가 알려진 곳에서는 언행이 조심스럽다. 왜냐하면 나의 자존감을 측정할 수 있는 평가의 두려움이 있기 때문이다.

동네 사람들의 눈과 귀가 나를 보고 듣고 있다. 동네 어르신들에게 인사도 하고 안부를 여쭈어 보곤 한다. 착하게 보이는 것이다. 고향에서는 우리 모두는 착해진다. 모두가 나를 다 알기 때문이다. 자기로 존재하기 때문이다. 인간은 스스로 가치 있다고 판단하는 경우 그것을 유지하려는 본성이 있다. 그것이 자기에게 유리한 가치 있는 행동이기 때문이다. 동네에서 나는 고유명사로 존재한다.

그 길이 살 길이다.

현대 사회는 나로 존재하기를 두려워하는 경향이 있다. 집단에 소속되어 나를 들어내지 않고 익명성의 가면으로 활발하게 행동한다. 윤리적, 도덕적 마음 작동이 결여되어 있는 사람을 생산한다. 사람은 체면을 차릴 줄 알며 부끄러움을 아는 마음의 '염치'가 있어야 한다.

익명성이란 현대의 대중사회에 구성원인 대중이 누구인가를 모르는 현상이다. 즉 내가 알려져 있지 않은 장소나 단체에서 익명으로 어떤 행위나 발언을 하는 구조이다. 따라서 내 자신을 드러내지 않는 공간에서는 행동의 제약이 약화된다.

자유롭다고 할 수도 있다. 그 공간에서 윤리적, 도덕적 기준은 나를 드러내지 않는 익명성에 의해 오염된다. 즉 인간의 뻔뻔함과 죄의식의 결여가 생산된다.

특히 사이버 공간에서의 익명성은 그 능력을 많이 발휘한다. 자유로운 토론과 비판문화는 건설적이다. 그렇지만 익명성을 바탕으로 하는 무차별적인 언어폭력이 사이버 공간에서 양산되기도 한다. 나의 존재가 드러나지 않기 때문이다.

인간 내면의 사악한 본성이 발동하는 지점이다. 도시에서는 익명성이 있기 때문에 염치없는 행위가 만연하다. 고향은 고유명사로 도시는 일반명사로 기능한다. 도시속의 익명성속에 존재하는 인간은 고향에서의 고유한 존재라는 의식을 갖기 어렵다. 나를 드러내 보이지 않는 공간은 인간 내면의 모습을 적나라하게 볼 수 있다. 지금 현대는 개별적 존재들이 자발적 자존감을 확보하지 못하는 현실이다. 스스로 자기 가치를 훼손하고 있는 것이다. 그만큼 윤리적, 도덕적으로 결여되는 세상이다. 스스로 나를 고귀하고 가치 있게 여기는 사람의 특성이 있다. 그러한 사람은 자기의 윤리로 무장되어 사회생활에 있어 뇌물이나 부정행위를 거부한다. 하지만 어느 단체에 귀속되어 있으면 받을 수 있다. 땅 투기도 열심히 한다. 염치가 없어진다.

자기로 존재하는 사회가 취약하면 이러한 현상과 함께 부패가 만연하다. 뇌물을 받아도 자기가 받는 것이 아니라, 당, 파벌, 단체가 받는다고 생각한다. 윤리적 규정이 사회를 밝게 하는 게 아니다. 각자가 윤리적 주인일 때 진정한 밝은 사회로 나아간다.

돈이 되는데 윤리나 도덕이 무슨 소용인가. 제기랄!

우리는 무언가 거대한 것에서 삶의 의미를 추구하는 경향이 있다. 대의, 성공, 출세, 인정 등의 목표를 향해서 분투한다. 그러한 분주함에서의 결과물은 상대적으로 우리에게 허무함을 줄 수도 있다. 무엇 때문에 살아왔는가를 되물어보는 현상이 반복적으로 이어진다. 나로서 존재하는 것이 아니라 누구에 의해 평가되는 내가 되어서는 안 된다.

타인에 의한 평가에 집착하는 행위도 불편하다. 스스로 원인이 되는 자유를 만끽하여야 한다. 내가 책임지는 자유에는 엄격한 검열을 수반해야 한다. 자유로운 사람은 책임감이 강하다. 내가 누리는 자유를 책임지는 행위는 쉬운 일이 아니다. 자기검열이 순간적으로 필요하고 합리적인 의사결정을 매순간 해야 하기 때문이다. 다른 사람에게 내 자신을 불편하게 생각하게 하는 것도 좋다. 나만의 색깔을 가져보겠다고 다짐하는 것도 한 방법이다. 나를 고유하게 여기는 사람은 다른 면을 보인다.

스스로 난관에 맞서 타협하고 설득하는 자세가 다르다. 나는 인생을 편안하게 안주하려는 사람들의 가치관도 존중한다. 하지만 나는 좀 더 맛있는 인생이 분명히 있다고 생각한다. 그것은 나의 색깔을 발견하고 스스로 응원해 주는 것이다. 고유명사로 살아보겠다는 시작일 수도 있다. 인생을 섹시하게 사는 방법이다.

나를 버리면 천박해진다. 나에게도 인정받지 못하는 고아가 된다. 나도 알고 그들도 안다.

나를 존재감 없는 사람으로 만들기는 쉽다. 아무런 행위를 하지 않으면 된다. 그러한 삶의 마지막은 허무함을 생산한다. 사람 사는 세상과 연대하면서 나를 드러내는 것은 위대해지는 것은 아니다. 연대하는 집합에서 내가 맡아야 할 일은 반드시 있다. 목적을 이루는 것에 대한 과정의 흐름 속에 내가 위치해 있어야 한다.

위대한 뜻을 굳이 가질 필요는 없다. 내가 무엇을 해야 하는지를 아는 것만큼 중요한 일도 없다. 부모로서, 자식으로서, 사회구성원으로서 올바른 일을 찾으면 된다. 그것이 과정에 대한 유기적인 활동성이다. 우리 몸의 모든 장기가 유기적으로 관계하여 건강을 유지하듯, 사람 사는 세상도 각자의 역할에 충실하면 된다. 그것이 홀로 서보는 독립정신이며 나의 꿈을 이루는 과정일 것이다.

우리가 추구하는 보편적 이념의 수행보다 자기 꿈의 실현자가 되어야 한다. 바람직한 일을 하는 것도 좋지만, 내가 바라는 것을 수행하는 삶이 더 의미 있다고 생각한다. 보편적 존재보다 유일한 존재로 살아보겠다는 의지가 있어야 할 일이다. 자식을 대할 때 스스로 유일한 존재라는 것을 알게 해 주어야 한다. 이 세상에 하나밖에 존재하지 않는 소중한 사람이라는 인식을 자주 알려주어야 한다.

좋은 대학을 가고 출세를 해야 만이 성공이라는 기준을 버려야 한다. 자식들은 부모가 믿고, 사랑하고 기다리는 존재로 위치해 있어야 한다. 그러한 무한신뢰가 있을 때 우리의 자식들은 독립을 하려는 의지가 높아진다. 독립의 의지가 강한 사람은 의미 있는 인생을 살아갈 확률이 높다. 성공과 실패라는 이분법적 평가에 연연하지 않을 삶을 계획하고 실천하기 때문이다.

나는 내 윤리적 행위에 고유한 입법자다. 내 윤리적 삶은 나로부터 나온다. 내 삶의 원동력은 내가 작동시킨다. 나는 일반명사로 살다가 절대 죽지 않겠다. 고유명사로 살다가 죽겠다고 선언하여야 한다. 이러한 삶에 의지를 확보한 사람들은 성공과 실패의 기준을 갖지 않을 것이다.

그러한 사람들의 현실은 궁핍하고 어려울 수도 있다. 현실적 어려움으로 삶의 방향을 쉽고 용이한 방향으로 선택할 수도 있다. 세상과 타협하고 싶을 때도 있을 것이다. 돈도 쉽게 얻으면 쉽게 소비된다. 나의 정체성을 확립하는 데 고난과 역경을 거친 결과물은 다르다. '의미'에 집중하는 인생을 산다면 그리 궁핍하지도 않을 것이다.

우리의 인생을 성공과 실패의 기준에서 자유스럽게 만들어야 한다. 사람은 의미를 찾아가려는 곳에서 사람 사는 목적이 이루어진다고 생각한다. 나는 하늘은 스스로 잘하는 사람에게 기회를 준다는 것을 배웠다.

이 사회가 돌아가는 이유는 여기에 있다. 보이지 않는 곳에서 선의의 뜻을 가진 우리 사회의 51% 이상의 사람들이 존재하기 때문이다. 일부 사악한 인간들이 살 수 있는 것은 그들의 덕이다. 기생충은 사회의 근간을 이루는 일반대중 속 소외층이 아니다. 진정한 기생충은 어양벌이다.

나는 촌놈입니다

나는 어릴 적 자연을 벗 삼아 성장하였다. 시골이라는 곳은 산업시설이 없기 때문에 청정지역이라고 할 수 있다. 산과 들이 인간의 손에 훼손되지 않고 그대로 유지되는 곳이다. 계곡 또한 물이 맑고 깨끗했다. 그곳은 신선하다. 또한 우리들에게 있는 그대로의 모습을 보여주고 있었다.

당시 나는 친구들과 산과 들로 놀러 자주 가곤했다. 산에는 산딸기, 복분자, 머루 등등 산에서 나는 열매가 많았다. 지금 생각해 보면 보양식이다. 시골 자연식을 어릴 때부터 먹고 자란 것이다. 그래서 지금 이렇게 잔병을 달지 않고 건강하게 살고 있는 듯하다. 여름이면 계곡으로 가서 맑은 물에 목욕도 하곤 하였다. 그냥 마서도 아무 탈이 없을 정도로 맑고 청정한 식수였다.

나는 철마다 피는 꽃을 보면서 성장하였다. 자연에서 발산하는 정기를 마시며 나는 자연과 일부가 되는 시절을 보냈다. 자연과 함께 성장했던 영향으로 정신적으로 순수함을 찾아가려고 노력하고 있다.

무의식적으로 나도 자연의 일부였을 것이다. 그곳은 서로 교류하고 성장하는 데 안성맞춤이다. 순수하고 매력적인 공간이 시골 풍경이라고 생각한다. 현재는 인위적인 공간이 많은 환경이다. 현대의 우리는 자연스러움이 사라지는 곳에서 살고 있다.

우리들은 서로 마음껏 부대끼며 성장하였다. 서로 돕고 양보하고 아끼고 사랑하는 법을 자연으로부터 배운 것 같다. 자연은 우리들에게 교훈이었고 선생님이었다. 그 스승을 우리들은 깊이 생각하지 못하고 있다. 인간의 이기적인 계발 욕심에 의해 자연을 파괴하고 훼손시키고 있다. 자연스런 아름다운 풍경을 사라지게 하는 어리석은 짓을 한 것이다.

생명력을 가지고 스스로 생성하고 발전하는 것을 자연이라고 한다. 하지만 지금의 현실은 인간이 생명력을 파괴하고, 자연스러움을 인위적인 것으로 많이 바꾸어 놓았다. 산을 깎아 내리고 산업시설을 만들고 강과 계곡을 인위적으로 막아 물의 흐름을 변화시켰다. 스스로 생성 발전하는 자연의 섭리를 역행하게 만들었다. 결과는 우리가 보고 있듯이 고스란히 인간에게 자연환경의 변화가 보여주고 있다. 오염된 산과 들, 강과 호수가 우리들을 불편하게 하는 것에서 알 수 있다. 생태계가 파괴되고 선순환의 흐름이 제대로 작동하고 있지 않다. 우리는 예측하기 어려운 기상변화에 그대로 피해를 바라보고만 있는 현실이다.

내가 살았던 시골에 가보면 옛날 성장했던 아름다운 풍경이 사라진지 오래다. 동네를 도로가 가로지르고 산은 민둥산이 되었다. 많이 변하고 훼손되어 있었다. 자연을 돌보지 않는 결과는 황폐해진 마을의 정적만이 나를 바라보고 있다.

사람도 동물인지라 회귀 본능이 있는가 보다. 도시생활에 지친 사람들이 하나 둘 전원생활을 꿈꾸며 돌아가려는 마음을 먹고 있는 듯하다. 발전만 거듭되는 현대 사회에서 인간이 만들어놓은 환경에 스스로 염증을 느끼는 현상이 나타나고 있는 것이다.

나는 전남 곡성에 정착하여 농사를 짓고 '미실란'이라는 농업사회법인 대표인 이동현 대표를 2020년 11월에 만났다. 그곳에서 온갖 시행착오를 겪으면서 지금에 이르렀다고 한다. 나는 김탁환 작가가 쓴 『아름다움은 지키는 것이다』라는 책의 모티브가 되었던 이 대표를 직접 만나고 싶었다.

일본에서 생물학 박사학위까지 받은 분이었다. 잠시나마 이야기를 나눌 수 있는 기회가 있었다. 그는 영혼이 맑은 순수함을 가지고 있었다. 우연치 않게 나와 동갑이었다. 자연을 거스르지 않고 자연에 따라 농사를 짓는다는 이 대표의 말은 감동이었다. 자연의 동, 식물과 대화를 한다는 특이한 버릇도 말하고 있었다. 아직은 거대한 조직이 아니지만 꾸준히 발전시켜 보겠다는 의지를 말하고 있다.

이 대표와 대화했던 내용 중 기억에 남는 것이 있다. 농약을 많이 하는 벼는 바람에 쉽게 쓰러진다는 것이다. 하지만 자연적으로 성장한 벼는 다르다는 것이다. 농약과 비료를 주지 않는 벼는 성장기부터 뿌리를 먼저 깊게 내린다고 한다. 따라서 쉽게 바람에 쓰러지지 않고 잘 자란다는 이야기를 해 주었다.

사람도 마찬가지 아닐까. 먼저 자기 내면의 뿌리를 내리는 사람이 있을 것이다. 자기 내면의 수양을 차곡차곡 쌓아가는 사람은 다를 것이다. 심지가 깊은 정신력을 가진 사람은 주위의 영향에 쉽게 흔들리지 않는다.

우리 사람도 자연의 일부이다. 자연을 거스르지 않는 자연스러움을 우리는 간직하고 살아야 한다. 이것이 대자연의 이치에서 사람이 배우고 익혀야 할 일이다.

이동현 대표의 꿈과 희망은 이루어질 것이다. 올바르고 바람직한 일은 항상 끝이 좋다고 생각한다. 사람이 이러한 것을 깨닫고 살아가는 것이 자연의 일부로서 사람다움으로 거듭나는 행위라 생각한다.

기본기가 되어 있는 사람은 제대로 아는 것이다.

지금이라도 무일푼으로 시골에 정착하겠다고 하면 살아질 것이다. 모든 걸 버리고 떠난다면 그곳은 스스로 살게 할 것이다. 도시에서 치열하게 경쟁하는 사람들이 없는 자연과 함께하는 생활은 나 자신으로 존재가 가능한 지역이다. 아직도 시골 인심은 살아있다. 내가 조금만 부지런하면 없는 것도 생기는 곳이 시골이다. 마음이 느긋해지고 바쁨이 사라지는 공간이다.

인간은 영원히 살 것처럼 생각하는 어리석은 생각을 접어야 한다. 잠시 모든 걸 빌려 쓰다가 가는 세상이다. 내 것이 따로 있을 수 없다. 내 것이 따로 존재하지도 않은 세상에 집착이 무슨 소용인가. 이제라도 모든 걸 렌트한다고 생각해 보는 것도 쿨 하지 않을까. 내가 이용하는 모든 것에 정성을 다하여 유지하고 보수하여 다음 세대에 고스란히 렌트하여야 한다.

　산업화에 의해 많은 도시가 형성되었다. 그곳으로 많은 인구가 지방에서 이동하였다. 발전에 발전을 거듭한 우리들의 공간인 도시 풍경은 많을 걸 우리에게 제공한다. 그러한 환경에 적응하고 살아가는 현대의 우리는 지쳐간다.
　각박한 무대에서 살기가 피곤해지는 것이 현대인이다. 이제 우리는 이러한 거대한 물결에서 내려와야 할 시기라고 생각한다. 전국에 있는 지방을 한 번 방문해 보면 금방 알 수 있다. 빈집이 수두룩하고 어르신들만 계시는 풍경을 많이 볼 수 있을 것이다. 젊은 이들이 없는 그곳은 어린아이들의 웃음소리가 들리지 않는다. 죽어가는 지방사회 시대가 오는 것이다.

　우리는 상식이라는 지식을 가지고 있다. 다수에 사람들이 동의하는 것을 상식으로 알고 그에 어울리는 언행을 하고 산다. 나는 상식적으로 이해가 안 된다. 국가에서 국토의 적정한 이용률을 높이는 방법과 실행을 왜 적극적으로 안 하고 있는지 말이다.
　지금 우리에게 필요한 건 옛날 옛적의 추억담만을 이야기 하자는 게 아니다. 아마도 많은 사람들이 귀촌을 생각하고 있을 것이다. 그들이 지방 촌락을 되살리고 안정적으로 정착할 수 있는 정책이 마련되어야 한다. 일시적 귀촌이 아닌 장기적인 정착의 계획을 갖게 해야 한다. 특히 젊은 층에게 미래를 희망할 수 있는 곳으로 조성되어야 한다. 우리아이들의 웃음소리가 다시금 시골 촌구석에서도 우렁차게 흘러나오는 국가정책이 이루어지기를 바란다.

이런 희망이……

자기가 태어난 본적지로 이사 가는 청년들에게 삶을 보장한다. 또한 지방에서 태여나고 그곳에서 고향을 지키는 청년들도 포함한다. 그들에게 나이와 능력에 맞게 지역자치단체에서 반드시 안정적인 직업을 제공한다. 살고자 하는 동네에 주거시설을 영구적으로 무상 임대한다. 자녀들의 교육비를 100% 지원한다. 자녀들에게 적성에 어울리고 희망하는 지역 업체의 취업을 보장한다. 이 정도는 국가가 할 수 있다.

현실이 되기를……

아버지

나는 광부인 아버지의 3남 1녀 중 막내로 태어났다. 지금 생각해 보건데 부모님의 사랑을 많이 받은 것 같다. 요즘처럼 그러한 애틋한 사랑은 아니었다. 좀 관심을 더 받았다는 느낌이다.

아버지는 광부 생활을 하시면서 우리들을 키우셨다. 막장에서 일하시는 것이 힘드셨을 것이다. 그래서 술을 자주 드셨을 지도 모른다. 술값으로 사회에 환원을 많이 하셨다. 어머니 말씀으로는 군대 가시기 전에 화투판으로 전답을 이웃에 다 기부하셨다 한다. 나는 아버지 월급날에 외상값을 지불하면 남는 돈이 우리 집에 별로 없던 기억이 있다.

어머니는 어떻게 해서든지 한 달 생활을 꾸려 나가고 계셨다.

내 기억으로는 우리 집은 돈을 빌려주기보다는 빌리는 집이었다. 이유는 대충 이렇다. 아버지께서 술을 드시고 싸움을 하게 되었다. 싸움에서 한 분을 병원에 보낼 정도의 심한 몸싸움이 있었다고 한다. 내가 초등학교 입학 전 일이다. 피해자가 고소를 하였고 아버지는 경찰서에 가셨다. 합의를 하지 않으면 직장은 물론 교도소에 가는 상황이었을 것이다. 어머니로부터 들은 이야기로는 엄청난 돈을 빌려 합의를 보셨다고 하였다. 그래서 그 돈을 갚느라 남는 돈이 없었다고 하였다.

아버지는 일은 계속 하셨지만 형편은 나아지지 않았다. 술을 많이 드시고 어머니와 다툼이 많았다. 그러한 생활이 반복되었다. 아버지는 술을 드시면 노래 듣는 것을 좋아 하셨다. 공연시간은 기본적으로 3시간 4시간 5시간 정도였다. 긴 시간 동안 음악을 크게 틀어 놓고 들으셨다. 이웃집에는 공연이 아닌 피해를 주게 되었다. 또한 하던 이야기를 줄기차게 반복 하시면서 말씀을 하곤 하였다. 그러한 에너지는 어디서 나오는지 지금 생각해 보면 신기하다. 슈퍼맨이 따로 없었다.

아버지는 술을 안 드시는 날에는 말씀이 없었다. 생각에 잠겨 계시는 아버지의 모습. 평소에 간직하고 있었던 울분을 술과 함께

푸시는 것 같았다. 나는 아버지가 돌아가시고 난 뒤 아버지를 이해하게 되었다. 그 전에는 아버지를 원망만 하는 위치에서 바라봤다. 아버지의 내면에 쌓여있는 울분을 정확히 들어보지 못하고 이별하고 말았다.

나는 아버지가 살아계실 때 정말 마음속 깊은 대화를 한 번이라도 하였던가 싶다. 돌아가시고 나니 아버지에 대한 아쉬움과 미안함이 너무 많은 것이다. 좀 더 아버지에게 다가 가서 아버지를 이해하려고 노력했더라면 좋았을 것이다. 아버지의 진정한 내면세계를 경험하지 못하고 이별하였다는 것이 지금도 아쉽다.

아버지께서 살아계실 때 내가 직장에 취직하고 첫 월급을 받게 되었던 때가 있었다. 나는 우선 부모님의 내의를 구입하여 드렸다. 그런데 아버지께서 5일장에 좀 같이 가자고 하셨다. 옷을 하나 사고 싶다고 하신 것이다.

시장에서 아버지가 고른 옷은 가을 잠바였다. 장에서 판매하는 옷이 품질이 그다지 좋을 리 없었을 것이다. 아버지는 그 중에 제일 맘에 드시는 것으로 고르셨다. 막내아들이 첫 월급타서 아버지를 위해 지불하는 첫 금전이었다. 아버지와 나는 시장 국밥집에서 국밥을 한 그릇씩 먹었다. 그리고 나는 직장으로 향하고 아버는 흡족해 하시면서 집으로 가셨던 기억이 난다.

  아버지와 처음으로 단 둘이 시장에 가서 옷을 사고 밥을 먹은 것이다. 내 나이 스물다섯 해의 일이다. 내가 좀 일찍 철이 들었더라면 더 좋은 옷과 식사를 대접 했을 일이다.

  그 후에 아버지와 단 둘이 일을 보러 다니면서 기차여행을 한 기억이 있다. 무슨 이야기를 했는지는 모르지만 아마도 침묵의 시간이 많았을 것이다. 나는 아버지를 잘 모른다. 아버지와 대화를 많이 안 해본 결과이다. 아버지의 행동에 대한 원망만 하였지 이해를 하려고 애쓰지 않았던 결과이다. 지금 아무리 아버지를 호출하고 싶어도 그렇게 할 수 없다. 이미 내 곁에 없는 분이기 때문이다. 일찍 철이 들고 아버지를 알았더라면, 좀 더 잘 해 드렸을 것인데 아쉬움과 송구스러움이 너무 많다.

  어느 부모가 자식을 사랑하지 않겠는가. 아버지는 표현을 못했지 자식을 사랑하는 마음은 누구보다도 깊었을 것이다. 나는 아버지께서 지병으로 병원에 입원하시기 전까지 영원히 사실 것처럼 느꼈다. 아주 건강하셨기 때문이다. 술을 좋아하시고 음악 듣는 것을 낙으로 생각하셨다.

  세월은 그 누구도 비껴가지 않는다는 것을 알았다. 철인 같은 아버지도 죽음이라는 운명에는 고개를 숙이는가 보다. 술 좋아 하시고 이웃을 좋아하고 음악을 좋아 하셨던 아버지다. 나는 아버지로부터 배운 것이 없다고 생각했다. 하지만 내가 결혼을 하고 아버지가 된 지금 아버지를 조금은 이해하게 되었다.

자존심이 누구보다도 강한 분이였다. 할아버지께서 교육을 제때 시키지 못한 부분도 있었다. 생각이 많고 잠 못 이루는 아버지를 본 기억이 많다. 배움이 짧아 울분이 많은 분이었다. 교육을 제대로 받으셨다면 카리스마 넘치는 멋있는 리더가 되셨을 분이었다. 비록 막장에서 탄을 채굴하는 광부였지만 아이디어가 많고 동료들을 이끄는 능력을 가지고 계셨다. 그래서 회사에서 상도 받으셨던 것 같다.

아버지는 무엇인가 머리에서 뱅뱅 도는 생각을 지혜로 승화시키지 못하셨다. 조금만 교육을 받으셨다면 충분히 본인의 능력을 발휘하셨을 것이다. 아버지는 지식이 없으니 경험에 의존할 수밖에 없었다. 경험을 가지고 문제를 해결하기에는 한계가 있었을 것이다.

살다보면 경우에 따라 여러 가지 변수가 있을 수 있다. 보통 우리는 어떤 문제에 대해 지식이나 경험을 가지고 대처하게 된다. 아버지는 지식이 없으니 문제에 대한 제한적인 방편만 강구하셨을 것이다. 책 같은 넓은 세계의 경험담을 습득하지 못한 상황에서는 사고력이 좁아질 수밖에 없다. 지혜로움을 더욱 넓히는 데 있어서 책이 필요했을 일이었다.

돌아가신 아버지가 그립다. 호탕하게 웃으시는 아버지가 보고 싶다. 지나고 나니 많이 아쉽고 죄송하다. 막내아들이 박사학위를 받았다는 것을 모르시고 돌아가셨다. 살아계셨으면 동네 잔치하시느라 돈 좀 쓰셨을 일이다.

나도 아버지로 살고 있다. 아이들과 소통이 활발하지 않는 시대이다. 아버지들이 '라떼'를 이야기 하면 고개를 돌린다. 그만 하라는 것이다. 아이들과 소통하는 방식은 의외로 간단한 것 같다. 아이들 눈높이에서 생각하고 이해하면 바로 된다. 이야기를 하는 것보다 그들의 이야기를 듣다보면 아이들은 내 곁에 와 있다는 것을 느낀다.

아이들은 어른들이 오랜 시간 충고하는 것을 정말 싫어한다.

어머니

우리 집은 약간의 벼농사를 짓고 있었다. 다른 형제들은 이미 출가를 한 상태였다. 나는 부모님과 함께 고등학교를 졸업할 때까지 같이 지냈다. 농사일과 기타 집안일은 아버지가 일을 다니시는 관계로 주로 어머니와 내가 도맡아 하였다.

논농사와 밭농사를 하는 데 틈틈이 어머니를 돕곤 하였다. 집안에 제사가 있을 시는 딸의 역할도 하였다. 부침도 하고 설거지도 하고 이런 저런 일을 어머니와 함께 하였다.

시골 농사 일이 끝이 없이 반복되는 일이다. 김장도 해야 하고 고구마, 감자, 고추도 심고 여러 가지 작물도 키우곤 하였다. 농사라는 것이 소득이야 별로 없지만 어머니에겐 그러한 일이 숙명처럼 고착되는 일상이었다. 어머니는 그냥 하는 일이라 생각하셨을 것이다. 하지만 농사일이 노동력을 필요하기 때문에 힘이 많이 들게 된다.

　온몸을 사용하여 논밭을 일구는 일은 힘들고 고달프다. 나도 어머니와 함께 이러한 일을 하다 보니, 농사일이 여간 힘든 일이 아니라고 느끼면서 성장하였다. 고작 1년 벼농사를 해봐야 식구들 식량밖에 안 되는 수확이다.
　해가 거듭되고 어머니도 몸이 안 좋아지셨다. 고된 농사일에 장사가 있겠는가. 아버지께서 지병으로 병원에 입원하신 뒤로 논밭을 처분하였다. 어머니는 아버지 병간호에 전념하셨다. 어머니도 편치 않으신 몸에 아버지 병간호까지 하신 것이다.

　아버지께서 돌아가시고 어머니 혼자 집에 계시게 되었다. 어머니는 아버지가 돌아가신 후 병원에서 치료를 많이 받으셨다. 그동안 몸이 많이 망가지셨는데 몰랐던 것이다. 수술도 하시고 이런 저런 일로 병원신세를 많이 지게 되었다.
　내가 어머니를 뵈러 고향에 내려갈 때면 어머니는 이런 저런 음식을 손수 해 주셨다. 지금은 노쇠하여 그렇게 하지 못 하신다. 더

구나 치매가 와서 병원에 입원 상태이기에 그렇게 할 수도 없는 처지이다.

내가 어머니를 뵈러 병원에 내려가면 어머니는 손수 음식을 내게 해주시지 못한 것을 아쉬워 하신다. 자식에게 먹일 음식을 손수 마련하는 일이 어머니 입장에서는 중요한 일이었을 것이다. 어머니 스스로 살아 있다는 반증이기도 하다. 또한 자식 사랑의 마음 표현일 것이다.

지금은 그렇게 하지 못하는 처지가 못내 아쉬운 듯하다. 나는 어머니가 평생 아프지도 않고 그냥 그렇게 오래오래 사실 줄 알았다. 내가 나이만 들었지 어머니에게는 아직도 어린 자식이다. 그래서 그런지 고향집에 가면 어머니의 부재가 쉽게 적응이 되지 않는다.

그렇게 어머니는 힘들고 지쳐 있었는데 나는 몰랐던 것이다. 어머니도 사람이고 여인이었을 것이다. 정신적 육체적으로 소진된 후에야 한 사람으로서 보여지는 순간이다. 전에는 어머니로만 존재하였던 것이다. 이제야 자식들이 그것을 알면 무슨 소용인가. 이미 어머니는 힘들어하고 쉬고 싶어 하시는 연세가 되어 버린 것이다.

어머니와 차를 타고 어디를 좀 구경하고 싶어도 몸이 힘들어서 장거리 이동이 불가능하다. 내가 아무리 그렇게 하고 싶어도 어머니의 몸이 말을 듣지 않는다. 안타까운 일이다. 그저 바라만 볼 뿐 어떻게 할 수 없는 상태이다. 마음이 많이 무겁고 답답하다. 다만 내가 할 수 있는 일이라곤, 자주 내려가서 얼굴이라도 뵙는 일이다.

이러한 마음이 드는 건 이유가 있을 것이다. 평소에 자식 된 도리를 못했다는 증거이다. 지나고 나서야 후회하는 일이다. 먹고살기 바빠서, 살기 힘들어서, 시간이 없어서 이유 아닌 이유가 있었다. 지금 생각해도 이유가 합리적이지 않다. 그냥 후회하고 내 스스로 위안 받고 싶어 하는 못난 일이다.

정말 부모님은 기다려주지 않는다. 태어나고 성장하고 소멸하는 자연 법칙에 의한 인간일 나름이다. 내 마음대로 세월이 역행하는 일은 없었다. 모든 일이 후회 할 일이다. 조금만 신경 썼더라면 하는 후회 말이다.

바라는 것이 있다면 어머니의 온전한 정신이 돌아오기를 희망한다. 그래야 제대로 된 어머니와 대면을 다시 하는 기회가 올 것이다. 무심코 지나가 버린 날들에 대해 반성하고 있다.

어머니의 정신세계는 어떻게 되고 있는지 모르겠다. 무슨 생각을 하고 계시는지 궁금하다. 지나가면 되돌아오는 것은 없다. 지나간 것을 붙잡아 억지를 부리는 일은 반성이 아닐 것이다. 지금 여기에서 해야 할 일이 있고, 그것을 놓치지 말아야 할 일이 있을 것이다.

심리학에 '사후 가정적사고'라는 이론이 있다. 대표적인 것이 '~라면 더 좋았을 텐데, ~라면 큰일 날 뻔했다' 사람은 어떠한 일에 있어 지나간 일에 대한 가정을 한다는 것이다. 나름대로 이해하자면 안심이고 반성이고, 후회하는 작업이다. '그 일을 하지 말걸, 그 일을 했더라면, 그러한 일이 일어나지 않았다면, 그 일이 있었다면' 등. 지나간 일에 대한 현재의 우리가 하는 일이다.

누님

1945년 8월 15일 대한민국이 해방되었다. 3년 뒤, 1948년 8월 15일 이승만이 대한민국 초대 대통령이 되었다. 1950년 6.25 사변을 겪으면서 대한민국은 내, 외적으로 정치, 경제적 어려움을 겪고 있었다. 이후 군인 신분인 박정희가 1961년 5.16 군사정변을 일으켜 1979년까지 정권을 잡았다.

박정희 대통령의 재임기간 동안 대한민국의 재건을 위한 방편으로 경제개발에 전력을 다 하였다. 가난한 나라인 대한민국이었다. 수출 품목이 다양하지 못해 주로 섬유제품 등의 가공수출이 주로 이루어지는 시대였다.

1960, 70년대에는 노동력이 수출의 동력원이었다. 서울 청계천의 봉재공장과 독일에 파견된 간호사, 광부가 대표적인 예일 것이다. 대한민국 발전의 토대에 노동력이 차지하는 비중이 높은 시절이었다. 그 시절에는 먹고사는 문제가 제일 중요한 시기였다.

    우리집안도 그와 별반 차이가 없었다. 가난하고 여유가 없는 그런 가정이었다. 이런 저런 이유로 자녀교육에 대한 부모들의 열의가 높지 않은 시기였다. 그 시절 남자 형제들의 학업을 위해, 많은 동생들이 중도에 학업을 중단하였다. 남존여비 사상이 한 몫 하는 시대였던 것이다.

    특히 어린 소녀들은 당시 초등학교만 졸업하면 공장에 취직하는 것이 일반적이었다. 일명 '공순'이라는 명칭도 유행하는 시절이었다. 또한 좀 잘사는 집에 살면서 집안 살림을 도우는 '식모살이'라는 것도 있었다. 당시에는 이렇게 하는 것이 당연시 되는 시기였다. 가정형편이 어려운 시대에 살아가기 위한 방법이었을 지도 모른다.

    우리 집에는 누님이 한 분 계신다. 3남 1년 중 두 번째로 태어났다. 누님의 이야기로는 가정형편 때문에 초등학교 졸업식도 못 하고 바로 취업을 하셨다고 들었다. 누님은 13살 어린나이에 부모의 반 강제적인 가난구제 해결법에 희생되었다. 당시에는 형제가 많으면 다른 형제의 학업을 위해 동생이나 형, 누나들이 희생을 하는 시기였다. 그 중심에 누님이 계신 것이다. 나중에 들은 이야기지만 나이가 들어 누님은 이러한 부모님의 결정을 원망하셨다고 한다.

어린나이에 낯선 사회생활이 두렵고 힘들었다고도 하셨다. 누님은 어린나이에 부모의 품을 떠난 낯선 타지생활이 힘들었을 것이다. 객지 생활이 힘들고 외롭고 지쳤을 것이다. 그 세월이 45년을 지나고 있다.

나는 집에서 막내여서 이러한 사정을 잘 모르고 자랐다. 가정형편이 그나마 나아지는 시기에 성장하였다. 하지만 어린나이에 고향을 떠나 지금 현재까지 객지에서 힘들게 살았던 누님에 이야기는 나의 마음을 무겁게 한다.

그동안 누님은 부모님께 최선을 다하는 모습을 보였다. 어려운 형편이지만 자식 된 도리를 실천하였던 것이다. 어느 남자 형제들보다 부모님에 대한 자식 된 도리에 최선을 다했다. 고개가 숙여진다.

나는 누님의 자존심이 강한 건지 모르지만, 항상 밝고 명랑해서 힘들다고 생각한 적이 별로 없었다. 밖으로 본인의 어려움을 표현하지 않았던 것 같다. 최근에야 누님도 수많은 고통과 힘든 과정을 겪으며 오늘에 이르렀다고 하셨다. 미안한 일이다. 살펴보지 못한 것이 후회스럽다. 이 일이 전부 핑계가 아니고 무엇이겠는가.

본인의 의지와 무관하게 집을 떠난 사실은 고통이다. 개인적으로 큰 사건이다. 학창시절을 보내며 간직해야 할 친구들과 추억도 중단됐다. 공부를 하고 싶어도 할 수가 없었다. 누님은 부모님에 대한 원망이 당연히 있었을 것이다. 부모에 대한 마음속 응어리가 계속 남아 있었을 것이다. 그러면서도 부모에게 다가가려는 마음은 무얼까. 부모의 보살핌이 다 이루어지기 전에 집을 나선다는 사실이 두려움과 설움이었을 것이다. 그래서 성인이 되어서도 부모를 챙기는 마음이 더 간절했을 수도 있을 것이다.

부모로부터 사랑 받지 못한 정을 받아보기 위해서 말이다. 숙명처럼 받아들이기엔 힘들었을 본인의 운명이 서러움을 더해 울분을 가질 수도 있었다. 하지만 울분을 감추고 애써 스스로를 위로하고 살아왔던 것은 아닐까.

어린 나이에 단절된 부모님과의 관계를 채우려는 마음 말이다. 누님 스스로도 부모가 존재하는 것을 확인받고 싶었던 것은 아닐까. 그래서 위로받고 싶고 용기를 내고 싶고 그랬을 것이다. 부모의 존재만으로도 마음에 위로가 되는 그런 것이다. 그것이 사람의 마음이다.

다행이도 누님은 올바른 가치관을 형성하신 것 같다. 이러한 어려움에도 불구하고 자신 스스로를 위로하는 데 바람직한 방법을 사용하였다. 스스로 학업을 마치는 의지력도 발휘하였다. 존경해야 할 일이다. 스스로 나약해지는 것을 용납하지 않은 의지가 있었으니 지금의 누님으로 존재하는 것이다. 지금 누님은 60을 바라보는 중년의 나이가 되었다. 조그만 미용실을 30년 넘게 운영하고 계신다. 아픈 곳도 있고 힘들어하는 부분도 많다. 그럴수록 부모에 대한 애정은 더욱 더 높아지는 느낌을 받는다. 부모에 대한 원망도 하고 서럽기도 하면서 말이다.

시대적으로 어려운 현실에 고통을 받았던 이들은 수없이 많다. 제때 교육을 받지 못했거나 부모와 떨어져 생활을 하는 사람도 있다. 어떤 이들은 모든 책임을 부모에게 돌리는 사람도 있다. 부모를 원망하는 것이다. 그리고 더욱 더 무관심과 파괴적인 행동을 보이는 사람들도 있다. 현대를 살아가는 지금도 그러한 자식들이 존재한다.

사람 사는 세상을 살면서 모든 것이 완벽한 것이 있겠는가. 실수도하고 어리석은 일도 하고 산다. 그리고 깨달으면서 사는 것이 인생이다. 어느 누가 인생의 모범답안을 주지는 않는다. 사람들과 부대끼며 스스로 찾아가면서 사는 것이 인생이다.

라이너 마리아 릴케는 『젊은 시인에게 보내는 편지』에서 프란츠 크사버 카푸스 라는 젊은 시인에게 조언을 남겼다.

당신의 가슴속에 있는 풀리지 않는 문제들을 인내로 대하십시오. 그 문제들 자체를 폐쇄된 방이나 알지 못하는 언어로 쓰인 책처럼 사랑으로 대하려고 노력하십시오. 당신이 얻지 못한 답을 찾아내려 하지 마십시오. 어차피 당신은 아직 그것을 경험하지 못했으니까요. 모든 것은 경험입니다. 당신의 질문에 대한 답을 직접 살아보십시오. 언젠가 자신도 모르는 사이 해답 안에서 살고 있는 자신을 발견해낼 것입니다.

당시에 부모님의 결정이 현명했는지 어리석었는지 모르겠다. 시대적 상황이 가슴 시리게 느껴질 뿐이다. 지금 같은 시대에 부모가 자식을 그렇게 했다? 이해하기 힘들 것이다.

부모님의 가슴 아픈 결정은 이루어졌다. 자식을 취업 전선에 보내는 마음이 얼마나 가슴 아파 하셨을까. 아버지, 어머니는 어린 누님을 객지로 보내고 한동안 잠 못 이뤘을 것이다. 미안하고 괴로워 하셨을 것이다. 궁핍함에서 오는 좌절감도 있었을 것이다. 부모로서 자식에게 못 다한 보살핌이 괴로움으로 작용했을 것이다.

누님은 아마도 당시의 집안 사정을 마음속으로 받아들였던 것 같다. 부모님의 시대적 상황에 따른 결정에 어쩔 수 없는 운명이라고 생각했을 것이다.

누님은 최소한 부모님께 무심할 수도 있었다. 원망스러우니 하소연도 자주 할 수도 있었다. 하지만 누님은 부모님께 어려운 형편에도 불구하고 나름 최선을 다 하셨다.

내가 본 누님은 일관성 있게 부모님을 챙기셨던 걸로 기억한다. 자식으로서 부모에 대한 순리를 따르는 행위를 착실히 하였다. 억지스러움이 존재하지 않은 물 흐르듯 하는 행위이다.

그것이 부모 자식의 관계이며 그렇게 하는 것이 올바르다고 하는 순리적 행위인 것이다. 내가 어려워서, 시간이 없으니까 자식된 도리를 접어두는 것이 아니었다. 그냥 한 것이다.

부모 자식 간의 관계에서 그러한 살핌이 이유가 있을 수 있겠는가? 이유가 있을 수가 없을 것이다. 최소한 누님에게는 그렇다. 자식이니까 그렇게 하는 것이 천륜에 따른 본능적 행위였다. 그것이 사람으로 태어나서 사람만의 행동만 보이는 것이 아닌, 사람다움으로 거듭나는 행위라 생각한다.

말에게 눈가리개는 슬픔이다.

Part 02

느낌

시작이 있으면 과정으로 진입한다.
과정에서 느끼는 것은 현실적이다.
현실은 우리에게 과제와 도전을 선사한다.
과정에는 두려움을 줄이는 도전적 행위가 동반된다.
시작을 하지 않은 사람은 느끼지 못한다.
과정에서 느끼는 감정은 또 다른 시작을 잉태한다.
과정이 지나가고 있다.
충분히 느껴보는 감정의 성숙함이 우리 앞에 놓여있다.

우리가 우리를 봅니다

내가 직장을 잠시 그만 둔 시기가 있었다. 일이 적성에 맞지 않았다. 그러면서 백수가 되었다. 나태한 백수 생활을 하였다. 늦게 자고 해가 중천에 뜨면 일어나는 생활을 한 달 정도 한 것 같다. 무료한 시간을 보내는 무직자의 적나라함을 경험했다. 사람이 백수가 되면 시계를 안 본다.

무슨 생각이었는지 모르지만 여행을 하고 싶었다. 1996년 가을, 부산에서 인천까지 5일 정도의 일정을 잡았다. 부산에서 완행 버스로 대구, 합천, 광주, 전주, 천안, 인천을 여행하였다. 버스를 타고 가는 도중에 많은 사람들을 만났다. 버스 안에서 할머니, 할 아버지 등 어르신들과 젊은 사람들과의 만남도 있었다.

시장도 시끄럽고 버스도 시끄럽다.

나는 자연스럽게 사람들을 관찰하고 느끼고 있었다. 버스를 타고 지나가는 풍경과 사람들을 많이 보게 되었다. 여행은 역시 혼자 다니는 맛이 좋다. 직장을 다시 구해야 하는 부담감도 있었다. 짧은 5일 동안의 여행은 나름 해방감을 포함해 새로운 경험을 한다는 기대감에 좋았다. 단시간에 많은 사람을 만나는 것으로 여행보다 좋은 것이 없다고 생각했다.

그중에 지금도 생각나는 곳이 있다. 경남 합천의 '팔만대장경'이 있는 해인사를 둘러보고 온 일이다. 그리고 민박집에서 하루저녁을 보내고 온 것이다. 민박집 아주머니의 투박한 식사는 어머니가 해주신 밥상과 흡사하였다. 대충 차려낸 나물과 반찬 등이 어머니를 생각나게 하였다. 일부러 잘 차려진 음식과는 다른 맛이 있었던 걸로 기억된다. 잠자리가 좀 불편해도 홀로 있는 적막감을 충분히 느꼈다.

사람을 알아보기 위해서는 사람들을 만나봐야 한다. 그러기 위해서는 여행만큼 좋은 것도 없다. 나는 직장을 다시 나간 후론 여행다운 여행을 실행하지 못하고 있다. 당연히 만나는 사람들은 제한적이고 범위가 좁아질 수밖에 없다. 현실적 삶이 나를 일상에서 탈피하지 못하게 하고 있다. 언젠가는 무작정 떠나봐야 한다고 느끼고 있다. 여러 가지 핑계로 실행을 못하고 있는 실정이다.

시장에서 거래는 나의 능력을 알아 볼 수 있는 좋은 기회이다.

우리는 성장하고 생활하면서 인간이라는 종(種)에 대한 생각을 얼마나 할까? 대부분 우리는 현재의 삶에 있어 분주함이 많다고 느끼고 있다. 반대로 너무 무료하여 아무생각 없이 살수도 있다.
진지하게 우리 종족을 탐구해 보려는 사람은 그리 많지 않는 것 같다. 전문적인 분야에서 인간을 연구하는 사람들을 제외하면 그렇다.
인간은 '죽음'이라는 숙명을 알고 있는 유일한 동물이다. 그럼에도 불구하고 우리는 죽음을 외면하고 낯설어 한다. 그래서 죽음을 두려워하고 슬퍼하는지도 모른다. 예측하기 어려운 것에 대해 충격을 받으면 인간은 슬픔을 느낀다. 우리는 죽음에 대해 전문가가 될 수는 없다. 하지만 미래의 우리가 겪어야 할 중요한 일을 외면하고 모른 척 하기에는 뭔가 부족한 듯하다.

우리 종족은 수백만 년을 거치면서 사람 사는 세상을 만들었다. 여기에 우리의 인생 드라마가 쓰여 지고 있는 것이다. 사회학적으로 어떤 사람은 자기중심적으로 또 다른 사람들은 공공성을 기반으로, 각자의 정체성을 겸비하고 인간살이를 하고 있다.

오일장은 규격이 없다. 마트와는 다르다. 한 마디의 수고에 손은 무거워지고 마음은 가벼워진다.

지구의 탄생과 인류의 탄생이 모두 우연이라면 어떤 느낌일까? 이 세계는 나에게 비추어진 우연한 그림과 동영상일 뿐인가? 단지 생각할 수 있는 능력을 유전적으로 소유하고, 그에 어울리는 도구를 사용하면서 오늘을 살고 있는 것은 아닌가?

인류는 지금까지 손에 잡힐 듯 잡히지 않는 의미를 추구하면서 살고 있다. 그러면서 진보를 하고 있다는 것이다. 뭔지 모를 무엇을 추구하는 사람들이 많았던 시대가 있었다. 그때는 오히려 지금과 달리 한가함이 낳은 생각의 풍성함이 있었다. 사람이 한가하고 멈춰 서서 생각을 많이 하는 그런 시대도 있었다.

생각을 많이 하는 사람은 어떤 기질이 있을까? 내 스스로 나를 알아보는 사람은 얼마나 될까? 너무나 빠르고 시시각각 변화하는 시대이다. 그 중심에 나의 존재를 인식하며 살고 있는 사람은 얼마나 될까? 지구의 역사 50억년, 인류의 역사 600만 년이 지난 지금 우리가 여기에 있다.

   역사 속을 들여다 보면 인류는 그다지 성숙하고 합리적인 존재는 아닌 듯하다. 인류가 진화하면서 극명하게 드러나는 현상이 있다. 주목할 만한 것은 자기애가 강하게 표출되는 현상이다. 이와 맞물려 갈등과 반목이 형성되고 파괴와 죽음이 생산되는 비극이다. 반면 보존과 통합의 본능이 이와 대결하면서 오늘날의 세계를 형성하였다. 하지만 지금의 우리는 얼마나 행복한가? 산업화 이전의 한가함에서 나오는 심리적 행복감은 지금보다 높았을 것이라 생각한다. 지금의 발전된 세계의 환경과 비교하면 우리는 행복하다고 단정지을 수 없을 것이다.

   부대낌이 시장이다.

   사람은 내, 외부적인 영향을 많이 받는다. 심리적인 영향에 의해 자신의 행복 지수를 가늠한다. 자본주의 사회가 이 세계를 주도하는 시점이다. 자본의 축적이 나의 행복지수를 올리는 절대요인으로 작동하는지 의문이다. 수많은 교양서적들이 일관되게 마음정리를 외쳐된다. 하지만 현실은 우리에게 쉽게 마음정리와 평온을 허락하지 않는다. 망각하는 인간의 뇌에 대해 마음정리용 교양서적에 알약 하나가 제공되어 그 유효한 작용을 영구히 한다면 어떨까. 또한 최소한 정치를 하겠다는 사람들에게 기본적으로 청렴, 결백, 정의를 유지하는 알약이 나온다면······.

 진보와 속도전에 휘말려 살고 있는 우리가 여기에서 멈추어 보아야 할 시점이다. 현재를 살아가는 나에게 힘을 실어주는 좋은 글귀나 깨달음이 있을 수 있다. 하지만 그러한 것이 온전히 현재의 나를 안정되게 하지는 못하는 것 같다. 지금의 우리에게 보여 지는 환경은 마음을 비우기에는 다소 어려움이 있다. 끊임없는 생각의 고리가 나를 괴롭히고 번뇌하게 하는 작용을 하고 있다.
 욕망을 욕망하면서 살고 있는 우리들이다. 욕망의 굴레에 우리는 자유스럽지 않다. 그렇게 인간은 고통스럽게 진화되어 왔기 때문일 것이다. 니체는 "허무한 것이라도 욕망하는 삶을 살라"고 하지만 그것이 그리 쉬운 일은 아니다.

 사회적 동물로 성장한 인간은 사회심리학적 동기를 가지고 있다. 서로 간의 유대를 형성하고 사회적 정보를 수집한다. 나의 지위를 얻기를 희망하기도 한다. 자신과 내가 속한 집단의 보호를 목적으로 동기 부여된다. 마지막으로 끊임없이 짝짓기에 골몰하는 것도 포함된다. 사람 사는 세상이 이러한 동물적 본능과 이성적인 판단에 의해 이루어진다.

장터에 고독한 할머니가 많이 계신다. 장에 나온 사람들에게 총을 쏘아 대신다.

나의 기순에 타인을 억지로 포섭하려는 어리석음이 있다. 다른 사람을 이해하고 이해하여야 내가 흔들리지 않는 뿌리를 깊이 내릴 수 있을 것이다. 내가 타인을 이해하면 비로소 내가 스스로 내 자신이 되어 있음을 느끼게 된다.

니체는 인간의 변화를 '너는 해야 한다'는 순종적인 낙타 같은 인간을 처음 단계로 설정한다. 그다음 '나는 할 것이다'의 자기 의지를 갖춘 사자 같은 인간을 말한다. 마지막으로 망각하는 순수한 어린아이가 되어가는 인간 변화 과정을 이야기하였다.

니체는 궁극적으로 추구하는 인간의 내적 바람은 의지하는 것을 이지히는 '권력의지'를 우리에게 심어준다. 도중에 어떠한 영향력에 의해 우리의 삶이 중단되더라도 우리는 한시도 의지를 중단하지 않는다. 최소한 먹는 의지라도 말이다. 그것이 인간의 운명이다. 그렇지 않고서는 사람 사는 세상에 나를 찾아가는 과정을 찾기란 쉬운 일이 아닐 것이다.

우리는 자유를 갈망하고 그것을 쫓아서 행복을 얻으려고 한다. 하지만 현실은 만만치 않다는 것을 우리는 인정해야 한다. 진정한 자유를 누리고자 한다면 새로운 각오가 필요하다. 지금 있는 그대로 바라보고 살아야 한다. 그리고 또 다른 가능성을 보는 능력을 키워야 한다. 그 지점에서 나를 발견할 것이고 내가되는 과정을 순수하게 객관화할 것이다.

사람 사는 세상은 어디서나 저항이 존재하는 곳이다. 자유로운 인간은 최고의 저항이 끊임없이 극복되는 지점에서 발견될 것이다. 여행을 떠나면 사람이 보인다. 다양성에 대한 이해도가 높아질 것이다. 그리고 돌아와 보면 안다. 사람이 그래도 아름답다는 것을 느끼게 된다.

시장에 다녀오면 모퉁이에 앉아 계시던 할머니가 생각난다.

생각 좀 하고 살겠습니다

사람의 말 한마디, 표정과 태도가 얼마나 타인에게 영향력이 강한지 우리는 안다. 사람은 말에 의해 살고 죽는다고 할 수 있다. 인간은 소통하는 언어에 민감하고 쉽게 상처 받고 마음이 오락가락 하는 동물이다. 나도 그렇다. 좋은 말도 여러 번 들으면 조롱으로 들린다. 싫은 말은 전투준비를 하게 한다. 그리고 그러한 말에 상처가 나면 쉽게 풀리지 않는다.

말에 의해 우리는 생사(生死)도 결정한다. 유명인들이 자살을 하는 것도 말에 의한 상처를 입고, 못 견디는 마음이 결정하는 자기 소멸 방식이다. 말일 뿐인데 그 말에 우리는 왜? 이렇게 삶을 죽음으로까지 이끄는 걸까?

인간에게 생각하는 능력이 있다는 것이 우리에게 어떤 의미일까? 우리는 일생을 살면서 끊임없는 생각의 고리를 죽을 때까지 가지고 산다. 이러한 인간의 생각해야하는 운명은 태초 이래 줄곧 이어진다. 고대의 사람들로부터 현재에 이르기까지 '인간이란 무엇인가?'라는 명제를 풀어 보려는 시도가 지속되고 있다.

대표적인 분야가 철학이라는 것이다. 인간은 어떻게 존재하는가? 또한 인간은 무엇을 알 수 있는가? 이를 두고 수많은 철학자들이 그 시대를 살면서 고민하였다. 철학은 대표적인 인간 사유의 결과를 보여주는 학문이다. 또한 철학은 인간 스스로 무엇을 하고 있는가를 비판적으로 반성하는 것이다. 우리가 왜 여기에 있고 무엇을 추구하며 그 의미는 무엇인가? 라는 질문을 시작할 때, 철학을 하고 있는 것이다. 존재론, 인식론, 가치론은 인간 사유의 절정판이자 영원한 숙제이다. 인생에 대해 비판을 정교하고 철저히 하는 것이 철학을 하는 것이다.

내가 느끼는 상대편의 말에 의한 상처가 있다면, 내가 하는 말에도 분명히 칼날이 있다는 것을 알아야 한다. 말을 할 때 철학을 한다면, 그 사람의 언어 발사 능력은 구조화될 수 있다. 즉 내가 하는 말을 내가 점검하고, 상대에게 발언하는 언어에 혹시나 상처를 줄 수 있는 말을 제거하는 행위를 할 수 있는 역량이 발휘된다. 이것이 언어를 사용하는 데 있어 철학을 한다고 할 수 있다. 다시 말하면 생각을 먼저하고 말을 하는 습관을 가지라는 것이다. 막 나오는 언어에도 좋은 말 속에 칼날이 포함된다. 상대편에서는 좋은 말은 흘러 보내지만, 듣기 거북한 말은 상대방에게 반드시 포착되게 된다. 그리고 상처를 주게 되며, 관계가 어색하게 변질되는 것이 사람관계이다.

사람은 말을 잘하면 잘 살게 되어있다. 말 잘하는 능력으로 사기 치라는 것이 아니다. 생각을 하고 말을 하라는 것이다. 그것은 자기와 대화를 자주하는 사람이 가지는 능력이다. 사기 치는 것과 말 잘하는 것을 구분할 줄 안다면, 세상 참 살기 편할 것이다.

인간이 태어나서 죽을 때까지 나와 다른 또 다른 나와 대면하고 스스로 대화한다. 진정한 나와 대면은 홀로 있을 때일 것이다. 요즘같이 시시각각 정보와 소음이 난무하는 시대에 나와의 대면하는 시간이 얼마나 될까?

나를 알고 싶은가. 또한 내 자신 속에 머물고 있는 친구이자 동반자인 내면의 목소리의 소유자인 나. 한 번쯤 고독을 마주하고 나를 보는 시간을 자주 갖고자 노력한다. 생각의 고리를 더욱 깊이 파고드는 방법은 홀로 있을 때이다. 역사에서 수많은 선각자들이 있었다. 홀로 있음에서 깨달은 바를 우리들에게 수많은 상식과 지혜로 선사하였다.

니체가 말한 여성이 '진리'라면, 니체는 루 살로메에게 거절당했다. 엄청 열 받아서 생각하는 데 분풀이를 한 사람이다.

생각이라는 사유방식을 유전적으로 물려받은 인간은 생각함으로써 인간이 되는 것이다. 가장 깊은 생각은 어떠한 물음에 대해 끝까지 파고들어 나름의 결론을 내려 보는 것이다. 예를 들면 나는 누구인가? 나는 어떻게 살아야 하는가? 등의 질문을 던져보고 홀로 있어 보는 연습을 해 보는 것이다.

단언컨대 이러한 사유의 깊이를 파고드는 연습과 수양을 한다면, 나의 삶은 풍요로울 것이다. 고대 철학자 소크라테스는 한 가지 화두에 골몰하면 길거리에서도 그 질문에 대한 답이 나올 때까지 움직이지 않고 생각에 몰두하였다고 한다.

우리가 흔히 동, 서양에 대표적인 4대 성인으로 칭송하는 공자,

석가모니, 예수, 소크라테스의 공통점은 스스로 자기와의 치열한 대결이었다는 것이다. 여기서 나온 깨달음의 결과물이 후세를 살아가는 우리들에게 지혜를 선물한 것이다. 어쩌면 그 시대의 한가로움이 인간세상을 풍요롭게 했을지도 모른다. 요즘을 사는 우리들에게 약간의 휴식과 멈춤이 필요할 수도 있다.

우루과이 대통령을 지낸 호세 무이카는 "우리는 발전하기 위해서 태어난 것이 아니라 행복하기 위해서 태어났다."고 하였다. 우리 인간은 21세기의 속도전에 지쳐 쓰러질 정도이다.

프란시스 베이컨, 르네 데카르트, 아이작 뉴턴의 진보와 발전을 앞세운 과학혁명은 이제 우리를 지치게 한다. 물질과 문명이 발달하고 풍족할수록 우리에게 행복은 반비례하여 내려가는 듯하다. 그만큼 갈등의 요인들이 우리를 지치게 한다는 반증일 것이다.

이럴수록 우리는 나에게 드리워진 짐을 걷어내고 가벼워져야 할 때이다. 그것이 우리들의 짐을 털어내는 길일 것이다. 우리가 자유를 얻기 위한 방법은 자유로운 사유를 소유하는 것이다. 자유롭게 놀 수 있는 사유에 대한 공간을 스스로 만들어 내야 한다. 스스로 홀로서 보겠다는 선언을 하는 것이다. 이러한 사람들이 많이 모이는 개인과 조식이 사회를 아름답게 할 것이다. 또한 자유로운 영혼을 갈고 닦는다면 우리에 정신은 맑아질 것이고, 삶의 풍요함이 무엇인지 깊이 성찰하는 시작점이 될 것이다.

노자 도덕경에 기준과 이념을 가지고 행동하는 것을 유위(有爲)라 한다. 이념과 가치관을 버리고 자발적으로 활동하는 일을 무위(無爲)라 하였다. 무위를 한다는 것은 자기에게 이미 있는 가치관과 신념으로 세계와 관계하지 않는다. 그것을 밟고 서서 자기가 스스로 주체가 되어 신념과 이념 없이 세계와 관계하는 것이다. 이론을 가지고 문제를 접촉하는 것이 아니라. 문제 안으로 직접 침투해 들어가는 일이 무위이며 경험의 세계로 진입하는 것이다.

사유의 깊이를 스스로 파고드는 행위만큼 인간적인 일은 없을 것이다. 내안의 모든 생각의 틀이 자유스러워질 때 자유의지의 참맛이 들어나게 될 것이다. 우리는 스스로 판단하고 스스로 이유가 되는 자유를 얻게 될 것이다. 자유라는 의미는 스스로 원인이라는 것을 내포하고 있다. 내가 원인을 일으키고 스스로 해결하는 것이 자유이다. 따라서 자유의지에는 반드시 책임이라는 것이 따른다는 것을 잊으면 안 될 것이다.

생각한다는 것은 잠시 멈춤이다. 인디언들이 말을 타고 달리다가 멈추는 이유가 있다. 내 영혼이 따라오지 못할까봐 잠시 멈춘다고 한다. 오늘을 사는 우리는 얼마나 멈추고 있는가? 혹시 멈추면 뒤쳐질까 두려워서 그런 것일까. 한시도 멈추지 않는 시간이라는 발명품에 반기를 들어야 한다. 내 스스로 그 시간을 정지시켜 보아야 내가 보인다. 오던 길을 더듬어 보아야 한다. 그래야 내가 보일 것이다.

반성적 사유를 하는 것이다. 소크라테스는 반성하지 않는 삶은 무의미하다고 하였다. 무엇을 잘못하여 스스로 꾸지람을 주라는 것이 아니다. 돌이켜보는 연습을 하라는 것이다. 뒤돌아봄이 마치 실패자가 되는 것처럼 생각하면 안 된다. 내 삶을 더욱 고단하게 만들게 될 뿐이다. 반성이라는 뒤 돌아봄은 과거와 대면하는 것이고 생산적이다. 앞을 볼 수 있는 기회이다.

인간에게 생각하는 혜택을 제공하는 이유를 찾아야 한다. 미래를 생각하는 만큼 과거를 살펴보라는 것이다. 그것만큼 우리 자신을 익어가게 하는 좋은 재료도 없을 것이다. 뒤돌아봄의 사유를 함으로써 스스로를 제대로 알아야 하는 이유이다. 자기성찰의 시간을 투자하는 만큼 나는 더욱 높이 올라가 있을 것이다. 그것이 참다운 인간의 생각거리가 될 것이다.

이루고자 하면 포기할 줄도 알아야 한다. 대의를 위해 가정을 버린 사람들이 많다. 그러한 사람들이 줄어들어야 한다.

세상에서 가장 힘든 직업은 인간 직업입니다

나의 어머니는 2019년 9월부터 치매진단을 받은 후 병원에 현재까지 입원해 계신다. 처음에는 어머니를 원래 사셨던 집에 머무르게 할 방도를 찾았었다. 하지만 홀로 계시면서 식사를 하시고 생활하시는 것이 불가능하였다. 특히 안전에 문제가 많았다. 요양보호사를 고용하여 식사 및 집안 청소를 의뢰하여 시행도 해 보았다. 그 또한 홀로 계시는 시간에 사고가 빈번히 일어났다. 식사도 제대로 안하시고 약도 제때 드시지 않는 것이다. 몸까지 불편하니 거동하시다 넘어지셔서 한동안 연락이 되지 않는 응급 상황도 많았다. 그래서 병원에 모시게 된 것이다. 홀로 계시는 데 입맛이 있을 수 없을 것이다. 식사를 거르는 것이 다반사였다. 자식들은 먹고 살기 바쁘다. 과거 같으면 자식들이 모시고 사는 것이 일반적이었다. 지금 시대는 그렇게 하는 것이 서로에게 힘든 상황이라는 것을 다 알고 있다. 시대가 변하니 생활 방식도 변하는 것은 어쩌면 당연한 일이다.

어머니를 병원에 모시고 난 후 안전과 건강에 대한 염려는 없다. 하지만 한 가지가 해결되면 아쉬운 것이 한편에 있듯이, 코로나의 영향으로 어머니는 병원에서 외출 및 외박이 차단된 상태이다. 집에 가고 싶으셔도 못가는 상황인 것이다. 더구나 면회도 제한적이다보니 안타까운 일이다.

코로나가 유행하기 전 면회가 자유스러운 시기가 있었다. 나는 병원에 한 달에 한두 번 내려가서 어머니를 뵙고 올라오곤 하였다. 그때는 외출과 외박이 허용되어 좋았었다. 어머니도 병원 생활이 답답하였지만 적응을 하시고 나름 잘 지내시려고 노력하고 계셨다.

요양병원에는 주로 치매환자 분들이 많이 계신다. 인사를 드려도 표정이 없다. 고목처럼 그냥 계신다. 병동을 다 돌아보면 거의 다 그렇게 계신다. 한 때는 누구의 남편과 아내, 누구의 어머니로 존재하셨을 분들이다. 그리고 열정적으로 삶을 살았을 분들이다.

모든 에너지가 소진되고 기억이 사라지는 시기가 오면서 어르신들은 자기를 잃어가고 있다. 나의 미래의 모습일지도 모른다. 아니 그렇게 될 확률이 높다. 나를 잃어가는 것이다. 사람의 역할이 소멸되는 자연적 법칙이 우리에겐 다가온다. 인간직업자의 거대한 사라짐을 우리는 매일 경험한다.

직업의 사전적 의미는 인간이 생활의 물적 기초를 마련하기 위함이다. 이로써 직장에 일정한 기간 동안 종사하는 경제활동으로 정의 내리고 있다. 특별한 경우를 제외하면 대부분의 사람들은 일정 시기에 직업 활동을 시작한다.

인간사회에서 살아간다는 의미는 각자의 역할이 존재한다는 것이다. 그중에 하나가 직업을 갖는 것이다. 성인으로서 독립을 의미하기도 한다.

직업을 갖는 것은 사람 사는 사회에서는 필수적이다. 그렇지 않으면 아리스토텔레스가 이야기 하듯 '인간은 사회적 동물이다'라는 말에 우리는 동의하기 힘들다. 물론 직업이 없어도 사회활동 하는 데 영향이 없을 수도 있다. 하지만 보편적으로는 직업을 가지고 우리는 사회라는 영역에서 활동하는 것이 일반화되었다.

사람이 직업을 갖는 것이 인간다운 생활을 영위하는 데 필수적이라고 해보자. 예를 들면 대양을 항해하는 선장이라는 직업의 소명은 출발지에서 도착지까지의 안전항해를 책임진다. 선장은 바다 날씨의 전문적인 지식과 항해술을 발휘하여야 한다. 그렇지 않으면 배는 좌초되고 말 것이다. 이와 같이 직업적 사명과 기술이 모든 분야에서 필요한 부분이다. 그렇다면 우리가 인간이라는 동물을 직업으로 전환해보고 생각해 보는 것은 어떤가?

인간의 본성은 두 가지로 나뉜다고 한다. '파괴와 죽음', '보존과 통합'이다. 인간은 다양한 관점에서 양면성을 가지고 있다. 인간들은 선택의 일상 속에서 하루에도 수백 번 이러한 행위를 하며 살아간다. 또한 어떠한 현상을 보는 생각의 관점도 다르다. 나의 가치관과 다른 사람의 가치관이 다르기 때문이다. 이 모든 생각의 연결 고리는 판단을 요구하고 있다.

우리는 매일 판단의 연속성에 살고 있다. 판단의 결과는 예측할 수는 있으나, 아무도 단정 지우기 쉽지 않다. 다만 그 결과에 의해 판단의 옳고 그름을 말할 뿐이다. 우리는 결과에 대한 반성의 과정을 거친다. 일반적으로 반성하는 과정에서 깊이 성찰하고 수정 반복되는 삶을 영위하는 것이 인간이다.

인간의 다양성은 생각하는 수준에 따라 천차만별이다. 또한 인종의 다양성과 아울러 어린아이, 어른, 노인, 장애인 등등 이러한 다양성이 공존하는 곳이 사람 사는 세상일 것이다. 서로가 서로를 향해 살게 하고 죽게도 하는 것이 인간이다.

인류가 현재까지 발전을 거듭하면서 나름 행복이라는 조건을 중요시한 것은 보편적이다. 인간의 궁극적인 희망이 행복이라는 것을 우리는 부정하지 않는다. 고대부터 현재까지 인간에게 고통과 실패가 주는 좌절감이 존재한다. 하지만 그것을 극복하려는 다수의 인간들이 다른 무리의 인간들을 이끌어 왔다.

우리가 가장 두려워해야 하는 것은 희망 없는 좌절이 아닐까. 어차피 겪어야하는 고통이나 슬픔 또는 실패가 우리에 숙명이라면, 이것을 슬기롭게 넘어서는 능력도 인간으로서의 역량이 될 것이다.

우리가 보는 다양한 인간들의 겉모습만으로 행복도를 가늠할 수 있을까? 인간들이 추구하는 행복의 절대기준은 없다. 다만 각자가 자기 몫만큼 느끼고 스스로 판단하며 느끼는 감정의 일부일 것이다. 우리가 불행하다고 생각하는 사람도 주위에 많이 존재한다. 역설적이나 그 사람에 의해 다른 사람들이 위안이나 행복한 감정을 느낄 수 있다. 그렇다면 위안을 느끼게 한 당사자는 진정

불행한 것인가?

그것은 그들의 내면세계가 말해 줄 것이다. 우리가 함부로 그들을 평가하는 우(愚)는 범하지 말아야 한다.

인간의 삶의 방식이 상식과 빗나가는 행동을 한다면 문제는 달라질 수도 있다. 그것은 우리 인류에게 보편타당한 생활 방식을 유전적으로 물려주었기 때문이다. 보편성에 어긋나는 행위는 모두에게 불편하다. 이러한 상식 밖의 행동은 무리에서 제거의 대상이 되기 쉽다. 인간 직업으로써의 숙련된 직업군이 아니다.

인간은 태어나면서 초보 인간에서 숙련된 전문 인간으로 거듭날 수 있다. 그것은 배움이라는 경험과 이론적 학습이 존재하기 때문이다. 배우지 않고 자각하지 못하는데 숙련된 인간직업군에 속할 수는 없을 것이다.

학습과정에서 우리는 결과를 예측할 수는 있다. 그것이 인간이 가지는 생존방식이 될 수도 있고 살아가는 여정이 될 수도 있다. 하지만 세상살이는 힘들고 어려운 일로 가득 채워져 있다. 그것이 인간의 숙명이다.

쇼펜하우어는 인간의 태어남과 죽음까지의 과정을 '고통' 그 자체로 단정지었다. 그는 인간에게 이렇게 말한다. "인간은 태어나지 말아야 한다. 태어났다면 빨리 죽는 게 답이다." 하지만 니체는 달리 말한다. "인간은 가벼움을 추구하여야 한다. 어린아이 같은 망각의 가벼움, 나비처럼 춤추는 가벼움, 고통의 심연에서 맛보는 웃을 수 있는 가벼움을 아는 인간만이 인간으로 거듭난다." 그래도 살아볼 가치가 있다는 의미일 것이다.

우리는 우리의 몸을 제대로 알고 있는가? 태어나서 죽을 때까지 사람은 이 세계에서 유일한 자기만이 존재한다. 그것의 일부가 신체이다. 내가 가지는 신체는 죽을 때까지 동반자이자 친구이다. 나를 형성하는 원초적이며 근본적인 출발점이다. 우리의 육체와 더불어 정신이 조합되어 살아가는 인간 직업이다.

인간이 기본적으로 해야 할 일이 있다. 스스로를 사랑하는 법을 배워야 한다. 그래야 다른 이들의 소중함을 알기 때문이다. 인간직업자가 갖추어야 할 첫 번째 자세일 것이다.

소크라테스는 열렬한 희망을 가진 집요함을 아테네 사람들에게 이야기했다. 천박한 세상일을 내 안에서 밖으로 던져버리고 '자아에 내한 걱정'으로 집중하라고 했다. 인간 스스로 나의 실존을 생각하여야 한다.

내가 어디에 있고 어디로 가는지. 현재의 좌표를 제대로 찍어 보고 나아가야 할 방향을 결정하여야 한다. 그것이 인간이 가지는 숙명적인 직업정신 아닐까.

인간일 수밖에 없는 인간. 인간이 인간이 되어간다는 것. 초보 인간에서 전문 인간으로 되어 가는 것. 전문인간은 초보 인간에게 무엇이 되어야 하는가? 사람 사는 세상에 인간이 가지는 전문성. 인간의 최종적 목표에 도달하는 지점에서 장인이 태어난다. 그 장인 정신이 초보 장인을 가르치고, 초보 장인은 수많은 인간이 되어가는 사람들과 더불어 살아간다. 그래서 우리는 직업으로써의 인간이 되어간다.

푸르고 생성하던 시기가 지나, 모든 것이 소진되고 고목처럼 살다가 소멸할 수밖에 없는 인간의 운명. 그것을 알고 있는 우리는 이제 그 힘든 인간직업을 다시 고찰해야 할 시기이다.

직업 중에서 가장 높은 직업은 나 자신이다.

> 있을 땐 잘 모릅니다
> 떠나면 알게 됩니다

    사람이 살면서 불현듯 어디론가 떠나고 싶을 때가 있다. 나도 그럴 때가 있었다. 어렸을 때 학교에 가지 않고 다른 곳에 있다가 집에 들어간 기억이 있다. 이유는 자세히 기억나지 않으나 그냥 학교와 집이 싫어서 그랬을 것이다.

    성인이 되어서도 마찬가지다. 나는 가끔 일상의 지루함이나 권태로움으로 인해 어디론가 떠나고 싶다는 내면의 목소리를 듣는다. 그래서 내가 태어나고 자란 시골 고향을 그리워하는 것일까. 고향에 가면 뭔지 모를 편안함과 심리적 안정감이 내 감성을 자극한다. 아마도 어렸을 때 형성된 익숙함이 되살아나 나에게 안도감을 주는 현상일지도 모른나. 그래서 지금의 각박한 현실에서 떠나

보고픈 생각이 들곤 한다.

눈에 힘이 있는 사람이 있다. 가출한 사람이다.

지금 머무르는 곳에서 떠난다는 것은 모험이 될 수 있다. 떠나 본다는 것 그것이 설렘이다. 일상에서 떠나 본다는 것이 곧 나를 알게 하는 방편이 되기도 한다. 종교적인 출가가 아니더라도 좋다. 분명한 목적을 가지고 있는 게 출가라면 가출은 목적의식이 없다. 그냥 상황이 좋지 않고 집이 싫어서 떠나보는 것이다.

 가출과 출가의 큰 차이는 목적이 분명히 있고 없고의 차이일 것이다. 법정스님은 자신의 출가 동기에 대해 뚜렷한 목적 없이 마음이 동해서 출가를 하셨다고 한다. 때가 되어 거부할 수 없는 어떤 것이 스님을 그 길로 이끌었다고 하신다.

 가출이 되었든 출가가 되었든 떠난다는 것은 변화이다. 물리적인 이동의 떠남도 마음을 새롭게 정립하는 것도 떠남이 될 것이다. 새로운 시작이 될 수 있다. 그곳에 남겨진 모든 것을 버리고 떠나보는 것. 내 마음에 찌꺼기를 버려보는 것. 이것은 몸과 마음의 짐을 내려놓는 것일 수도 있다.

눈에 힘이 빠진 사람이 있다. 역시 가출한 사람이다.

故 노무현 대통령을 생각해 본다. 그분은 본인의 운명대로 그렇게 살다가 가신분이다. 그리고 떠나는 시기도 담담하게 정하시고 떠나셨다. 자기를 철저히 알고 떠난 삶이다. 모든 걸 과감히 버리고 떠나야 하겠다는 것은 집착과 욕망, 몸과 마음에서 자유를 얻겠다는 것이다.

스스로 자기 삶을 중단하는 것은 자기의 존재 가치를 버리는 것이다. 아마도 고인은 스스로 살아 있음에 타인에게 누가 되는 존재라는 것을 알았던 것 같다. 어쩌면 그분은 출가라는 분명한 목적의식을 갖고 떠나신 것 같다. 죽음이라는 길목을 빌려 다른 세계로 가셨다. 그리고 우리들에게 새로운 시작의 과제를 남기셨다.

각자 죽음에 대한 의미는 다를 것이다. 타인의 죽음에 대한 평가도 각기 다른 의견이 있을 것이다. 하지만 죽어서도 살아있는 존재는 우리 주변에서 많이 볼 수 있다. 먼저 가신 분들의 정신적 유산이 우리에게 새로운 시작점을 선사하는 경우는 많다. 그것이 교훈일 것이다.

故 노무현 대통령의 사건은 새로운 시작이 되었고, 많은 사람

들에게 변화를 주었다. 죽어서도 살아있는 존재처럼 우리들에게 울림을 주는 존재이다. 고인께서는 이것 또한 예상하시고 생(生)을 겸허히 마감하셨을 지도 모른다.

노무현 대통령께서 연설하신 내용이 생각난다. 조선왕조 역사와 현재까지의 600년 동안 우리들의 자화상에 대한 연설이다.

"비겁한 교훈을 가르쳐야 했던 우리의 600년 역사를 청산해야 한다. 조선 건국 이래로 600년 동안 우리는 권력에 맞서서 권력을 한 번도 바꿔보지 못했다. 비록 그것이 정의라 할지라도, 비록 그것이 진리라 할지라도 권력이 싫어하는 말을 했던 사람은, 또는 진리를 내세워서 권력에 저항했던 사람들은 전부 죽임을 당했다.

그 자손들까지 멸문지화(가문이 없어지는 재난)를 당했다. 폐가망신(집안을 망가뜨리고 자기 몸까지 망함)을 했다. 600년 동안 한국에서 부귀영화를 누리고자 하는 사람은 모두 권력에 줄을 서서 손바닥을 비비고 머리를 조아려야 했다. 그저 밥이나 먹고 살고 싶으면 세상에서 어떤 부정이 저질러져도, 어떤 불의가 눈앞에 벌어지고 있어도, 강자가 부당하게 약자를 짓밟고 있어도 모른 척하고 고개 숙이고 외면해야 했다.

눈 감고 귀를 막고 비굴한 삶을 사는 사람만이 목숨을 부지하면서 밥이라도 먹고 살 수 있었던 우리 600년의 역사. 제 어머니가 남기셨던 가훈 역시 "야 이놈아, 계란으로 바위치기다, 그만둬라 너는 뒤로 빠져라 이 비겁한 교훈을 가르쳐야 했던 우리의 600년 역사, 이 역사를 청산해야 한다. 권력에 맞서서 당당하게 권력을 한 번 쟁취하는 우리 역사가 이뤄져야만이, 이제 비로소 우리의 젊은 이들이 떳떳하게 정의를 이야기할 수 있고, 떳떳하게 불의에 맞설 수 있는 새로운 역사를 만들어낼 수 있다."

나를 변화시키는 작용은 용기 있는 결단에 있을 것이다. 우물쭈물하다가는 권력에 되먹히게 된다. 그리고 세월이 지남에 따라 나를 모르고 사는데 익숙해진다. 일상에 변화를 주어 삶의 변곡점을 찍어보는 것도 세상살이에 대한 기획이 될 수 있다. 반드시 물리적으로 떠나지 않아도 된다. 내 마음을 다른 곳으로 떠나보내는 것도 좋을 것이다. 우리가 살면서 고착되어 있던 생각의 고리를 풀어야 한다. 그 고리를 풀어보는 순간 다양한 세계는 우리에게 새로움을 선사한다.

지금 내가 기지고 있는 집착과 욕망에서 자유로울 때 새로움이 시작된다. 그것은 떠나보내고 남김없이 비워보는 일이다. 내안에 있는 찌꺼기를 청산하고 새로운 시작을 알리는 신호가 될 일이다.

법정스님은 "입 안에 말이 적고, 마음에 일이 없고, 배 속에 밥이 적어야 한다. 신선도 될 수 있다."라고 하였다. 새겨 들어볼 말씀이다.

가출은 배고픔이다. 돌아오면 안 된다. 배부를 때까지……

시작과 끝맺음을 잘하고 계시나요?

누구나 인생을 살면서 근심 걱정 없이 살기를 희망한다. 인간의 공통적인 마음일 것이다. 우리는 나이가 들어가면서 과거를 뒤돌아보며 후회를 많이 한다. 아쉬움이 많이 남아 있는 게 각자의 흘러간 시간이다. 수많은 시행착오로 인해 지금의 내가 비참하게 느껴지는 시간도 있을 것이다. "그때는 그렇게 하지 말았어야 했어. 그 일을 시작하지도 않을걸." 하지만 결과를 내다보는 선지자도 아니고 어떻게 미래를 알 것인가. 모든 것이 후회할 일이다. 다만 후회할 일을 줄이는 방법을 미리 아는 것이 중요하다.

쉽게 이해가 되지 않는 책이란 놈이 있다.

모든 일에 있어 시작과 같은 출발지점이 있다. 내가 하고자 하는 일에 대해 계획을 세운다. 우리는 이것을 어렸을 때부터 교육을 받았다. 우리는 성인이 되어서 최대한 시행착오를 줄이려 노력한다. 하지만 세상사 일이 내 마음대로 되는가? 사람일이 복잡한 관계망에서 이루어지기 때문이다. 미래를 확신할 수 없는 가운데, 우리가 내리는 결정이 시작의 좌표가 될 것이다. 시작하는 결정이 올바르면 일이 순조로울 수도 있다. 거기에는 넘어야 될 신체적, 정신적 난관이 기다리고 있다. 이것이 인간의 고통일 것이다. 기본적인 인간살이의 과정이다.

요행을 바라거나 쉬운 길을 선택하면 얻는 것도 별로 없다. 나는 쉽게 읽혀지는 책을 좋아하지 않는다. 두 번을 읽어보지를 못했다. 인간의 뇌 구조는 반복하지 않으면 장기기억에 취약하다. 하지만 안 팔려도 나를 괴롭히는 책은 나에게 도전정신과 생각의 깊이를 선사하고 있다. 정말 좋은 책은 독자를 당황하게 하고 고민하게 하는 책이라고 생각한다.

과거에 음성이 동시에 제공되지 않은 영화가 있었다. 기술적으로 발달하지 못하던 시대에 유행하였다. 배우들의 음성을 친절하게 구술하는 '변사'라는 사람이 존재했다. 변사는 영화스토리와 배우음성을 자세하게 들려주는 역할을 하는 사람이다. 당시 관객은 아무생각 없이 듣고만 있으면 되었다. 관객을 배려하는 것이라 생각할 수 있다. 하지만 철저히 무시하는 것일 수도 있다. 생각을 안 하게 하는 친절함이다. '친절한 금자씨', '올드보이' 등의 영화는 관객을 존중하는 영화라고 생각한다. 관객을 괴롭히는 영화이다. 집중하지 않으면 무슨 내용이고, 무엇을 말하려는 의도인지 파악하기 어렵다. 이제 우리는 마음이 좀 불편한 것에 익숙해져야 한다.

나를 생각하게 만든다.
내 느낌이 밥값을 하고 있다고 생각한다면 잘 살고 있는 것이다. 너무 쪽팔려 하지 않아도 된다. 괜히 없어 보인다. 이런 모습은 절대 비밀이다.

흔히 우리는 어떤 일을 할 때 그 일에 대한 구체적인 생각을 안 한다. 인간은 원래 게으르기 때문이다. 이내 후회를 하지만 그것을 반복하는 어리석음이 존재한다. 조금만 생각을 해 보았다면 이런 일은 없었을 것을 하고 말이다.
말 같이 쉬운 것이 있을까. 말로는 모든 것이 되는데 말이다.

행동으로는 잘 되지 않는 것이 사람 사는 세상이다. 행동으로 실천하지 못 할 것 같으면 함부로 말을 하면 안 된다.

당연히 세상을 살아감에 있어서도 행동도 절제되어야 한다. 책임지지 못할 행동으로 타인에게 피해를 주는 일은 없어야 한다. 2020년 현재 국민이 고통 받고 있다. 코로나로 인한 피해를 줄여야 한다. 국민 스스로 행동을 자제하여야 한다. 그것이 우리가 살 길이라는 보편적인 방침이다.

무책임한 행동은 타인에게 피해가 가는 것이다. 구체적인 일에 대한 생각을 하지 않는 결과이다. ○○○○교회 ○○○목사의 행동은 무책임한 반사회적 행동이다. 코로나의 확산을 막기 위한 국민 행동지침을 종교인은 더욱 더 모범적으로 실천하여야 한다. 기독교의 인간을 사랑하는 모토가 여기에서 실천되는 것이다. 이러한 것에 반하여 집회를 강행하여 국민적 분노를 조성하고 코로나의 확산을 부추기고 있다. 인간은 상식을 가지고 살아야 한다. 그래야 사회가 올바르게 작동하는 것이다. 우리는 이것을 상식을 바탕으로 한 암묵적 합의라 해도 좋을 것이다. 그러나 이 상식을 저버리는 행위는 무어라 해야 할까?

지구라는 공동체에서 인간은 공통체적 생활 방식으로 진화하였다. 여기에 공동체라는 사회에서 개인의 역할이 있을 것이다. 오랜 세월 동안 우리 인류가 만들어 놓은 상식이 존재한다. 인간은 사회적 동물이다. 서로가 지켜야 할 공동체적 사명을 우리는 지켜야 한다. 그래야 우리 사회는 건강하게 유지되는 것이다.

알프레드 화이트헤드(1861-1947)의 과정철학을 이해하기는 힘들다고 한다. 내 나름대로의 이해를 기술한다면 이 정도일 것이다. 우리 몸은 정신과 육체로 나뉘게 된다. 헤겔은 변증법에 의한 합리적 결과를 불러오는 이성을 중요시하는 사람이다. 하지만 화이트헤드는 우리 신체의 구성인 유기체의 작동을 우선시한다. 즉 생성과 소멸의 연결성을 유기체적 사고로 본 것이다. 이것은 어느 독립적인 개체가 오직 하나의 요소만으로 존재할 수 없다는 것이다.

모든 사물과 동물은 서로 연관이 되어 있으며, 영향을 주고받는 존재라는 것이다. 그 과정에서 서로 되먹임이 발생하는 것이다. 나무의 쓰임새가 땔감이나 새로운 건축으로 재탄생하는 것과 같다. 동물이 죽어 다른 동물의 먹이가 되어 자연이 순환되는 현상도 있다. 동양 사상의 음과 양이 결합되어 우리들의 세상이 움직이고 있다는 것도 이와 같지 않을까? 사람도 나 혼자 존재하는 것이 아니다. 나로 인해 타인에게 영향을 주고 있다. 반대로 타인에 의해 내가 영향을 받는다.

　이 세상 모든 존재하는 것은 서로 영향을 주고받는다. 이러한 과정이 공동체 속의 유기적인 작용이다. 사람의 이성도 중요하지만 감성적인 부분도 간과해서는 안 된다. 어느 한 부분만이 인간의 모든 면을 가늠하는 잣대는 위험하다. 조직에서도 나 혼자만이 모든 일을 할 수 없다. 서로 협력하는 조직이 존재해야 하는 것이다. 인간의 내면은 양립한다. 보존과 통합, 파괴와 죽음이다. 우리도 이 같은 양면의 세계에 놓여있다. 공존하고 공생하는 법을 알았기에 인간은 지구에서 가장 위대한 동물이 되었다. 앞으로의 인간은 스스로 파괴하고 소외되는 어리석은 일은 멈추어야 한다.

　모래성은 내일 빛난다.

　개개인의 가치를 중요시하는 시대이다. 우리가 개인의 가치를 존중받기 위해서는 최소한의 공동체적 책임을 다 하여야 할 것이다. 어떠한 일을 함에 있어, 그 일을 하면 어떠한 결과가 예상되는가를 가늠해 보아야 한다. 일을 실천함에 있어 신중을 기해야 할 것이다.

　아무런 계획도 없는 행동은 탈이 나게 마련이다. 첫 단추를 잘

끼워야 제대로 된 옷차림이 나온다. 충실한 계획에서 나오는 시작과 출발은 산뜻하다. 중간에 닥칠 변수에 대해서도 어느 정도 대처할 수 있다. 마음에 무게를 가볍게 할 수 있는 여건이 되는 것이다. 시작과 출발을 잘해야 하는 이유가 여기에 있다.

홀로 있는 시간이
나를 부릅니다

연예인들의 자살 소식을 가끔 접할 때마다 드는 생각이 있다. 대중들의 인기를 먹고사는 공인들이다. 인기가 높아가고 소위 한참 뜨는 시기에 여러 가지 악성 댓글로 인한 피해를 보곤 한다. 그리고 그러한 일에 극단적 선택을 한다. 그들은 대중들과 함께하는 시간과 홀로 있을 때 정서적으로 다른 느낌을 받는다고 한다. 공연이나 연기를 할 때면 스스로 존재감이 높아져서 피곤하지만 보람을 느끼고 있다고 말한다. 반면 홀로 남아 있을 때 공허하고 무력감을 이야기 한다. 그래서 술과 마약의 유혹에 쉽게 노출될 수밖에 없다.

나의 어머니는 아버지를 먼저 보내시고 홀로 집에 계시게 되었다. 나는 자주 전화를 드리고 안부를 여쭙고 하였다. 하지만 아버지의 부재로 인한 혼자 계시는 생활이 적응이 안 되셨다. 어머니는 가까이 있는 아버지 산소를 자주 가셨다고 했다. 살아계실 때 서로 다투고 지지고 볶으면서 살았지만 막상 곁에 없다는 것이 정신적으로 많이 힘들어 보였다. 부부관계를 흔히 애증에 관계라고도 한다. 사랑과 증오가 교차하는 관계이다.

오래도록 같이 지낸 부부가 어느 한 쪽이 먼저가면 곧바로 따라가는 경향도 있다. 홀로 남는 것이 무서운 사실로 받아들여지면 그렇게 될 수도 있을 것이다. 옛날 분들이 교육을 많이 받았으면 정신적으로 극복하는 지혜도 있을 것이다. 마음이 굳건하지 못한 무지한 어르신들은 이러한 환경에서 무너지는 것도 이해가 된다.

사람이 홀로 있는 시간을 견디기 힘들어 하는 것은 당연한 일이다. 끊임없이 짝짓기에 몰두하는 것도 인간이다. 항상 누구하고 있어야 하고 시간을 같이 보내야 심리적 안정감을 갖는다. 외로움이 최고의 불행이라는 마더 테레사 수녀님의 말씀이 공감이 간다. 이러한 환경을 극복하고 홀로 있을 때 더 단단해져야 한다. 스스로 약해지지 않도록 마음 챙김을 하는 연습을 해야 하다. 혼자 놀기도 잘해야 한다. 악기도 다루고, 책도 읽고, 여행도 다니고 말이다. 항상 혼자 사는 법을 갖추고 대비하고 있으면 좋을 것이다. 나하고 같이 잘 지내고 있는지 점검하고 살아야 한다. 또 다른 나하고 잘 지내면 외롭지 않을 것이다.

같이 있어도 외로운 것이 사람이다. 홀로 아리랑!

故 김대중 대통령과 노무현 대통령은 책 읽는 것을 좋아하는 것으로 유명하다. 항상 책 속에 답이 있다고 느끼고 살았던 것 같다. 김대중 대통령께서는 옥중에서 수많은 정치, 경제, 사회, 문화, 철학 등의 서적을 탐독하였다. 거기에서 얻은 지식을 지혜로 승화시켜 정치 생활에 적용하였다.

노무현 대통령은 책을 읽고 토론하는 것을 좋아하였다. 여러 의견을 듣고 수렴하는 과정을 반복하는 독서법을 실천하였다. 두 분은 생각을 많이 하여 정책을 결정하는 습관을 꾸준히 실천하였다. 생각을 많이 한다는 것은 실수를 줄이는 데 좋은 방법이다. 두 전직 대통령의 공통점은 홀로 있는 시간을 활용하여 생각의 깊이를 더해 갔다는 것이다.

사람이 성숙해 가는 과정은 스스로를 멈추어 보는 것이다. 홀로 있는 시간을 잘 활용하면 좋다. 나를 바라보는 반성의 시간을 자주 갖는 것이다. 나의 생각과 행동의 점검이 필요한 시간이 고독이다. 고독에 두려움을 가지면 안 된다. 생각하는 동물인 사람은 자기 스스로를 다듬어야 하는 숙명을 가지고 있다. 고독을 방치하면 나를 잃어버리는 삶이 된다. 타인에 의한 평가에만 의존하는 존재가 될 가능성이 많아진다. 내가 지금 무엇을 위해 존재하는지도 알아야 한다. 존재의 위치를 알고 살아갈 때 인식하는 능력이 발휘된다.

먼저 깨달은 사람들의 공통점을 살펴보면 느리게 살고 게으르게 살았다는 것이다. 홀로 많은 시간을 보내며 잘 놀고 다녔다고 생각한다. 그 시간에 스스로를 알고 세상을 보는 시야가 넓어졌을 것이다. 자기와 잘 놀면 생각의 깊이가 깊고 세상 이치에 밝아지게 된다. 생각은 어두운 면을 밝게 비추는 빛과 같다. 우리가 흔히 이야기하는 고민이라는 것은 생각을 통해 빛으로 재생산 될 수도 있다. 고민은 고통이 아닐 것이다. 나를 올바르게 다듬어 가는 연마 작용이다. 이것을 게을리 하지 않아야 한다. 자기 성찰의 시간을 나에게 제공하지 않으면 삶이 빈약해질 수 있다. 주변의 현상에 대한 나의 느낌을 풍성하게 해야 한다. 거기에서 나오는 성찰이 스스로의 삶의 방향이 될 것이다.

니체라는 사람은 인간이 생각할 수 있는 한계를 넘어선 사람이다.

자기 스스로를 돌보는 사람이 되어야 한다. 내 마음과 신체를 아끼는 사람은 타인을 그렇게 바라볼 가능성이 많다. 더 나아가 큰일을 이루는 데도 든든한 바탕이 되기에 충분한 역량으로 작용할 수 있다. 자연이 그러한 이치일 것이다. 오솔길을 따라 홀로 걷는 시간을 가져보는 것도 좋다. 생각이 있어도 좋고 없어도 좋다. 무심코 나를 고독하게 만들어 보는 것도 좋을 것이다. 우리는 그 시간에 내 몸과 마음이 잘 지내고 있다는 신호를 알아채는 느낌을 받을 것이다.

> 예의 좀 지키며 살면
> 좋을 텐데요

2020년 8월 28일 현재 중국 우한 발 코로나19의 확산 속도가 심각하다. 우리나라는 2월 15일 대구 신천지교회의 한 교인의 전파로 코로나 바이러스가 확산되었다. 방역 당국의 노력과 국민의 적극 동참으로 진정 국면을 맞고 있었다. 그러나 8월 15일 서울 광화문 군중집회의 강행으로 코로나의 재 확산이 가중되었다. 8월 17일부터 지속적으로 300명 이상이 확진 판정을 받고 있다. 지금 내가 근무하는 사무실 빌딩에도 확진 자가 8월 28일 발생하였다. 코로나 바이러스의 엄청난 전파력이 전 국민을 공포에 떨게 하고 있다. 정부에서는 이러한 심각한 상황에 3단계 거리두기 격상을 검토 중이다.

3단계로 격상되면 모든 경제활동과 행동반경이 제한된다. 필수적 사회경제활동 외 모든 활동이 원칙적으로 금지된다. 학교는 원격수업 또는 휴업이다. 공공기관 및 민간 기업은 필수인원 외는 전원 재택근무를 해야 한다. 이러한 엄청난 고통을 수반하는 참사가 우리 눈앞에 다가오고 있다.

이번 코로나 19 확산과 재 확산에 종교집단의 행동이 중심에 있다. 당국에서는 코로나 전파력을 감안하여 집회를 자재할 것을 권고하였다. OOO OOOO교회 담임목사가 중심이 된 광화문 집회 참가자 수만 명이 운집했다. 집회 강행으로 코로나 바이러스는 일파만파로 전국으로 확산되었다. 종교적 이기심이 낳은 결과는 엄청난 국가 재난으로 번지고 있다. 사태가 이렇게 심각한데 일부 종교단체에서는 예배에 대한 강행을 시사하고 있다.

너무나 어처구니없다. 종교적 신념이 이러한 공공적 질서와 이익에 반하는 행동을 서슴없이 하는 것이 의문스럽다. 우리는 종교를 갖기 전에 한 영토에 거주하는 영토민이다. 한 나라의 국민으로서 당연히 공공적 영역에서 지켜야 할 의무와 그에 준하는 행동준칙이 따라야 한다. 나만을 위한 영역은 실로 존재하지 않는다. 우리는 사회라는 공통적인 공간과 조직에서 서로를 위해 존재한다.

국가 전체의 공통적인 사안에 대한 논의에는 이념이나 종교적인 신념은 잠시 접어두는 게 상식일 것이다. '메타인지'의 능력을 가지고 있는 것이 사람이다. 사람에게는 '눈치'라는 살아가는 방식이 있다.

자유민주주의 체제에서 각자의 개성과 신념은 존중받아야 한다. 그 바탕에는 국가에 소속된 국민이 해야 할 기본적인 소양이 갖추어져야 할 것이다. 우리가 타인에게 존중 받기 위해서는 타인에게 피해를 주지 않아야 하는 전제가 깔려 있다. 그것은 공공영역에서의 예의가 될 것이다. 전 세계적으로 코로나 바이러스가 창궐하는 시점에서는 이기적인 관점보다는 객관적 시각이 필요하다. 나를 앞세우고 집단적 이기심을 고집하는 주관적 시각에서는 다른 피해자를 양산하게 된다.

세상에는 절대적 진리가 존재하지 않는다. 모든 것이 상호작용에 의해 움직인다. 종교가 존중받고 사회적 가치를 높이는 데는 상호작용에 대한 성찰이 필요하다. 일부 몰지각한 종교 지도자의 행동 때문에 국가적으로 큰 시련이 닥쳐오는 현실을 보고 있다. 종교의 신념은 다수가 동의하듯 '사랑'이다. 모든 사람을 사랑한다는 의미는 나만을 위한 사랑과 특정집단의 사람만 사랑하라는 것은 아닐 것이다. 그 밑바탕에는 범용적 사상의 합의와 함께한다. 인간이 추구하는 이상향을 향한 목적으로 사랑을 펼쳐야 한다. 이 지점에서 우리가 공유하고 유지하여 할 공공적 상식이 존재한다.

국가가 구성되고 그 안에 여러 사회가 형성되었다. 이러한 환경에서 우리가 살고 있다는 것을 잊으면 안 된다. 국가는 한 나라 국민의 안녕과 질서를 유지하여야 한다. 국가의 존재 이유이다. 국가의 공공적 선의에 반하는 행동은 지탄 받아야 한다. 다수의 국민이 고통을 감수해야 하는 일은 없어야 한다. 어떻게 보면 공공이익을 추구하는 것은 상식이다. 자유민주주의 국가의 정치체계와 자본주의 경제체계에서 개인의 행복 추구 및 부의 축척은 당연하다. 내가 누리고 돈을 벌면 된다.

생각해보자. 자유를 누리고 경제력을 키우는 것이 민주주의라고 하자. 선행되어야 할 일이 있다. 국가에 속한 국민은 이러한 사람 사는 세상에 기본적으로 해야 할 일이 있다. 우선적으로 우리가 함께 살고 함께 나아가야 할 공통적인 방향이 있다. 공공선을 염두에 둔 준칙이다. 우리가 서로 다른 종교와 신념을 갖고 있다하여 서로 적대적 관계인은 아닐 것이다. 모두가 대한민국 국민이다.

국민은 국가에 대한 예의를 최소한 갖추고 살아야 한다. 예의를 상실하고 살아가는 것은 국가의 구성원이 될 수 없다. 상식으로 표현되는 최소한의 국가에 대한 예의를 실천해야 한다.

'눈치' 없이 행동하면 가둔다.

우리는 안다. 무의식적으로 올바름과 그르다는 것을 인식한다. 자기의 내면에서 울리는 양심의 목소리다. 개인적으로는 이것을 인식하고 올바름을 실천하려고 한다. 하지만 집단이 우리의 생각을 멈추게 하면 상황은 달라진다. 나를 스스로 집단에 맡겨 버리는 어리석음을 범한다. 당연히 나의 목소리는 줄어든다. 양심이 서서히 합리적 변명으로 변질된다. 극복하지 못한 양심은 올바르지 못한 행위에 쉽게 노출된다. 그것에 대한 합리화만 강구하는 일이 벌어진다.

　양심의 목소리에 응답하는 것은 용기가 필요하다. 용기를 접는 순간 스스로를 비겁하게 하는 일이 발생한다. 합리화하고 죄의식을 감소시킨다. 그러한 지속적인 삶의 패턴은 집단에서도 발휘된다. 사회가 어지럽게 되고 통합으로 나가는 길은 제한된다. 이러한 일에 사회적 비용이 얼마나 많이 소비되는가. 그러한 비용을 다른 용도로 사용하여야 할 일이다.

우리가 모여 사는 사회에서 집단에 대한 생각을 다시 한번 해 보아야 할 것이다. 내가 가는 길에 있어 이 길이 맞는 길인가를 질문해 보고 참여하여야 할 것이다. 군중에 휩쓸리는 나 자신이 얼마나 부자연스러운가? 참 자유를 누리지 못하는 것이 있다. 내 안에 있는 양심의 목소리에 응답하지 못하는 의지력의 상실이다.

집단적 이기주의가 낳은 결과는 역사가 말해 주고 있다. 나치독일에 의한 유대인 600만 명의 학살, 세계 1, 2차 대전 등. 르네상스의 시대가 오기 전 4세기에서 14세기까지 1000년 동안의 암흑기는 인간이성이 신과 종교적 권력 아래에 위치해 있었다. 암흑기가 지난 후, 인간을 신(神) 위에 위치해 놓고 우리가 보아온 사람 사는 세상은 추악한 모습이 많다. 하지만 우리 이성의 작동은 어떤가? 과학이 아니면 외면당하는 시대. 진보의 결과로 나타나는 사회적 갈등. 인간이성은 서로 믿지 못하는 수준으로 전락하였다.

우리가 사는 사회를 더욱 더 성숙하게 하여야 한다. 내가 하는 말과 행동이 얼마나 공공성에 이바지하고 있는지 자각하고 살아야 한다. 미래에는 이러한 사람들이 많이 모이는 사회가 되었으면 좋겠다. 공중화장실, 공공도서관, 공공건물, 공원, 사이버공간 등에서 아이들이 보고 있다.

시간은
우리를 치유하는 약입니다

2000년 16대 총선에서 패배한 故 노무현 대통령이 선거사무소에서 하신 말씀이 있다. "모두들 고생했어요 고생했고, 결과가 좋았으면 참 좋은데 결과가 안 좋은 건 할 수 없고, 우리보다 우리가 겪은 이런 거보다 더 참담한 일을 많이 겪으면서들 살아요. 훨씬 더 참담한 일들을 다 겪고 또 일어서고 그렇게 하는 게……. 온갖 생각이 다 들겠지요. 이웃사람들 보기도 그렇고 분하기도 하고 사람의 힘으로 어쩔 수 없는 일은 시간이 약이에요. 시간만큼 확실한 게 없어요. 개인적으로나 사회적으로나 시간은, 시간만큼 확실한 대책은 없어요. 고생 좀 더 하고 갑시다. 개인적으로도 이제 상처를 입은 것은 시간이 흐르면 시간이 가면 잊어버리고, 그 다음에 세상이 바뀌는 것도 시간이 걸려요."

인간은 망각하는 동물이다.

선거 캠프에 참여한 동지들에게 하신 말씀이다. 진정한 리더는 따르는 자들에게 애써 이러한 발언을 해야 한다. 본인의 내면 세계는 복잡하고 힘들더라도 그래야 했을 것이다. 사람이 시간의 개념을 창조하였고, 그 시간에 얽매이는 행위를 하고 산다. 우리가 사는 방식을 보면 안다. 모든 일이 시간에 의해 진행되고 있다. 일, 약속, 결혼, 제사 등등.

동물 중에 시간의 흐름을 인지하는 유일한 동물이 사람이다. 지금 당장 모든 것이 우리 마음먹은 대로 이루어지면 좋을 것이다. 하지만 그렇게 되지 않는 것이 사람 사는 세상일 것이다. 당장의 결과를 좋게 보아야 한다는 바람은 희망이다. 우리가 사는 세상은 더욱 아닐 것이다.

실패하고 좌절하고 기다리는 인내심이 필요한 것이 인간의 숙명이다. 시간의 흐름을 깨달은 다면 아프지만 참을 만한 것이 인생살이일 것이다. 상처가 나면 억지로 그 상처는 당장 아물지 않는다. 시간이 상처에 대한 기다림이고 치유이다.

마음에 상처는 더 오래 갈 수도 있다. 기억하는 동물인 사람에게는 그렇다. 잊으려고 애를 써 본들 쉽게 잊어지는가? 하루가 이틀이 되고 삼일이 되면서 그렇게 사람은 망각하면서 산다. 당장의 아쉬움이 한 번 더 견디어 보려는 마음을 혼란스럽게 할 수도 있다. 그러면 마음을 잡아두고 시간을 보내면 된다. 궁하면 통한다. 궁하는 번뇌는 통하는 시간이 해결한다.

상처 또한 시간의 흐름에 나를 맡기는 거라 생각하면 된다. 나의 경험으로는 억울하고 힘든 일이 있어도 몇일을 넘기지 않았다. 나의 뇌 구조가 그렇게 되었는지는 모르지만, 시간이 지나면 안정된 마음으로 돌아왔다. 살아가는 방법도 나오더라. 어떠한 일에도 하루, 이틀 정도의 고민으로 해결이 나거나 새로운 마음가짐이 세워졌다. 그 지점에서 나를 버리지 않는다면 일어서게 하는 것도 나였다.

마음을 붙잡는 기억에서 오래 살지 않기를…….

사람 사는 세상에 억울하고 힘들고 참기 힘든 상황이 우리에게 올 수도 있다. 사람은 어떠한 일을 만나면 무의식적으로 뇌를 작동시킨다. 해결하려는 의지를 발휘하는 것이다. 그래서 어려운 문제가 있을시 잠시 생각에서 벗어나더라도 나의 뇌는 작동한다. 그 지점에서 고민하는 고통이 없다 하더라도 나의 충실한 뇌는 답을 찾기 위해 노력한다는 것이다. 따로 시간을 내어 고민하고 숙고하는 것도 방법이다. 하지만 너무 에너지를 고갈시킬 필요는 없다. 잠시 먼 하늘을 본다거나 현장과 번뇌에서 벗어나는 것도 좋다. 믿어보라. 게으르지만 할 일은 하는 우리 뇌이다.

사람을 성숙하게 하는 재료는 시간의 흐름이라고 생각한다. 이러한 재료를 가지고 좋은 결실을 맺는 것도 소중할 것이다. 우리에게 보이지는 않지만 하루하루가 나의 정신을 다듬어주는 공구이다. 그것이 시간일 것이다.

사람은 위대하게도 변화되는 환경에 적응력이 뛰어나다. 그에 따른 조건이 있다면 굴복하지 않는 작은 의지력만 장착되어 있다면 해결된다. 그렇지 못한 사람들은 작은 상처에도 쉽게 적응하지 못한다. 스스로를 찾지 못하고 버리는 것이다.

우리가 흔히 보는 옷감은 서로 격자 모양으로 짜여 있다. 그래서 옷감으로 탄생하여 옷을 만든다. 가로 세로로 짜여 있기 때문에 튼튼하고 찢어지지 않는다. 사람관계도 마찬가지이다. 서로 얽히고설키는 것이 사람 관계이다. 어디를 가거나 나 혼자가 아니다.

나를 중심으로 짜여 있고 거기에 내가 있다. 덩그러니 나 혼자만 존재하는 것이 아니다. 나의 의지만 있으면 인간관계는 튼튼히 짜여지게 된다. 오묘하게도 서로 의지하고 서로 상생하는 관계이다. 이러한 관계를 안다면 그리 이 세상이 삭막하지도 않을 것이다.

    나 자신을 있는 그대로 나타내어 준다면 서로 상생하는 방법이 나오는 것이 사람 사는 세상 아닐까? 나를 숨기고 보여지기 싫어하는 것을 멈추어야 한다. 인간관계의 튼튼한 짜임은 나를 드러내 보이고 관계하는 데서 출발한다.

    튼튼하고 좋은 옷감은 가로 세로의 밀착도가 높다. 가까이 서로 관계하고 있다는 것이다. 좋지 않은 옷감은 그 반대이다. 쉽게 헐거워지고 찢어지기 마련이다. 사람 사는 세상도 이와 다를 바가 있겠는가? 서로가 밀착되어 있는데 관계는 힘이 생기고 집중력이 발휘될 것이다. 그것은 우리의 일이 튼튼하게 잘 이루어지는 첫 걸음이 될 것이다.

    노무현은 2000년 부산에서 총선에 낙선되었다. 그를 진심으로 지지하는 사람들의 모임인 '노사모'가 탄생하는 시기였다. 서로 밀착되어 잘 짜인 노사모의 탄생은 새로운 역사를 만들어냈다. 2002년 4월 27일 새천년민주당 대통령후보 국민경선에서 노사모의 활약에 힘입어 대통령후보로 결정되었다. 2002년 12월 19일 제16대 대통령 선거에서 당선되었다. 노무현이라는 선장에 잘 짜인 노사모의 배가 수많은 풍파를 헤치고 목적 항에 도착한 것이다.

누구를 기다리는 것과 결과를 기다리는 것 등, 기다림은 대부분이 고통이다. 기다리는 시간을 불쾌하고 고통으로만 느끼면 나의 발전은 없다. 기다리는 시간이 나를 더욱 성숙하게 하는 시간으로 사용하여야 한다. 무슨 일이든지 기다림에 끝자락에 있는 나는 시작보다는 성숙한 나로 바뀌어져 있어야 한다. 기다림의 시간을 잘 활용하고 발전시킨 노무현은 자신을 대통령으로 만들었다.

나에게 이득이 되지 않는 기억과, 잊으면 안 되는 기억은 무엇일까?

책도 사람이 먹는 음식입니다

나는 30대 중반까지는 열정적으로 책을 접하지 않았다. 이런 저런 이유로 책을 읽어야 한다고 생각은 갖고 있었지만, 실천을 하지 못하고 있었다. 나는 공부를 해야겠다고 생각하고 대학원에 진학하게 되었다. 자연스럽게 전공 서적을 보게 되었다. 경영학 전공이었다. 경영학을 배우던 중 인간 행동과 관련된 부분을 공부하게 되었다. 특히 심리학적인 부분에 흥미가 있었다. 서점에 가서 전공 서적에서 추천한 책을 구입하여 읽게 되었다. 과거에는 책을 가끔은 읽었지만 본격적으로 책을 구입하여 탐독하지는 않았다. 학업을 시작한 후로 자연스럽게 책을 보고 책의 내용에서 추천하는 책을 또 사서 보게 되었다.

일종에 릴레이 방식이다. 꼬리에 꼬리를 무는 형태로 나의 독서는 그렇게 시작되었다. 지금은 10여년에 걸쳐 구입해서 읽어 본 책이 700여 권 정도 되는 것 같다. 내가 책을 읽어 가면서 나에 대한 변화를 회상해 보았다. 아직도 많이 부족한 점이 많다. 과거와 비교해 보면 생각이 많아졌다는 것이 과거의 나와 달라진 점이다. 즉 흥적 사고방식에서 한 박자 정도 쉬는 사고방식이다. 단순하게 생각하는 방식을 다면적으로 고려해 보는 버릇이 생긴 것이다.

인간의 뇌 구조 중에 기억을 담당하는 해마를 비롯한 여러 장치가 있다. 기억과 지식을 가지고 생각을 하게 하는 뇌의 일부분이 있는데 '전두엽'이라는 곳이다. 우리의 이마 부분에 위치해 있다. 전두엽은 사람들을 이해하고 우리의 행동을 조절한다. 행동을 계획하는 등 정신작업 공간이라고 한다.

요즘 아이들에게 핸드폰, TV 등의 전자기기가 밀착되어 있다. 이에 따라 미디어에 노출이 증가하고 있다. 어느 학자는 미디어에 노출되는 시간에는 생각을 하는 시간이 멈춘다고 한다. 그래서 전두엽의 올바른 사고 작용을 활용하지 못하고 있다는 것이다. 창의적인 발상이나 합리적인 결정을 하는데 어려움을 겪게 된다. 생각하는 능력이 떨어지니 현명하지 못한 행동으로 이어진다. 이러한 단점을 보완하는 것이 있다. 책을 읽기 시작하면 된다. 책을 읽으면 생각을 할 수밖에 없다. 빠르게 전개되는 미디어의 화면은 나를 바보로 만든다. 생각 없이 즐기는 수준이다. 그래서 나는 미디어를 잘 안 본다. 미디어에 장시간 노출되고 난 뒤 공허하고 멍하다는 느낌을 확실히 받았기 때문이다. 바보가 되는 느낌이다. 왠지 공허한 기분이 들 때가 많았다. 그래서 책으로 나의 생각하는 방식을 바꾸어 본 것이다.

나의 경험을 이야기 하자면 과거 책을 접하지 않을 때와 현재의 차이점을 발견했다. 나의 언행에 대한 평가를 스스로 한다는 것이다. 나를 스스로 보게 된 것이다. 모든 사안에 대해 고민해 보는 습관이 생겼다. 본능적인 발상에서 나오는 시행착오를 줄이게 되었다. 행동이나 언어 표현에도 조심스러움이 발견되었다. 책을 읽으면서 지식을 소화하는 능력을 기른 것이다. 전두엽을 활성화시키는 작업이라는 것을 알았다.

사람은 전두엽이 손상되거나 활용되지 않으면 동물처럼 행동한다. 어떠한 형태이든 학습이 필요한 공간이다. 이곳을 최대한 발달시키고 활용하는 방법은 독서라고 생각한다. 독서는 우리에게 생각하게 하는 도구이다. 미디어는 우리를 바보처럼 만든다. 아무 생각 없이 장시간 노출되면 안 된다.

책을 접하고 난 후 많은 생각을 하게 만드는 도구라는 것을 깨달았다. 시대를 아우르는 무궁한 경험의 세계를 활자를 통해 여행하는 것이다. 그러한 세계를 여행하고 그들과 대화하는 시간이 바로 책과 같이 생각하는 것이다.

생각하는 시간이 많아질수록 시행착오는 확실히 줄어들었다. 인생살이에 대한 두려움이 줄어들었다. 앞선 이들의 경험이나 이론을 접하다 보면 사람 사는 것이 좀 보인다. 상상력과 창의력이 높아지고 다른 이들보다 앞서가고 있다는 느낌이 든다. 좋은 아이디어나 삶의 질에 대한 고민도 깊어진다. 더욱더 나를 사랑하게 되고 자존감도 높아지게 된다.

나는 TV 시청을 될 수 있으면 자제한다. 핸드폰 사용도 마찬가지이다. 사람들과 대화를 하든지 아니면 책과의 만남을 자주한다. 나의 생각이 깊어질수록 세상을 바라보는 시야가 넓어졌다. 모든 것이 책을 접한 후에 나에게 일어난 변화였다. 앞으로의 나아갈 인생길에 두려움이 많이 감소되었다. 회사에서 아이디어도 많이 나오고 그런다. 대화하는 데 있어 양질의 언변이 쏟아져 나온다.

요즘 타인에게 나를 잘 보이게 하고 싶어 열심히 몸만들기를 하는 사람들이 많이 있다. 여성이라면 예쁜 몸매를, 남성은 근육을 키우는 등.

자기 모습을 잘 다듬어 보이기 위한 것은 당연한 일이다. 건강해질 것이고 열심히 해야 할 일이다. 자기를 가꾸는 일은 권장할 일이 분명하다. 하지만 자기의 모습으로만 사람 관계가 유지될 거라는 생각은 오산이다. 연인 관계도 심리적으로 18개월 정도를 넘으면 식어진다고 한다. 그다음 관계유지에 필요한 것은 소통하는 마음이다. 그 마음을 잘 표현하고 오래 지속되는 관계를 유지하는 방법이 있다. 영양가 있는 책을 마음에게 먹이는 것이다. 마음을 예쁘게 하고 마음근육을 탄탄히 하는 방법이라고 생각한다.

욕심내지 않아도 된다. 하루에 5페이지라도 매일 책을 읽어보는 습관을 기르면 된다. 조금씩 건강해지는 느낌이 든다. 스스로도 인지하지 못하는 순간 건강해져 있을 것이다. 과거, 현재, 미래를 내손에 있는 작은 책이 답을 줄 것이다. 그렇게 실천해보고 경험하는 세계로 진입해 보는 것이다. 안개가 서서히 걷히는 현상을 보게 될 것이다.

최선을 다 해본 경험이
있으시나요?

　　우리가 잘 아는 야구선수 이승엽은 '진정한 노력은 결코 배신하지 않는다.'는 좌우명과 함께 노력에 노력을 거듭했던 걸로 유명하다. 경북고 졸업 뒤, 1995년 삼성에 입단했다. 이듬해 9홈런에 그쳤지만 1997년부터 32홈런으로 홈런왕에 올랐다. 1999년 54홈런 2001년, 2002년 홈런왕에 이어 2003년 56홈런을 기록했다. 지난 홈런 역사를 갈아치운 것이다. 2003년까지 5번이나 홈런왕에 오른 것이다. 실로 경이로운 기록이다. 그는 프로 초창기부터 줄곧 '진정한 노력은 결코 배신하지 않는다. 평범한 노력은 노력이 아니다.'라는 좌우명 속 선수 생활을 이어갔다. 2006년 요미우리 시절에도 그의 모자 챙 속에는 이 말이 적혀 있었다. 그는 자신의 현재 자리에 안주하지 않고 '진정한 노력'을 이어갔다.

'진정한 노력'이 있더라도 재능이 없었다면 그동안의 이승엽은 없었을 것이다. 2014년 39살이 된 이승엽에게 재능이 있더라도 '진정한 노력'이 없었다면 타율 .311 7홈런 26타점의 기록은 나오지 않았을 것이다. 2013년 타율 .253 13홈런 69타점이라는 아쉬운 성적을 딛고 '진정한 노력'의 가치를 몸소 실천하였다.

내가 대학원 공부를 직장 생활과 병행할 때였다. 일본이라는 낯선 타지에서 활약하는 이승엽 선수의 활약을 보면서 위안이 많이 되었다. 그때 나는 이승엽 선수의 좌우명을 알고 있었다. 나도 진정한 노력이라는 것에 충실하고자 하였다. 골프선수 박세리, 피겨 스케이팅 김연아, 축구선수 박지성 등 그들의 분야에서 우뚝 솟아나는 업적을 남긴 이들도 있다. 존경스러운 일이다.

그들에게 수많은 시간투자와 노력이 없었다면, 오늘날과 같은 성과는 없었을 것이다. 야구선수 박찬호는 더욱 나에게 존경스러운 사람이다. 타인을 배려하는 따뜻한 마음을 소유한 진정한 영웅이라고 생각한다. 운동선수로서의 역할과 사람으로서의 인격이 동일함을 실천하는 이들에게 찬사를 보낸다.

이들이 보여준 것은 수많은 경쟁과 역경에도 불구하고 자기 스스로를 극복했다는 것이다. 박수를 보내고 싶다. 그들 또한 중간에 그만두고 싶은 생각이 왜 없었겠는가. 하지만 자신의 한계점을 극복하고 넘어서는 의지를 보여 주었다.

　인간에게는 자기 스스로 극복할 수 있는 만큼의 역경이 다가온다고 한다. 포기하지 않는다면 모든 것을 극복할 수 있다는 이야기다. 위와 같은 운동선수들이 특별해서 우리들에게 영웅으로 대접받는 걸까? 무슨 특별한 유전인자를 가지고 태어난 이유로 그렇게 열심히 한 걸까? 나는 그들의 성공비결은 자신 스스로를 알고 묵묵히 실천했던 결과였다고 생각한다. 나를 철저히 알고 있는 사람은 바로 자기 자신이라고 생각한다. 프리드리히 니체는 '너 자신이 되어라'는 것으로 자기 스스로를 알아가기를 우리들에게 주문하였다.

　극복되기 위한 한계를 알아가고 실천하는 것은 자기 자신이다. 누가 옆에서 해결해 주는 문제가 아니다. 도전하고 성취하는 계획을 세우는 작업도 자기 자신이다. 이 모든 과정이 자기의 내면에서 우러나오는 동기에서 출발할 것이다. 내가 나를 알았다면 스스로의 목표와 그 목표를 달성하는 데 있어 과정은 이미 정해져 있다. 실천하고 천천히 걸어가면 된다. 한 분야에서 일인자가 되기 위한 방법은 의외로 간단하다. 선택하고 집중하는 행동이다. 그냥하면 된다. 거기에서 진정한 노력이 발휘되는 지점이다. 산을 오르는 데 있어 한 길로만 꾸준히 오른다면 정상은 나를 허락한다. 이길 저 길의 탐색도 중요하다. 수월한 길을 찾아 헤매다 보면 정작 정상의 길로 가는 데 미로에 봉착할 수도 있다.

흔히 우리는 결과만을 보고 사람을 평가하고 대면하는 경우가 많다. 사람들은 보통 타자를 세밀하게 살펴보는 습관이 덜 되어 있다. 빠른 결과물을 가지고 모든 것을 가름하는 기준을 가진다. 그러나 우리가 알아야 하는 것은 과정에 있어서도 깊게 성찰해야 하는 대목이 있을 것이다. 어떠한 일을 도모하는 데 있어 결과만을 평가한다면 우리는 윤리와 도덕에서 멀어진다. 성과만을 내세우고 그것만을 높이 평가하는 사회와 조직은 위험하다. 좋은 결과만을 위해 과정을 반칙으로 사용할 가능성이 많아진다. 성과의 사회적 기준이 결과의 좋은 면만을 알아주는 것은 위험하다. 사회구성원들이 염치가 없어지고 양심이 사라지는 결과를 낳는다.

경영에서도 성과와 역량, 인간관계를 중요시한다. 그중에 성과에 대해서도 실패한 성과와 성공한 성과가 있다. 이 세상 모든 일은 아주 작은 일부터 시작된다. 수많은 실패와 좌절을 거친 결과물이 많다. 실패라는 성과에 대해 우리사회가 용납하고 격려하는 방향으로 진입하여야 한다. 실패라는 성과를 얻었기에 성공이라는 성과도 존재하는 것이다.

진정한 노력은 결과에 연연하지 않는 과정이다. 사람 사는 세상에서 성공만이 대접받는 사회를 멈추어 보아야 한다. 실패하더라도 과정에 대한 평가가 제대로 이루어지는 사회로 거듭나야 할 일이다. 그래야 우리의 안목이 넓어진다. 성공이라는 성과물이 다양화 될수록 우리공동체는 순수한 인간본성에 가깝게 근접할 것이다. 경영에서 역량과 성과, 사람 중에 마지막으로 얻어야 하는 것은 사람이다. 실패도 성과로 인정하는 사장님이 많아지기를 바란다. 실패의 경험을 능력으로 전환할 수 있는 역량을 키우도록 유도하면 된다. 그 중심에 사람이 있다.

성과만을 대우하는 사회에서 능력 있는 사람은 많아질 수 있다. 하지만 그러한 사람이 많아질수록 우리 사회는 우울하고 냉혹한 정글로 변한다. 구분 지워지는 사회로 나아가서 서로를 배제하고 소외하는 길로 갈 뿐이다.

좀 더디더라도 진정한 노력을 높이 평가하고 서로 피드백 해 줄 수 있는 구성체를 만들어야 한다. 진심을 다하는 노력은 실패하지 않는다. 결과도 중요하지만 과정을 중요시하는 사회적 합의도 필요하다. 높은 성과만이 우리에게 주어진 인생의 의미는 아닐 것이다. 빠른 진보의 나아갈 길보다는 행복의 주름을 잡아보는 것도 중요하다. 이것이 사람 사는 세상에 어울림이라고 생각한다. 모든 걸 잘 이루게 하는 자연스러운 인간살이다.

노동자가 행복한 나라는 어디에 있습니까?

장애인 아들을 목 졸라 죽인 엄마가 있었다. 이에 대해 한 신문 칼럼에서 비정한 엄마를 비판하는 기사가 올라왔다. 미국에서는 인권을 중요시하여 장애인을 잘 기른다는 것이다. 부모가 자식을 그렇게 했다는 행위 자체만 본다면 크나큰 죄이다. 물론 이러한 행위에 대해 법적으로 용서가 될 문제는 아니다.

다른 사람의 생명을 앗아가는 행위는 정당성이 확보되지 않는다. 하지만 이러한 것에 대해 우리가 생각해 봐야 할 점이 있다. 오죽했으면 그렇게 했겠는가? 사회문제는 구조적 관점에서 봐야 한다. 그렇게 할 수밖에 없었던 사정을 살펴보아야 한다는 것이다. 이러한 것에 대해 우리에게 던져지는 과제와 질문은 무엇인지 발견하는 과정이 필요하다.

구조적 관점에 대한 교육을 한국사회 초, 중, 고에서는 잘 다루어지지 않는다. 구조는 어떤 존재를 하나의 사건으로 본다. 즉 사건의 시간적 진행 개념인 원인과 결과의 인과율을 살펴본다는 것이다. 그것에 공간적 방향성 개념인 작용과 반작용을 추가한 것이다. 구조론은 시간과 공간의 변화를 통합하여 입체적인 관점에서 바라보고 있다. 구조적 관점은 이러한 하나의 사건에 대한 다면적인 관점이다. 즉 사건에 대한 원인을 여러 관점에서 바라보고 그 내용을 신중히 들여다보아야 한다는 것이다.

외국인이 아무리 서울에 대해 정보가 많다고 하더라도, 직접 그 현장에 대한 경험이 없다면 전부를 안다고 할 수 없을 것이다. 직접 가서 경험해 보아야 한다. 우리는 현장을 느끼고 자기해석이 동반되어야 안다고 이야기할 수 있다.

흔히 사람들은 이런 이야기를 한다. "내가 해 봤는데 그거 별거 아니야." 실제적 경험도 없이 상대방의 입장을 쉽게 해석하고 단정지어 버린다. 반면 구조적 관점의 흐름을 경험한 사람은 다르다. 타인의 경험에 대해 공감하는 방식을 가지고 있다. 타인을 신중하게 생각하고, 바라보는 자세가 다르다는 것이다.

노동문제를 구조적 관점으로 보자. 버스가 승용차를 들이 받았다. 버스기사는 근무시간 15시간 이상이었다. 누가 봐도 힘든 운전결과로 나온 결과라 짐작할 수 있다. 언론은 빗길안전운전소홀, 졸음운전 등의 원인 때문이라고 한다. 중요한 해결책은 운전시간, 즉 노동시간을 줄여야 하는데 말이다. 사회 구조적으로 살펴보고 해결해야 할 문제이다.

각자 하고 싶은 일을 하면서 사는 사람이 많은 나라가 행복한 나라일 것이다. 어느 한국방송사의 TV에 출연한 노르웨이 청년은 자기 나라에 사는 부자들은 소득의 48%의 세금을 낸다고 한다. 많은 세금을 내고 받는 거는 무엇인가라는 질문을 하였다. 그는 교육무료, 무상의료 등의 혜택을 본다고 한다. 노르웨이에서는 인생에 대해 걱정을 안 한다. 좋은 학교, 좋은 직장, 경제적 부를 우선시 하는 다른 나라와 비교가 되는 말이다.

반면 우리나라는 주택구입 및 교육비 부담이 크다. 한국을 보면 대학 진학률이 높다. 80% 이상이다. 무상교육을 하는 나라는 대학진학률이 한국에 비해 절반수준이다. 유럽 선진국은 등록금이 무료라 하더라도 그렇다. 대학갈 필요가 없다 한다. 왜냐하면 갈 이유가 없기 때문이다.

네덜란드 언론매체의 특집기사에서 기자가 중학생에게 장래희망을 물었다. 중학생은 장래희망이 벽돌공이라고 한다. 이유는 자기가 음악을 좋아한단다. 음악을 일을 하면서 하루 종일 들을 수 있다는 것이다. 그곳에서는 벽돌공과 정규직 대학교수의 수입 차이가 없다고 한다.

스웨덴에서는 경력이 10년 된 노동자가 의사보다 월급이 많다. 배관공, 목수, 벽돌공, 용접공 등 노동을 하는 사람들의 수입이 그렇다는 것이다. 영국에서 가장 존경받는 직업은 목수라고 한다. 노동이 존중받는 사회여서 가능하다. 그래서 그들은 대학 갈 필요성을 느끼지 않는다.

대학은 공부하고 싶은 사람이 가야한다. 노동자가 존중되는 사회는 교육문제가 해결된다. 독일에서는 사교육이 금지되어 있다. 독일에서는 한국 이민자들 때문에 경고문이 취학 통지서에 나간다고 한다. 입학 전에 미리 공부하지 말라는 것이다. 다른 학생들에게 피해를 준다는 것이다. 독일은 학원이 없다. 특기적성과정과 장애학생을 위한 학원만 있다. 선행학습을 금지하는 이유는 학생이 건방져진다는 것이다. 이는 교사 권위를 침해하는 행위라고 한다. 영국에서도 선행학습을 부도덕한 행위로 강력히 금지하고 있다. 프랑스에서도 마찬가지다. 선행학습을 하면 입학취소가 된다고 한다.

한국에서 학생들에게 공부 관련 스트레스가 없다면 얼마나 행복할까? 대한민국 가정의 생활비에서 차지하는 교육비가 엄청나다. 이러한 교육비 지출만 없어도 가정 경제는 개선될 것이고 행복할 것이다. 우리나라가 중산층이 무너지는 이유가 있다. 치솟는 교육비와 주택담보대출 상환으로 고통이 말이 아니다. 제 정신으로 살기가 힘든 것이 직장을 다니는 근로자들의 현실이다. 그 해결책은 노동자가 정당한 대우를 받는 사회가 되면 된다. 노동문제가 해결 돼야 교육 문제가 해결 된다.

교육정책이 어려움을 겪는 이유가 있다. 학부모의 판단기준은 교육정책이 우리아이가 명문대학에 입학할 수 있는가의 판단에만 관심이 있다. 우리아이들이 대학을 가지 않고도 행복하게 산다면 교육문제에 대해 신경을 안 써도 될 것이다.

유럽 복지 국가의 무상교육 및 무상의료 등을 이루게 한 것은 노동운동이었다. 노동자를 존중하는 영국에서는 런던올림픽 개막 행사 때, 노동자를 대변하는 행사로 채워졌다.

핀란드 보건복지부차관이 한국에 와서 기자에게 본인도 노동조합원이라고 말을 하였다. 독일은 장관까지 노동조합에 가입할 수 있다. 독일에서는 노동자가 장애인이 되면 주택에 장애인용 승강기가 설치된다. 유럽 선진국은 노동자에 대한 인식이 우리와는 많은 격차가 있는 듯하다.

어떤 직종에 노동자가 되었든 정당한 권리를 주장하고 이를 받아들이는 사회가 행복한 나라일 것이다. 우리 헌법 제33조의 노동 3권은 단결권, 단체교섭권, 단체행동권을 행사할 수 있는 권리가 있다. 미래의 우리 아이들이 대학을 가지 않고도 노동으로 생계를 유지하는 데 사회적 보장이 이루어져야 할 것이다. 공부가 우선시 되고 서열화 되어 사회적 위치가 결정되는 시스템은 올바른 사회가 아닐 것이다.

우리사회에서 노동으로 생계를 이어가는 사람은 많다. 그들의 생존의 절대적 버팀목은 자기의 신체이다. 노동자가 보호받지 못하고 안전에서 소외되면 절망의 나락으로 떨어진다. 각종 질병에 취약해지고 마음에 병이 생기게 마련이다. 그들이 스스로를 포기하는 절망감으로 우리사회를 보지 않도록 해야 한다.

노동력을 투입하지 않는 생산물은 단 하나도 없다는 것을 우리는 안다. 노동에 대한 새로운 담론을 제시하여야 할 시대이다. 그들의 열악하고 고된 노동이 반드시 누군가는 해야 할 일이고 없어서는 안 될 일이다. 열악한 노동조건에서 일하는 사람들의 존엄이 이 사회에서 평가 절하되는 무지한 상식에서 벗어나야 할 일이다. 나의 아버지는 광부로서 막장에서 탄을 채굴하시다가 병을 얻어 돌아가셨다. 좀 배우시고 그랬다면 자기 신체를 담보로 그러한 일을 하셨을까? 하지만 아버지께서 하지 않으셨을지 모를 그 일을 누군가는 해야 할 일이었다는 것이다.

이 세상 모든 사람이 하는 생산 활동은 그 자체로 소중하고 가치 있는 일이다. 내 분야에서 그 일을 충실히 함으로써 사회는 안정되고 발전하는 것이다. 공부 잘해서 사회적 지위가 높아진 구성원이 전체 조직을 이롭게 할 수는 없다. 국가 구성원 모두가 관여되어야 하는 일이다. 그것은 나 혼자만의 일이 아니다. 세계의 모든 진보는 상호작용에 의한 협력관계의 작용에 의한 결과일 것이다. 노동하는 삶이 원초적 자연법칙에 따른 소중한 인간 행위일 것이다. 존중하고 존중받아야 할 근본적인 이유이다.

마틴 루터 킹 목사는 청소 노동자들의 공동선에 기여하는 것의 존엄을 이야기했다.

언젠가 우리 사회는 청소 노동자들을 존경하게 될 것입니다. 이 사회가 살아남을 수 있다면 말이죠. 따져 보면 우리가 버린 쓰레기를 줍는 사람은 의사만큼이나 소중한 존재입니다. 그가 그 일을 하지 않는다면 질병이 창궐할 테니까요. 모든 노동은 존엄합니다.

진정한 불평등을 말하고 싶습니다

나는 어렸을 적 이웃집으로 텔레비전을 보러 다녔다. 70년대만 해도 텔레비전이 집에 있다는 것은 흔하지 않았다. 보고 싶은 프로그램을 언제나 볼 수 있는 처지가 못 되었다. 우리 집은 왜 텔레비전이 없는 걸까? 철없는 어린이는 궁금했던 것이다. 텔레비전을 볼 수 없다는 불편함이 부모에 대한 원망으로 이어졌다. 눈치 보며 이웃집에서 텔레비전을 보아야 한다는 사실이 힘들었다. 무엇이든 없는 것보다 있는 것이 좋았던 기억이 많다. 남의 집에는 있는데 우리 집에는 없다는 것이 괴로운 사실로 다가왔다. 비교가 시작되는 순간이다. 그리고 불편한 몸과 마음이 이어진 것이다. 어린 마음에도 다른 집과 비교하는 마음이 들었고 괴로웠을 것이다. '유전적 복권'을 갖고 태어나지 못한 것이다.

　우리는 눈과 귀로 세상을 보고 듣고 느낀다. 성장하면서 세상에 많은 것들과 마주한다. 내가 선택하지 않아도 보여지고 들어지는 일이 사람 사는 세상이다. 보고 듣는 것이 많아질수록 선택하고 결정하는 일도 많아진다. 머리가 복잡해지는 것이다. 어느 순간 우리는 타인과의 비교하는 습관에 노출되곤 한다. 조금 더 가져야 안심이 되는 마음이 작동한다. 부족하면 채우려고 한다. 채우려는 마음이 사악해져가는 것을 부추긴다. 항시 불만이나 불평이 따르게 마련이다.

　불평등한 사회구조에 안절부절 못하는 사람이 많이 있다. 물질적으로 풍요한 세상에 더더욱 없음을 느끼며 사는 사회이다. 우리의 마음이 우주와도 같다. 채워도, 채워도 충족되지 않는 욕망이라는 마음이 불편스럽게 한다.

　있는 그대로를 바라보고 살았던 자연세계의 인간들이 있었다. 불평등에 대한 개념도 존재하지 않았던 시기이다. 누구도 원망하지 않고 비교하는 마음도 없었다. 소유한다는 개념이 없었으니 마음은 평화롭고 고요했을 것이다. 사람은 생각하는 동물이다. 주위에 사건이나 사고가 많을수록 힘들고 지쳐간다. 소유욕과 채움의 욕망에 노출되면 불행을 가져온다.

많은 생각에 사로잡힌 우리는 뇌의 과부하로 힘들어 한다. 해결해야 할 문제들과 욕망의 그늘에서 허덕이다보면 그렇게 된다. 나를 단순화시키는 연습을 해야 한다. 굳이 필요 없는 것과, 꼭 필요한 것에 대해 기준을 정해보는 것도 좋다. 나의 기준을 세우면 그 범위를 벗어나지 않을 것이다. 자연스럽게 마음은 고요해지고 나의 뇌는 번뇌에서 자유스러워 진다.

번뇌라는 마음 작동이 일어나는 것이 비교일 것이다. 끊임없이 비교하는 마음이 불평등을 억지로 해소하려는 욕망의 작용이다. 비교를 통해 나의 욕망의 무게를 무겁게 하는 것이다. 우리는 좋은 집, 좋은 차, 좋은 직장 등을 욕망한다. 우리의 뇌는 한 가지 만족을 지속적으로 유지하지 못하는 구조이다. 하나의 만족이 달성되면 또 다른 불만과 욕망이 움트는 못된 뇌를 가지고 있다.

자본주의 사회는 사적 소유권을 인정하는 체제이다. 누구나 능력껏 일하고 그에 대한 대가에 대해 권리를 행사할 수 있다는 것이다. 21세기의 자유 시장주의에서는 더욱 그렇다. 우리 세상에 놓여 있는 모든 생산물과 경제적 파이가 능력으로만 이뤄지는 세상인가? 여기에서 오는 분배에 대한 불평등은 어떻게 설명되어지는가?

나의 능력이 오롯이 나만의 능력인가? 내가 소유하고 있는 모든 것은 나만의 노력의 산물일까? 이제 우리는 자본주의의 시각에서 잠시 다른 쪽으로 시야를 돌려야 할 때이다. 불평등을 느끼는 사람은 상대적 약자이거나 능력이 없어 힘들어하는 사람일 것이다. 물론 많이 소유하고 있는 사람도 불평등을 여러 분야에서 감지할 수 있다.

1990년대 공산주의가 몰락한 이래로 전 세계적으로 불평등이 심화되었다고 한다. 학자들은 공산주의는 억압을 생산하여 자유를 빼앗았다고 한다. 반면 자유주의적 자본주의는 자유를 낳았지만 부패를 생산하여 불평등을 심화시켰다고 한다. 자유를 빼앗고 평등을 이야기하는 공산주의는 지구상에서 거의 사라졌다. 자본주의의 물결이 이미 전 세계를 덮고 있는 현실이다. 하지만 자유주의적 자본주의 경제시스템이 우리들에게 현실적으로 올바르게 인식되고 있는지 의문이다.

갈수록 불평등이 심해져가는 오늘날에 능력만 있으면 부정, 부패가 용인 되어야 하는가? 이런 시스템은 왜 이렇게 장기간 존속 가능한가? 나는 자유주의라는 체재아래 인간들의 이기적인 행동에 의한 자연스러운 결과라고 생각한다. 통제가 결여되어 있고 제도적 장치가 부족한 가운데 벌어지는 일이다. 인간의 욕심은 무한하다는 것을 보여주는 결과이기도 하다.

경제적 기득과 학벌에 의해 세습화되어가는 부의 연속성은 우리사회의 현실이다. 내 아이도 연줄을 잡아 좋은 대학에 입학 시킬 수도 있는 사회이다. 사회적 상승에 필요한 모든 기득권을 행사하는 부패가 만연하는 사회이다. 그러한 사람들은 마치 자기의 능력으로 이룬 것처럼 행동한다. 부끄러움을 모르는 사람들이 많은 사회로 전락했다.

존 롤스의 무지의 장막 가설이 제기하고자 하는 사회 분배구조의 문제점은 이것이다. 출생, 가족배경, 사회적 신분, 재산 여부에 등에 따라 한 사람의 성공이 결정되고 인생의 전망이 좌우되는 것은 공정하지 못하다는 것이다. 우리가 불평등을 모두 해소하고 아름다운 사회로 거듭나기는 어려운 일이다. 토마스 모어의 인간 세상의 '유토피아'는 환상 그 자체일 것이다. 인간의 이기적 유전자는 하루아침에 변하지 않는다.

하지만 이러한 불평등을 최소화하는 데는 여러 가지 방법이 있을 것이다. 법치국가에서는 법이 그나마 정의롭다 할 것이다. 불평등을 최소화하는 데도 법의 작용이 필요하다. 우리 인간은 제도적 장치가 없는 한, 무한한 악인으로 또는 선인으로 행위하는 존재이다. 이러한 양면을 내포하는 인간에게는 제도적 장치를 마련하고 합의하여야 한다. 예를 들면, 사회를 살아가는 데 있어 기본적으로 필요한 사회, 경제적 기본비용이 있다. 이것을 태어나는 순간부터 적용하는 법제화를 이루어야 한다. 지금도 논의가 되고 있는 줄 안다. 하지만 언제 이루어질지는 아무도 모른다.

이러한 나의 생각도 순진한 생각일 수 있다. 이루어질 수 없는 현실이라고 생각하기 때문이다. 알다시피 지금 우리가 사는 사회는 각계각층의 구분이 존재한다. 유전적 복권에 의한 신분차이는 있을 수 있다고 인정한다. 하지만 차이에 따른 차별이 심화되는 세상은 다르다. 현재 기득권을 획득하지 못한 사람들이 얼마나 차별에 많이 노출되어 있는가?

바라는 것이 있다면 조금씩 변화되는 인간내면의 작동이다. 도덕성으로 무장한 연대하는 그룹이 불평등을 해소하는 길을 만들어야 한다. 그렇지 않으면 인간 스스로 불평등에 대한 해소 방안을 만들 때까지 기다려야 한다. 자본주의적 삶에 익숙해진 인간에게 기대하기에는 너무 무리다. 안타까운 일이고 슬픈 일이다. 이 땅에 불평등을 느끼고 고통받는 사람이 많다.

지구촌이 특정한 누구를 위한 공간이 아닐 것이다. 바위에 계란 치긴가 싶다. 우리가 욕망이라는 유전적 능력이 없었다면 어떤 일이 벌어질까? 상상하면 웃음이 나온다. 혹자는 그런 세상은 맹숭맹숭한 세상 아닌가라고 물을 것이다. 그러면 이것은 어떤가? 협동만 알고 욕망은 모르는 인간은 어떨까?

태초에 불평등을 느끼지 않았던 시대는 자연과 함께하는 시간이었다. 인간이 불평등을 조금 더 해소하는 방법은 한 가지다. 법을 만드는 국회의원님들께 파란 알약을 제공하는 것이다. 청렴하고 공정하고 정의만 생각하게 하는 알약이 필요하다. 이러한 약이 개발되더라도 국회의원님들은 드실까 모르겠다.

몸은 시간 여행을 할 수 없다. 마음을 자연으로 돌려보내야 한다. 인간 불평등 기원론을 쓴 루소는 우리에게 자연으로 돌아가야 한다고 하였다. 실제로 루소는 인간이 자연으로의 복귀를 주장하지는 않았다. 그러한 세계를 지금 현실과 비교해 보고 현재를 살아야 한다고 했다. 자연에서의 삶은 욕망이 최소화가 이루어지는 공간이라고 생각한다. 현대를 살아가는 우리는 너무나 많은 생산물에 노출되고 욕망하면서 산다. 많이 보고 많이 들으면서 많이 갖고 싶고 많이 관계하는 데 지쳐간다. 우리가 동물과 다른 점은 생각한다는 데에 있다. 아름다운 생각을 승화하는 능력과 더불어 욕망하는 사유이다.

이제는 욕망하는 사유에서 자유스러워져야 할 시기이다. 4차 산업혁명시대이다. 인공지능의 발달이 우리들에게 주는 시사점이 우리는 인공지능으로 인해 인간을 소외하는 요인으로 되기를 바라지는 않을 것이다. 전 세계 75억 인구가 인간이 만들어 놓은 인공지능의 혜택을 누리는 것부터 논의해야 한다.

우리 인간의 도덕적인 기준이 확보되어야 한다. 지금 이 순간 여기 이 땅에 인간으로서 최소한에 양질의 삶을 누리지 못하는 인간 동지들이 많이 존재한다. 이것을 불평등에 의한 현상으로 보면 안 된다. 사회적 불평등은 우리사회의 모든 구성원이 당연히 인간으로서 누려야 하는 기본권을 획득한 후에 논의되어야 한다.

지금 이 시간에도 음지에서 절망하고 있는 사람들이 있다. 이들의 기본적 삶이 보장되어야 한다. 못 배워서, 능력이 없어서, 게을러서 인간 이하의 삶을 산다는 것은 지금을 사는 현대인들이 사용할 언어는 아니다.

인간으로서 상식적으로 생각하는 기본적 삶을 모두 다 누리는 사회는 가능하다. 공산당을 만들자는 것이 아니다. 우리 인간들이 도덕적 기준만 높아진다면 또한 학습되고 수양이 된다면 해결 방안은 나오게 되어있다. 그런 다음 진정한 불평등을 위한 논의를 해야 할 일이다.

지금 절망의 나락에서 방황하는 사람들을 구하는 일을 우선시해야 할 때이다. 그 일은 결국 우리 모두가 행복을 이루는 단초가 될 것이다. 법을 만드는 국회의원님들께 파란 알약을 개발하여 드시게 하면 된다. 그게 안 된다면 국회의원 300명 중 전국에 있는 마을 이장 151명을 국회로 보내면 된다. 국민이 해야 할 일이다.

친구

인간은 사회적 동물이다. 아리스토텔레스는 "다른 모든 것을 가지고 있다 하더라도 친구가 없다면 살 수 없다."고 하였다. 인간은 타인들과 함께 있는 것을 피곤해 하기도 한다. 하지만 홀로 있는 시간이 하루 이틀 지속되면 혼잣말을 한다고 한다. 우리 대부분은 다른 사람과 함께 있기를 바란다. 그리고 지속적인 가까운 관계를 원하고 있으며 친밀한 관계형성을 갈망하고 있다.

친구(親舊)의 사전적 의미는 오래두고 가깝게 사귄 벗이라 한다. 나에겐 이런 친구가 네 명이 있다. 국민세금 축내는 공무원, 일반 기업체 다니는 회사원 둘, 사업하는 사장이 있다. 시골 초등, 중등학교를 같이 다녔던 어릴 적 친구들이다. 최근에 만남을 가졌는데 다들 잘 먹고, 잘 살고 있는 듯하였다. 우리는 나이 오십이 다 넘어서 있다. 만날 때 우리는 어릴 적 시간으로 돌아간다. 서로에 대한 이해관계가 없으니 만남은 가볍고 충실하다. 친구이기에 가능한 일이다.

    친구들과의 관계는 직장 생활을 하면서 알고 지내는 사람들과는 다른 맛이 난다. 그냥 그렇게 우리는 서로를 이해한다. 친구이기 때문에 슬픔과 기쁨도 순수하게 공유하는 듯하다. 기쁜 일이 있으면 진심으로 축하해주고 슬픈 일이 있으면 같이 나누는 그런 사이. 나는 그것이 어릴 적 순수한 마음이 어른이 되어서도 이어져 가능하다고 생각한다. 각박한 현실에서 오는 철저한 자기 몫을 챙기는 사회 구성원들과는 다르다. 어린 시절의 오염되지 않은 마음을 친구 사이에서는 발휘하는가 보다. 다른 사람들과의 관계에서 오는 각박함을 친구 사이에서 보상하려는 마음일까. 대체로 친구라는 사이는 그런 것 같다.

    오늘을 사는 우리는 마음과 몸이 경직되어 전투자세에 익숙해져 있다. 반면 친구들을 만나면 무장해제이다. 아무렇게나 대해도 이해할 친구들이다. 이해하고 감싸줄 마음이 충분히 준비되어 있는 것이다. 언제라도 위로가 되어줄 친구가 있다는 것만 해도 행복할 일이다.

친구라고 해서 내 마음과 같은 친구가 전부일까? 그래서 참다운 친구를 만들기가 힘들다. 언제라도 무기력하거나 사는 게 힘들 때, 아는 친구에게 연락을 한 번 해보자. 내 말을 끝까지 경청하고 공감해 주는 친구가 있을 것이다. 진정한 친구는 나를 이해하고 격려해주는 역할을 할 것이다. 그러한 친구는 인생의 마지막까지 인연의 끈을 놓지 말아야 한다. 귀하고 귀한 사람이다. 평소에 살기 바빠서 연락을 자주 못해도 좋다. 가끔 연락을 해도 어제 만나 술 한잔했던 사이처럼 정겨운 친구면 된다.

나이가 들고 외롭다는 느낌이 드는 순간 친구가 많이 그리울 때가 있다. 소식을 전해보면 안다. 내가 얼마나 잘 살았는지 또한 잘 살고 있는지도 알 수 있다. 따뜻하게 격려하는 친구가 있다면 잘 산 것이다. 마더 테레사 수녀님은 이 세상에서 가장 불행한 것은 사랑받지 못하는 느낌을 받는 것과, 외로움이라고 하였다.

나이가 들어감에 따라 세상을 살아가는 과정에서 타인으로부터 관심과 사랑을 얻지 못하는 인생은 실패작이 아닐까? 자기 검열이 필요한 부분이다. 혹시라도 우리가 사람보다는 물질을 우선하여 관계하고 있는지 살펴보아야 한다. 시장논리에 따르는 거래가 우선시되는 사회에 내가 있는지도 보아야한다. 손익을 따지는 시장적 관계는 메마르고 따뜻함이 없다. 시장적 관계 중심에서는 타인은 거래요소에 불과하다. 우리는 학교에서부터 사회적 인간관계를 어떻게 맺어야 하는지 배웠다. 사람들의 연대와 공감하는 부분을 공유하는 사회적 관계는 우리들의 관계를 풍성하게 한다.

친구들은 거래를 기본으로 하는 시장적 관계와는 거리가 있다. 내가 살아가는 이유를 말해 줄 수 있는 사람들은 사회적 관계에서 얻을 수 있다. 지금 친구들이 무엇을 하고 있는지 생각해보자. 각자 어떤 곳에서 열심히 살고 있을 것이다. 때로는 내가 누구인지 알고 싶어질 때가 있다. 친구들에게 연락을 하여 나를 찾아보는 일도 가끔 해 보아야 한다.

내가 지금 친구들에게 연락이 오면 어떤 마음에 자세로 서 있을지도 알아야 한다. 충분히 그들의 말을 들어줄 준비가 되어 있는가? 푸근하게 친구를 맞이할 용기가 있는지 살펴보아야 한다.

하늘나라로 가는 기차를 잘 타는 방법 있습니다

한때 생전에 '유언장'을 작성하여 미리 보관하는 것이 유행인 적이 있었다. 지금도 그러한 일을 실행하는 사람들이 있을 것이다. 내가 사라짐에 대한 이 세상에 남기는 마지막 짧은 글이다. 보통 유언장의 수신자는 자식이 대부분일 것이다. 또는 내가 아는 사람들에게 남기는 말일 수도 있다. 유언장의 의미는 통속적으로 내가 가진 재산이나 그 밖의 것에 대한 언급이다. 남아있는 자식들에게 혼란을 방지하기 위한 수단으로 사용되는 것이 일반적이다.

나는 유언장을 남길 정도의 재산도 없다. 그래서 자식들이 분쟁을 일으킬 일도 없다. 오히려 아이들에게 미안하지만 마음도 홀가분하다. 하지만 이것만은 꼭 말해주고 싶다. 이 세상에 태어나

하고 싶은 일을 꼭 하고서 죽으라고 말이다. 나도 모르게 하루하루를 묻혀서 사는 사람들이 많다. 인생은 각자 한 가지 의미로 마무리되어야 한다고 생각한다. 누가 나를 어떻게 평가하는가에 두려움을 가지면 안 된다. 그것에 연연하다 보면 나의 인생은 그저 살다가 사라지는 행위일 뿐이다.

시대에 반동적인 정신을 소유하고 항상 깨어있는 자세로 있어야 한다. 그러기 위해서는 나를 스스로 모험의 세계로 밀어 넣어 보려는 시도를 자주 하여야 한다. 스스로 독립적 존재로 인식되기 위해서는 홀로 버티기를 잘 해야 한다. 그렇지 않고서는 나 혼자 무엇을 한다는 것은 상상할 수 없는 일이 될 것이다. 타인과 언쟁이나 다툼에도 자기 논리를 가지고 반항하는 것도 좋다. 중국집에 가서 통일된 음식 주문하기에 동참하는 것에 반기를 들어야 한다. 나를 알리는 좋은 방법이다. 그리고 거기서부터 시작이다.

프리드리히 니체는 하루에 2/3의 자기 시간을 활용하지 못하면 노예라 하였다. 스스로 자기 삶의 주인이 되라는 뜻일 게다. 우리는 태어나서 노동이라는 삶의 연속성에 놓여있다. 나의 삶을 지속하기 위해서는 노동을 제공하여야 하는 것이다. '노동하는 인간' 죽을 때까지 노동을 숙명처럼 여기고 살아야 한다. 끊임없이 달려

온 각자의 삶이 인생 끝자락에서는 어떤 느낌으로 다가올까?

나는 내 삶의 풍경과 과정에서 얼마나 주인으로 살고 있는가? 혹시 나는 내 의지와는 상관없이 그저 방관자인가? 내가 홀로 있을 때 여러 가지 생각으로 머무를 때가 있다. 지나온 과거를 회상한다. 지금 여기를 살펴본다. 어떻게 살아야지 하는 질문도 해 본다. 아무도 없는 공간에서 시간을 멈추고 상상을 한다.

내가 세상을 떠나는 시점이 있을 것이다. 몸이 아파서 갈 수도 있다. 사고로 갈 수도 있다. 어떤 원인이 되었든 나 홀로 떠나는 시기가 온다. 그 시간에 나는 무엇으로 가야 하나 생각해 본다. 나의 사라짐을 내가 알 수 있도록 한다면 좋을 것이다. 계획을 세우는 것이다. 어떻게 떠나야 하는가를 미리 정해 두면 좋다. 마음이 한결 가볍고 미래의 두려움이 사라지게 될 것이다. 그것은 나라는 존재의 사라짐을 유쾌하게 받아들이는 것에서 출발할 것이다.

내 의식 속에서 나를 보내는 나를 본다는 것이다. 끝까지 나의 존재를 보고 간다는 의지가 있다면 나를 제대로 알고 간다는 의미일 것이다. 준비하는 자는 어떠한 사건에 대해서도 담담하게 대처한다.

삶과 죽음이 우리가 평소에 생각하는 만큼 그리 두려운 일도 아니다. 살아있으면서 죽음을 생각하면 괴롭다. 하고 싶은 일은 많은데 나이만 먹고 이룬 것은 없는 것 같다고 생각한다. 그러나 살아 있다가 사라지는 순간은 찰나이다. 이것만 알고 있으면 된다. 그 다음은 아무도 모른다. 여기서 잘 살면 된다.

*힘 있으면
막 해도 되는 겁니까?*

　OOO 전직 대통령이 자동차 부품업체 다스에서 349억 원 상당의 비자금을 횡령하였다. 또한 삼성전자가 대납한 미국소송비 63억 원 등 110억 원의 뇌물을 챙긴 혐의로 재판에 넘겨졌다. 대법원은 2020년 10월 29일 특정범죄가중처벌법 위반 혐의로 기소된 전 대통령의 상고심 선고공판에서 징역 17년에 벌금 130억 원, 추징금 57억 8천여 만원을 선고한 원심을 확정했다.

　재판부는 "피고인은 이 사건 각 범행을 모두 부인하면서 책임을 다스의 직원, 함께 일한 공무원, 삼성그룹 직원 등 여러 사람의 허위진술 탓으로 돌렸다."며 "자신의 책임이 명백함에도 불구하고 반성하거나 책임을 통감하는 모습을 보여주시 않았다."고 밝혔다.

전직 대통령은 2020년 11월 2일 다시 구속 수감되었다. 국민에게 어떠한 입장 표명도 하지 않았다. 자신이 억울하다는 표명만 하고 구치소로 향했다. 한때 국가의 최고 통치자의 모습이 이렇다. 전 국민이 다 아는 권력 비리를 자신만이 아니라고 한다. 한 인간으로서 안타까운 모습이다. 올해 80세의 나이에 교도소로 가는 모습은 처량하다. 자신의 죄는 자신이 누구보다도 잘 알 것이다. 그러나 그것을 애써 부정하고 아니라고 한다. 아마도 자기 스스로 그것을 부정해야 할 당위성이 있을 것이다.

마치 현 정권에 의해 탄압받는 모습으로 비춰져야 할 그 무엇이 있는가 보다. 나이 80세가 되면 자기 인생을 스스로 평가하는 능력도 생긴다. 주로 자기 검열에 의한 반성이 따를 것이다. 인생 후반기를 돌아보고 앞으로 어떻게 살아야 하는지도 스스로 깨우치는 나이이다. 조금만 자기 인생을 진지하게 바라보았다면 이러한 초라한 모습은 없었을 것이다.

80을 살았다면 지난 과거를 돌아보고 과감한 자기반성의 용기도 발휘되는 나이라고 생각한다. 사람들은 용서를 비는 자에게는 연민을 느낀다. 자기변명에 집착하는 사람은 다수에 의해 제거의 대상이 되기 쉽다. 우리 인간이 만들어 놓은 법과 그에 따른 죄와

벌이 존재하는 이유이다. 권력을 갖고 있었던 사람이 쉽게 용서를 구할 수는 없는 일일까?

용서를 비는 순간 자기 존재가 없어진다는 마음에서 그런 걸까? 아니다! 자기 잘못에 대한 과감한 용서의 구함은 용기있는 행위이다. 진심으로 용서를 구하는 것은 타인을 위한 것이 아니다. 자기를 스스로 자신으로 되돌려 놓으려는 의지이다. 그래야만 내가 된다. 그것부터 다시 시작하면 된다. 인간은 아름답게 변하고 싶다고 마음먹으면 얼마든지 아름답게 변할 수 있다.

지금이라도 대통령께서는 부디 이러한 자기 성찰을 하여야 한다. 그동안 나라를 위해 열심히 일한 부분도 있을 것이다. 그 공적을 무색하게 하는 천박한 행위를 멈추어야 한다. 권력남용에 대한 대가를 겸허하게 지불하는 시간을 가져야 한다. 그럼으로써 자기 스스로를 위로하고 감싸주어야 한다. 아직 시간은 많이 있다. 자기 인생에 있어 가슴에서 우러나오는 양심에 대한 답변만 충실히 하면 된다. 자존심을 버리고 자존감이 우러나오도록 내 자신을 어루만져야 할 일이다.

사람은 둘만 있어도 서열을 정하는 동물이다. 권력을 획득하여 상대를 지배하기 위한 수단이다. 하물며 집단에서는 더욱 그러할 것이다. 사람은 권력을 가지면 그 권력을 이용하게 된다. 권력 앞에 자유스러운 사람이 얼마나 될까? 한국 사회에서 권력을 갖는다는 것은 의미가 많다. 각종 이권을 가지고 권력을 행사하는 정치인들을 비롯해 사회 기득권층이 활동하고 있다. 사회 지도층에서 이러한 행위가 만연한 데 그 밑에는 오죽 했겠는가. 우리 인간은 보고 배우는 학습 능력이 있다. 좋은 일이든 나쁜 일이든 그러한 것을 보고 배운다.

사회지도층의 모든 행동은 윤리적 도덕적 기준을 엄격히 해야 한다. 그럼에도 불구하고 권력을 잡으면 올바른 판단이 쉽지 않다. 왜냐하면 인간이 그렇게 유전적으로 진화되었기 때문이다. 각자 자신의 수양이 올바르게 되지 않으면, 이러한 권력에서 자유스러울 수 없다. 자기가 가지고 있는 권력을 행사하여 타인을 내 마음대로 조종하고 억압한다는 것은 유혹적이다. 그 맛에 빠지게 되면 그 마음에서 탈출하기가 쉽지 않다. 파란 알약을 만들어야 한다.

극단적인 상황까지 가야만 멈추는 그 맛은 참으로 쾌감을 가져 온다. 이러한 맛에 학습이 된 사회는 부정과 부패가 만연하다. 부정과 부패에 쉽게 합의하는 사람들이 많아진다. 각종 분쟁이 생산되고 사회적 비용이 많이 드는 현상이 초래된다. 우리나라는 이러한 부정부패로 인한 소송비용이 막대하다는 것이다. 생산적인 일에 돈을 지출해야 한다. 법적 소송비용과 같은, 비생산적인 일에 막대한 돈을 소비하는 것은 사회적으로 바람직하지 않다.

수많은 사회비용의 낭비를 줄여야 한다. 어두운 곳을 살펴, 사회가 더 밝고 아름답게 될 수 있는 환경을 만들어 가야 한다. 사회지도층과 기득권 세력의 윤리의식이 높아지는 도덕적 행위가 필요한 시기이다. 미디어에 노출되는 이들에 의해, 자라나는 아이들과 청년들의 가치관이 변할 수 있다는 것에 주목해야 한다. 하얀 도화지 같은 청년들과 아이들은 그 위에 그림을 그린다. 보고 듣고 느끼는 감정을 그린다. 이것이 아이들이 가지는 권력이다. 우리는 두려워해야 한다. 언제까지 어른들에게 구속되어 있을 어린애들이 아니다. 성장하고 발전하면서 어른들을 비판하는 시기가 곧 다가오기 때문이다.

내 가정에 있는 아이들을 아버지라는 엄마라는 권력으로 억압하거나 방치하면 안 된다. 항상 언제 떠날지 모르는 손님처럼 잘 대접해야 하는 것이다.

한 나라의 대통령이라면 권력의 정점에 위치에 있는 것이다. 이 기적인 인간 유전자의 성실한 임무수행을 잘 하였다는 칭찬을 해야 할까? 회생을 당했다고 할까? 자기가 했던 행동은 일어난 일이고 스스로 알고 있다. 그러나 그의 참 존재를 찾기에는 주변이 어지럽다. 그를 둘러싸고 있는 짐들의 영향력이 많아서 그렇다고 생각된다. 내 맘대로 나를 어떻게 하지 못하는 것만큼 마음에 교도소는 없을 것이다. 그 굴레에서 해방되는 순간 날아가는 자신을 발견할 것이다. 아쉬움이 많다.

우리도 각자의 권력이 있을 것이다. 권력에서 자유스러워지고 나를 낮추는 연습을 한다면 좋을 것이다. 권력은 갖고 있으나 겉으로 드러나지 않는 나를 만들어야 한다. 자기의 낮춤은 영원히 내가 위에 서는 길이다. 진정한 권력자는 권력을 행사하지 않는 권력자일 것이다. 죽음에 이르기까지 사소한 욕심에 집착하며 사는 사람도 있다. 권력의 맛을 잊지 못하는 어리석은 존재는 되지 말아야 한다.

자기희생 좀 그만 합시다

조선왕조 500년, 일제강점기와 근·현대사를 거쳐 대의를 위해 자신을 희생한 분들이 많이 있다. 우리가 기억해야 할 많은 분들이 존재한다. 그중에 우리와 가까운 시기에 전태일이 있었다.

전태일은 1948년 8월 26일 대구에서 태어났다. 6.25 전쟁에 부산으로 피난을 갔다. 봉제 기술자였던 아버지일이 잘 안 되어 1954년 전태일 가족은 서울로 올라오게 되었다. 전태일은 가난 때문에 교육을 제대로 받지 못했다. 학생복을 제조하여 납품하던 아버지는 사기를 당했다. 큰 빚을 지게 되고 학교를 더 이상 다닐 수 없었다. 전태일은 가족의 생계를 책임지기 위해 17살에 직장에 취직했다. 학생복 제조사인 평화시장 내 '삼일사'에 보조원으로 일을 시작하게 된다.

당시 전태일이 일하던 평화시장은 의류 상가와 제조업체가 많이 있었다. 1층은 상가로 2~3층은 500여개의 제조업체가 있었다. 그곳에서 두 평 정도의 공간에서 13명, 열 평 남짓한 곳에서 50여명이 일했다. 이 같이 좁은 공간에서 일을 하다 보니 노동환경이 매우 열악하였다. 햇빛도 없는 곳에서 형광등에 의존해 하루 14시간씩 일을 했다. 환기 장치가 없어 폐 질환 환자가 속출하였다. 이들은 13~17세 소녀들이 대부분으로 초과근무 수당 없이 장시간 노동에 힘들어하고 있었다.

전태일은 이 같은 일을 외면하지 않았다. 열악한 노동환경에 대한 개선을 위해 노동운동에 관심을 가지게 되었다. 1968년 근로기준법의 존재를 알고 그해 6월 동료들과 '바보회'를 조직하게 된다. 평화시장의 노동환경을 조사하여 근로기준법의 존재를 알리기 시작했다. 하지만 이 같은 사실이 사업주들에게 알려지고 전태일은 해고당했다. 그는 평화시장을 떠나게 되었다.

전태일은 다시 1970년 9월 평화시장으로 돌아와서 '삼동회'라는 조직을 만들었다. 노동환경을 조사하여 노동청, 서울시, 청와대 등에 진정서를 제출했다. 이러한 내용이 경향신문에 실려 사회적으로 주목을 받았다. 이를 이용하여 '삼동회' 회원들은 노동환경 개선과 노동조합 결성을 위해 사업주 대표들과 협상을 시도하였다. 하지만 행정기관과 사주들의 방해로 성과를 내지 못했다. 삼동회는 이에 굴하지 않고 1970년 11월 13일 평화시장 앞에서 근로기준법의 '화형식'을 하기로 하였다. 근로기준법에 의한 노동자의 권리를 보장하지 않는 현실을 고발하기 위해서였다. 경찰의 방해로 시위가 무산되려는 조짐이 보였다. 이때 전태일은 자신의 몸에 석유를 뿌리고 불을 붙인 채 "근로기준법을 준수하라! 우리는 기계가 아니다!"라고 외쳤다. 병원에 실려 간 전태일은 어머니에게 "내가 못다 이룬 일을 어머니가 이뤄 주세요"라는 유언과 함께 세상을 떠났다.

전태일은 최소한의 근로기준법에 의한 보호를 받지 못하는 노동자들을 생각했다. 장시간 노동에 시달리는 노동의 현실을 고발한 것이다. 전태일의 죽음은 사회적으로 노동문제에 대한 관심을 높였다. 노동자들 스스로 자신들의 환경을 개선하려는 의지를 불태우는 계기가 되었다. 전태일의 죽음 이후 수도권 대학에서는 농성과 시위가 벌어졌다. 종교계에서도 이에 동참하였다.

노동자들의 저항이 시작된 것이나. 그해 11월 25일 조선호텔 노동자이던 이상찬이 분신을 시도한 것이다. 1972년 유신체제가 성립되기 전까지 노동자들의 저항과 단체행동이 지속적으로 일어났다. 노동환경개선을 위한 단결된 저항이 활발히 전개된 것이다. 2020년 오늘날의 노동환경개선에 있어 전태일의 죽음은 우리들에게 큰 힘으로 작용된 것이다.

오늘날 나는 대한민국에 살면서 전태일 열사에게 빚을 지고 있다. 그는 노동환경개선에 자신을 불살라 거대한 벽에 외쳤던 것이다. 그 외침이 지금의 내가 살고 있는 사회를 변화의 물결로 이끌고 있다. 보이지 않는 곳에서 전태일의 정신은 이어지고 있는 것이다. 정신적 유산을 남기고 떠난 전태일. 22세의 나이에 얼마나 많은 쓰라림을 맛보았을까. 전태일은 모든 인간이 두려워하는 죽음이라는 선택으로 우리들에게 외쳤을 것이다. 거대 권력 앞에 무능력 할 수밖에 없는 현실을 자기를 불살라 말했다. 그는 자기가 스스로 선택한 결정을 거대권력 앞에 최고의 자기 권력으로 대응했다. 죽음이라는 권력으로 말이다.

한 인간이 사회적 환경에서 자기의 정당한 권리를 주장하는 방법은 여러 가지가 있다. 사회구성원 개개인은 소중한 자기 삶을 보장받아야 한다. 국가는 이러한 개인의 삶을 존중하여야 한다. 전태일의 분신은 사회적 부조리에 대한 거대한 외침이었다. 이에 침묵하는 국가는 국가의 기능을 제대로 하지 않는 것이었다. 전태일이 분신을 할 수밖에 없는 현실을 조성하는 사회 현실은 불행한 것이다.

　나는 전태일 열사의 분신이 아름다운 자기희생이라고 말하고 싶지 않다. 22세의 젊은 나이에 그렇게밖에 할 수 없었던 현실이 결코 아름다운 일은 아니다. 권력 앞에 고개 숙이는 또 다른 작은 권력들이 있었다. 그들은 국가를 지탱하는 절대다수의 국민들을 억압하는 수단으로 거대권력과 타협하면서 살고 있다. 어찌 보면 그들이 더 사악한 중간층일 것이다. 고개숙인 작은 권력집단. 자기의 안위를 위해 스스로를 버리는 사람들이 그들이다.

　인간의 조건에 맞는 인간은 어떤 인간인가? 내가 소중하고 내 가족이 소중하다는 것은 인간이라면 다 안다. 모르는 인간도 있을까? 모르는 척하는 것일까? 나를 위해서 내 가족을 위해서 타인과 다른 가족을 희생시킬 마음은 어디서 나오는가? 이것이 또 인간이다. 나는 인간이 가지는 인간 병이라고 생각한다. 나는 인간 병을 고치는 의사가 아니다. 고칠 수가 없다. 포기하고 살아야 하나? 나도 인간이다. 인간 병을 가진 인간이란 것이다.

국가의 국민이 최소한의 자기 권리를 말하고 관철시키는 데 죽음이라는 표현은 없어야 한다. 그러한 나라는 더 이상 밝은 미래가 없을 것이다. 한 개인이 자기 삶을 소멸시키는 일도 없어야 한다. 권력 앞에 한 사람의 죽음이 우리에게 던져지는 질문은 개인이 할 수 있는 가장 큰 외침이며 불행이다.

사람은 언어를 사용하는 동물이다. 언어를 사용하여 서로 소통하고 문제를 풀어나가야 한다. 그러기 위해서는 국가적으로도 한 개인이 음지에서 스스로 자기 소멸적 삶을 선택하게 하면 안 된다. 지금 이 순간에도 현대의 풍요 속에 빈곤과 질병, 외로움과 차별에 노출되어, 방치되어 있는 사람들이 존재한다. 정의로움을 정치적으로만 가지고 놀면 안 된다. 사회적으로 소외된 이들을 보이지 않는 곳에서 돌보고 봉사하고 헌신하는 사람들이 많다. 진정한 영웅들이 거기에 있다. 국가는 이들에게 집중하여야 한다.

국가를 지탱하는 것은 밑바탕이 튼튼하고 건강해서 그렇다. 절대다수의 그런 국민들이 존재하기에 국가는 유지된다는 사실을 기득권에서는 알아야 한다.

정의로움을 이야기하는 시대는 사라져야 한다. '정의구현'을 국민들이 자주 외쳐대는 사회는 국민들이 불편하다는 반증이다.

어떤 정책이 기본적으로 사람 사는 세상에 인간의 조건인지 우리는 알고 있다. 국회에 계신 머리 좋으신 분들도 다 안다. 권력 게임의 장기판에서 내려올 때, 정의라는 용어는 필요가 없을 것이다. 정치인들에게는 희망이 없다. 개개인들은 존경받을 만한 인격을 갖추고 있을 것이라 믿고 싶다. 파란 알약은 개발되어야 한다.

전태일 열사 같은 자기희생을 우리가 칭송하는 일은 없어야 한다. 그 외에도 많은 분들의 희생이 있었다. 우리 모두가 그러한 사회적 환경을 만들지 않으면 된다. 아름다운 청년 전태일 같은 사람들이 자기 인생을 스스로 중단하는 일은 없어야 한다. 평화시장 앞에서 분신을 하던 순간 전태일의 마음은 약자의 슬픈 떨림이었다. 그리고 변화였다.

자기 스스로를 변화시키지 않으면, 이 어두운 긴 터널에서 나오지 못한다는 마음이 든 것이다. 스스로의 해방적 관점에서 자기를 소멸하는 것이 어두운 터널의 탈출이었을 것이다. 전태일은 탈출하였고 우리는 그를 밝은 곳에서 다시 볼 수 있는 계기가 되었다. 남아있는 우리는 애써 그를 아름답게 보려고 노력했다. 아름다운 눈을 가진 사람민이 아름나움을 본다. 그들의 작은 눈들이 모여 밝은 사회를 넓게 만들어 간다. 인간 조건이다. 여러분들에게 『전태일 평전』을 읽기를 권한다.

Part 03

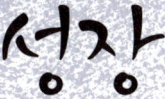

과정에서 느낀다는 것은 성장이다.
성공하는 것을 포함해 실패도 성장이다.
과정을 제대로 느끼고 있다면 충분히 성장하고 있는 것이다.
스스로 포기하면 성장도 실패도 아닌 경험이다.
경험만이 우리에게 성장으로 이어지지는 않는다.
주어지는 것에 따라가는 경험보다,
주도적인 실험에 나를 노출시켜야 한다.
나만을 중심으로 하는 행위는 성장에 걸림돌이 될 수 있다.
나의 밖에 있는 것에 영향을 받아야 한다.
질서와 무질서, 조화와 부조화를 잘 요리하는 것이 '인간의 품격'이다.

아름다움이 그냥 보입니까?

　　나의 첫 사랑은 이 세상에 없다. 그녀는 대학 1학년 때, 학교선배의 오토바이 뒷좌석을 타고가다 교통사고로 사망하였다. 내가 겪은 가슴 아픈 일이다. 어린 나이에 충격을 많이 받았다.

　　나하고의 인연이 이루어지지 않았어도 이 세상에 존재했으면 좋았을 것이다. 너무나 아쉽고 슬픈 일이다. 내가 고등하교 2학년 때 그녀는 중3이었다. 키 크고 유독 검은 눈동자가 아름다웠다. 짧은 만남이었지만 충분히 좋아했다. 그녀는 내가 별로라고 생각했을 수도 있었다. 하지만 그녀는 선배로서 나를 존중해 주었다.

　　나도 그녀에게 사전적인 온갖 좋은 언어로 된 편지를 전달하곤 하였다. 어린 마음에노 하늘을 날아갈 것 같은 나날이었다.

세상에 태어나서 처음 이성에 대한 감정을 높여가는 시기였다. 동네 철길을 야밤에 걸으면서 이야기를 주고받던 기억이 난다.

사람이 헤어져도 볼 수 있는 가능성은 존재한다. 살아있다면……

그녀의 사망 소식을 그녀 어머니의 전화음성으로 들었다. 화장이 아니라 매장을 하였다고 들었다. 우리 집에 들어가는 동네 입구에는 다리가 있다. 나는 그곳에서 멀리 보이는 그녀의 집을 보며 울었던 기억이 있다. 그날 아마도 비가 내렸던 기억이 난다. 좋아하는 사람이 이 세상에 없다는 것이 감당하기 힘들었을 것이다. 그 일은 한동안 내 마음이 세상을 우울하게 보게 되는 원인이 되었다. 모든 것이 흐리고 의욕이 달아나는 기분이었다. 주위에 모든 것이 나의 적이고 귀찮음이었다. 나를 위한 것은 아무것도 없다고 생각했다.

흔히 우리가 사랑을 하면 그동안 안 보이던 아름다움이 보인다고 한다. 연애가 그런 것이다. 사랑하는 사람이 생기면 온통 세상이 아름답게 보인다. 모든 것이 잘되고 기분이 좋아진다. 경험해 본 사람은 대부분 그렇게 이야기 한다. 나의 반쪽을 만났으니 얼마나 행복할까. 세상이 푸르고 곁에 있는 사람들이 좋아 보인다. 일에 대해서도 양보도 하고 갈등도 줄어든다. 몸과 마음이 건강해지고 삶이 만족스럽다. 사랑하는 사람이 생기면 그렇게 된다.

인간은 행복하기를 바라는 것보다는 고통을 줄이는 데 힘써야 한다. 그러기 위해서는 내 주변이 깔끔해야 한다. 나에게 근심과 걱정이 없어야 한다는 이야기다. 사람은 근심과 번뇌가 있으면 판단력이 흐려진다. 보는 시각에서 오류가 발생할 확률이 높다. 온갖 잡생각으로 가득한 마음에 여유로운 공간을 만들기는 힘든 것이 사람의 마음이다. 건강에도 분명 도움이 안 된다. 심장이 요동치고 혈압이 올라가고 마음이 어지러운 것이 근심, 걱정에 따른 해로움이다.

아름다움을 보는 능력을 애써 찾을 필요는 없다. 그러한 능력을 갖고자 한다면 내 앞에 있는 현실을 긍정하면 된다. 하지만 내 앞에 닥친 어려운 현실을 긍정하기란 어려운 일이다. 시간이 필요하다. 다만 그 시간을 짧게 하는 방법밖엔 도리가 없다.

번뇌의 집중은 주변을 검은색으로 색칠한다.

우리는 느끼고 알고 있다. 나에게 근심과 걱정이 끊임없이 나를 괴롭히고 있는 삶이다. 어떠한 큰 사건에 휘말리면 일에 대한 집중력이 떨어진다. 대인관계가 원만하지 않다. 나의 성격이 따로 논다. 다른 사람으로부터 오해를 많이 받는다.

평소와 다른 모습을 보이기 때문이다. 나에게 달라붙은 잡생각으로 나를 옭아매는 행동을 하는 것이다. 이것이 부자연스러움이다. 스스로 느껴본다면 제거해야 할 생각의 고리이다.

살면서 우리는 이러한 번뇌의 고리에 포섭되는 순간이 있다. 쉽게 그 고리에서 나오지 못한다. 제대로 보아야 할 것에 대하여 보지 못하는 것이다. 마음의 작동이 올바르게 되지 않으면 그렇게 된다.

내가 보아야 나에게 인식되는 아름다움은 아마추어적이다. 우리는 이 세상에 있는 것에 감동을 받을 수 있는 능력이 필요하다. 정지되어 있고 나와 소통하지는 않지만 사물들에 의해 내가 움직이면 인생프로이다. 그 경계선을 탐구해 보는 것도 좋다. 내 마음이 움직여서 아름다운지 그것의 자체가 아름다운지를 탐색해야 한다. 애매함을 느껴보는 긴장감과 경계의 오락가락한 것에 정신을 집중해 보자. 시간을 두고 해볼 일이다.

첫 사랑을 잃은 고통은 내 시야를 흐려 놓았다. 제대로 보아야 할 부분을 놓치게 하는 원인으로 작용한다. 시간이 흐르고 다시 일상으로 돌아오기까지 나는 괴로워했다. 세상을 살면서 이러한 불행이 얼마나 될까. 사람의 마음을 멈추게 하는 일들 말이다. 노래가사에 '살다보면 살아진다'라는 말이 있다. 살다보면 살아진다.

사람 사는 세상에서 내가 의도하지 않는 일에 연루되는 경우가 있다. 그때도 나의 생각은 번뇌로 구속된다. 또한 내가 일부러 의도한 일에 휘말려 분쟁과 갈등에 노출되는 경우가 있다. 이러한 일에 쉬운 해결방안이 당장 나오는 일은 흔하지 않다. 최대한 마음에 무게를 덜고 더는 과정이 필요하다. 이 모든 것에 대해 시간의 흐름을 지켜보는 것보다 좋은 처방은 없는 듯하다.

아름다움을 보는 능력은 외적인 영향으로 나를 만들어지게 하고, 내가 스스로 그것에 융화되는 종합 기술력이다. 아름다움을 보는 능력도 부대끼며 살다보면 발휘된다. 그것은 그러한 의지의 끈을 놓지 말아야 하는 전제 조건이 따른다.

혹시나 주변에 항상 부정적인 사고를 가진 사람들이 있을 것이다. 그들은 현재 마음에 상처가 있다는 것을 전제하고, 우리는 그들과 대면해야 한다. 그들의 지난 시간을 살펴봐야 하는 과정이 필요하다. 표면적으로 나타나는 태도와 행동에는 반드시 과거의 이유가 내포되어 있을 가능성이 많다. 오늘 우연히 나에게 이유 없이 화를 내거나 부정적인 태도를 보이는 동료가 있다면, 나에게 직접적인 원인이 있어서 그런 것이 아니라고 생각해도 좋다. 사람관계를 올바르게 형성하기 위해서는 사람을 볼 줄 아는 통찰력이 필요하다. 그 길은 애써 뒤를 밟아보는 데서 시작된다.

내 마음과 같은 사람은
이 세상에 없습니다

"아이고 내 속을 뒤집어 까 보일 수도 없고 말이야." 이런 말을 우리는 종종 하고 산다. 나를 이해하지 못하는 상대방에게 던지는 하소연이다. 이 사회에 억울한 사람이 한 둘이겠는가. 정말 사람은 다르다. 내가 보기엔 당연한 일이 다른 사람에게는 엉뚱한 해석이 나온다.

우리는 살아가면서 각자가 나를 중심으로 돌아간다고 인식한다. 대부분이 그렇다. 나의 자존심이 높아질수록 그 생각은 두텁다. 나를 중심으로 주변의 사건이나 물건 혹은 타인에 대한 마음 속의 느낌을 갖는다. 이러한 느낌으로 태도를 형성하고 나는 행동을 하는 것이나.

우리는 살아가면서 사람들과 관계하고 사물이나 사건에 대한 인식을 한다. 그 지점에서 나오는 반작용으로 생겨나는 느낌이 감정일 것이다. 그 결과로 다양한 행동으로 나를 나타내게 된다.

내가 생각한 어떤 문제에 대한 의견이나 해결 방안이 최선이라고 생각한 적이 있다. 하지만 그것은 살아가면서 차츰 오류가 발생했던 것을 느꼈다. 나만의 생각이 결코 최선의 방법이 아니라는 것을 알았던 것이다.

학교에 다닐 때 미술시간을 생각해 보자. 꽃병을 그리는 시간에 각자의 시각으로 정물화를 그린다. 그림의 결과는 각기 다르다. 보는 시각의 각도가 다르기 때문이다. 서로 보는 관점이 다르기 때문에 그렇다. 정면을 보는 사람, 측면을 보는 사람, 오른쪽, 왼쪽을 보는 사람 등 다른 시각에서 보고 그리는 것이다. 그림의 결과는 다르다. 꽃병은 동일하나 보는 시각에 따라 다른 그림으로 탄생한다.

우리가 사는 세상에서 사람과의 관계만큼 어려운 것이 있을까. 우리들에게 정지해 있는 물건은 보는 시각에 따라 다른 모습으로 보인다. 해석도 달라진다. 그래서 다른 의견이 나올 수 있다. 이것이 사물에 대한 인간의 일반적인 다양성이다.

그렇다면 우주적인 생각을 가지고 행동하는 인간은 어떨까? 가늠하기가 어려운 것이 사람이다. 알기도 어렵고 이해하기도 힘들다. 내가 타인의 생각을 읽어내지 못하는 부분이 많다는 것이다. 내가 중심이 될 수 없다는 것이기도 하다.

세상사 인간관계만큼 중요하고 어려운 일이 있겠는가? 내 주변에 있는 다른 사람들의 마음을 전부 알 수 없다는 결론이다. 인간은 이기적 유전자가 있다고 하였다. 자기만을 위한 사람도 있다. 집단을 위한 사람도 있다. 인류를 위한 사람도 존재한다. 나는 이것이 이기적 유전자의 확장 여부에 따른 다름이라고 생각한다.

나만을 생각하는 이기적 유전자의 소유자는 여기서 많은 오해를 생산한다. 나를 중심으로 생각하고 기준을 세우니 그렇게 되는 것이다. 어떤 사람이 목적을 추구해 가는 과정에서 다른 사람이 이를 방해를 한다. 이러한 과정을 갈등과정이라고 한다. 서로가 다른 시각으로 바라보기 때문이다.

관계 맺음에서 오는 우리들의 세계는 하나도 빠짐없이 연결되어 있다. 오늘 내가 마주친 모든 사람과 사물들은 나에게 미세한 영향을 미치는 것이다. 우리 스스로는 자각하지 못하지만 알고 보면 연결되어 있고 영향을 미치는 것이다.

　알고리즘은 기계적인 부분에만 작용하는 것이 아닐 것이다. 사람관계에서도 어떤 문제를 해결하기 위한 절차, 방법, 인위적인 작용이 적용되는 알고리즘이 있다. 내가 마주한 모든 것에 의미를 부여하고 그것으로부터 내가 변한다는 발상이 필요하다. 내 자신이 스스로 변할 수도 있다. 하지만 나의 외부적인 미세한 원인에 의해 내가 변하고 있는지도 모른다. 그래서 나의 밖에 있는 세계와 그에 따른 영향력은 소중하고 존중되어야 할 것이다.

　내 주위에 필요 없는 존재가 있을까? 곰곰이 생각해 볼 일이다. 하물며 오늘 우연히 마주한 똥개도 나를 변화시키는 요인이 될 수 있다. 꼬리를 흔들며 나를 반기는 개에 의해서도 내 삶이 변화될 수 있다.

　스치는 바람도 내 마음을 움직일 수 있다. 날씨가 얼마나 사람을 움직이는지 알 수 있다. 부슬부슬 봄비 속에 우산을 같이 쓰고 걷는 연인은 아름답다. 창밖에 비 내리는 소리는 차 맛을 창조한다.

　현대를 살아가는 우리는 수많은 사람들의 의견으로 집합된 결과물에 빚지고 있다. 서로가 다른 관점에서 출발한 것이 갈등과정을 지나 조화롭게 타협하고 만들어 낸 결과일 것이다. 사람이 선택 한다는 것은 태어나서 자연적으로 또는 학습을 통해 습득한 가치관에서 출발한다.

단순하게 표현하자면 상대적으로 무엇이 옳고 그른지 혹은 좋고 싫은지 명백하게 밝혀주는 것이다. 인간이 가지는 일반적 마음가짐이다. 이러한 가치체계의 마음이 태도를 형성하고 행동하게 하는 것이다. 나를 스스로 되돌아보면 금방 알 수 있는 일이다. 내가 살아온 환경과 과정을 잠시 생각해 보면 답이 나온다. 나는 무엇을 추구하며 살았는가. 나에게 제일 가치 있는 것은 무엇인가. 우리는 그것을 가지고 세상을 바라보고 살아간다.

나는 인간이 지금까지 이루어 낸 모든 것이 서로 다름에 대한 현명한 조합이라고 생각한다. 반대로 국가 간의 전쟁과 약탈, 분쟁의 시대는 이와 달랐다. 조화를 이루지 못한 개인들의 자기 중심주의적 발상의 결과물일 것이다. 우리가 알고 있는 세계사의 비극은 나는 옳고 너는 틀리다의 결과이다. 보는 시각의 차이를 극복하지 못한 결과이다.

나는 사람 사는 세상에서 가장 중요한 요소는 사람의 본질을 알고 회귀하는 것이라고 생각한다. 본질(本質)이란 사전적 의미로 본디부터 가지고 있는 사물 자체의 성질이나 모습. 사물이나 현상을 성립시키는 근본적인 성질. 어떤 존재에 관해 '그 무엇'이라고 정의될 수 있는 성질이다. 인간에게 적용하면 순수함 정도가 될 것이다.

어떤 한 사람을 정의내리는 것이 쉬운 일은 아니다. 우리는 스스로 나를 정의내리지 않는다. 타인에 의해 우리는 보여지는 것이다. 나를 어떻게 보여 주는가에 따라 나는 다른 이들에게 다른 정의를 부여받는다. 시간과 공간에서 환경의 변화에 대한 나의 행동은 새로운 나를 정의 내린다.

내가 정의 내려진 지점에서 가치관이 형성된다. 그것이 나의 인생을 이끌어 가는 것이다. 나는 쉽게 변하지도 않을 것이다. 다만 수정하는 과정이 나를 새롭게 정의 내리는 수단이 될 것이다. 풀리지 않는 문제를 품고 있는 것이 인간이다. 또한 다양한 관점에 노출되어 관계하는 것이 인간이다.

인간은 양립하는 내면을 가지고 있다. 파괴와 죽음을 본질로 가지는 인간, 통합과 보존을 본질로 가지는 인간. 우리가 사는 세상에서 마주하는 부분이다. 이 것 또한 우리를 성숙하게 하는 상대적인 동반자가 아닐까. 절대 선도 절대 악도 없는 끈임 없는 갈등의 연속성이다.

나를 약화시키고 다른 사람을 이해하는 것은 쉬운 일이 아니다. 우리가 과거에 경험했던 갈등에 대한 결과는 좋지 않다. 그것을 알고 있는 인간은 스스로 본질을 새롭게 정의 내리려고 노력하고 있다. 인류가 직면한 수많은 문제 앞에 스스로 자부심을 갖는 본질을 찾아가야 한다. 내가 보는 것과 다른 사람이 보는 것은 분명히 다르다.

내가 기준이 되어 다른 사람을 나의 기준으로 판단하거나 구속 시키는 일이 없어야 한다. 오늘부터라도 주위를 돌아보자. 어제까지 갈등이 있었던 사람을 생각하자. 다름을 인정하고 접근해 보자.

나의 관점만을 고집하다 보면 다른 사람은 적이 된다. 갈등을 유발하는 재료가 되는 것이다. 갈등과 반목에서 오는 에너지 소모는 스스로를 고갈시킨다. 삶의 에너지가 소진되면 부정적 감정에 쉽게 노출되게 된다. 어차피 상대가 변하지 않을 거라면 내가 변하면 된다. 회피하는 방법도 있을 것이다. 생각의 고리를 멈추는 방법도 있다. 이보다 더 좋은 것은 상대를 이해해 보려는 시도이다. 그러한 행위는 상당한 내공과 인내심이 필요한 작업이다.

사람을 유심히 보면 안다. 자기 잘난 맛에 사는 것이 인간이다.

극복되지 않는 결과물은 존재하지 않는다. 모든 것이 극복되고 인내함으로써 창출되는 것이 새로움이다. 낡은 것에 안주하는 마음은 스스로 알을 깨지 못하는 나약함의 세계에서 나올 수 없다. 나를 넘어서는 지혜를 발휘해 보아야 한다. 나를 극복하지 못하고 다른 사람의 변화를 기대하는 것은 방관자이다.

타자를 이해하고 이해하는 습관을 가지는 것이다. 나를 먼저 변화시키고 그들에게 따라오게 하는 방법도 있다. 인간이 순수해지려는 본질을 찾아가는 유전적 알고리즘은 75억 인구 누구에게나 있다고 생각한다. 하지만 시간이 많이 필요한 마음수양 작업이다. 스스로 자기 내면의 알을 깨는 것은 쉬운 일이 아니다. 죽을 때까지 그 알을 깨지 못하는 사람이 많이 존재한다. 그 많은 사람 중에 우리는 아니어야 할 것이다.

거짓 행동과 양심적 행동은
바로 드러납니다

2004년 한 젊은 아이 엄마가 납치살해 되었다. 아이와 함께 납치되어 엄마는 야산에 매장되었는데 심마니에게 발견되었다. 아이는 행방을 몰랐다. 그러나 경찰의 끈질긴 수사 끝에 사건의 전말은 드러났다. 범인은 결혼하고 16년을 살았던 두 아이의 엄마였다. 이 여인은 새로운 삶을 위해 처녀 행세를 하려고 마음먹었다. 새로 만난 남자의 재력을 탐하여 결혼을 한 것이다.

그녀는 자기의 욕망을 거짓으로 포장하기 위해 심부름센터를 이용했다. 부모를 가짜로 대행하여 결혼식도 하였다. 시댁에 임신을 하였다고 거짓말도 하였다. 그리고 심부름센터의 사람을 고용하여 이이를 구해 달라고 한 것이다. 심부름센터에서는 아이를 물색하였고 젊은 여인의 아이를 납치할 것을 계획하였다.

이들은 생후 70일 된 아이와 엄마를 납치하였다. 아이는 의뢰한 여인에게 전달되었다. 젊은 엄마는 아이를 빼앗기지 않기 위해 반항을 심하게 하다 살해된 것이다. 결국 이러한 모든 행위가 발각되어 법의 심판을 받게 되었다.

뛰는 놈 위에 나는 놈 있다.

한 여인의 잘못된 욕망에 의해 젊은 엄마가 살해되고 아이의 운명이 바뀐 것이다. 거짓의 행위를 시작하게 되면 거짓을 덮기 위해 사람은 악마로 변한다. 죄책감이 사라지고 자기의 욕망에 집착하게 된다. 결국에는 거짓은 드러나게 마련일 것이다. 꼬리가 길면 결국 잡힌다는 말이 그냥 나왔겠는가.

우리는 살면서 다른 사람의 질문에 종종 거짓말로 답변을 한다. 나이부터 살아왔던 과정 등에 대해 거짓말을 한다. 살아가면서도 나를 포장하여 상대방에게 또 다른 나를 보여준다. 실질적인 진실은 나만이 알고 있다. 가벼운 거짓말은 애교정도로 넘어갈 수 있다. 하지만 거짓말의 거짓말이 되풀이 되면 고민이 된다. 이러한 행위를 계속해야 할지 중단해야 할지 고민하는 것이다.

중단하기 어려운 것이 거짓말의 속성이다. 그것을 사실대로 이야기 하는 순간 나의 존재 가치가 하락한다는 두려움이 다가온다.

누구든지 거짓말을 해본 경험이 있을 것이다. 사실과 어긋난 것을 사실처럼 이야기하는 것. 마음이 그다지 편치 않는 것이 내가 말한 거짓말이다. 불편함의 연속이다. 그럼에도 이러한 행위를 반복하는 이유는 무얼까. 분명한 거짓말이라도 이것을 부정하는 사람도 있다. 스스로 자존심을 지켜내기 위한 안간힘이다.

거짓말의 거짓을 반복하다 보면 스스로 추락한다. 나를 궁지에 몰리게 하는 어리석은 행위이다. 왜 사람들은 거짓말을 할까. 나름의 이유는 있을 것이다. 나는 사람들이 거짓말하는 이유를 상대에 대한 우월감의 표현과 일시적인 가면의 달콤함이라 생각한다. 잘못된 욕망을 실현하기 위한 방법이기도 하다. 처음에는 거짓이 통할지 모른다. 그런데 세상 참 신기하다. 거짓말은 드러난다는 것이다. 사람에게는 상대방의 거짓이 반복되면 알아챌 수 있는 능력을 주었다. 거짓 행동은 드러나게 되어 있고, 그 사람은 사회에서 제거되는 결과를 반드시 보게 된다. 사람 사는 세상의 이치이다.

여기서 우리는 양심적 행동에 대한 과거와 현재의 말을 들어볼 필요가 있다.

논어 자로 편에 섭 공이 공자에게 말했다. "우리 고을에 정직한 사람이 있는데, 그 아버지가 양을 훔친 것을 아들이 고발했습니다."
공자가 말했다. "우리 고을의 정직한 사람은 이와 다릅니다. 아버지는 자식을 위해 숨겨주고 자식은 부모를 위해 숨겨줍니다. 정직은 그 속에 있다 할 것입니다."
우리는 이 문제에 대해 어떻게 행동하는 것이 현명할까. 사회적 법리에 따라야 하나 아니면 가족을 위한 순리에 따라야 하나. 거짓말에도 이러한 선택을 해야 하는 딜레마가 존재한다.

현대를 살아가는 우리에게 조직의 '내부고발자'의 문제가 존재한다. 조직 내부의 사람이 자신이 속한 조직이 안고 있는 법적 도덕적 문제를 조직 외부에 알리는 행위다. 이에 대해 두 가지 의견이 존재한다. 찬성 쪽은 사회 전체의 공익이 우선적으로 보호돼야 한다는 것으로 정당하다는 것이다.
반대쪽은 자신이 몸담고 행한 업무에 대해 고발하는 것은 조직에 대한 충직한 의무를 저버리는 것으로 배신행위에 해당한다는 것이다. 내부고발에 대해 '공익과 충직 의무'가 충돌하고 있는 것이다. 내부고발이 정당성을 확보하기 위해서는, 고발내용이 공익에 엄청난 손해를 끼칠 심각하고 중대한 것이어야 한다.

고발자의 가담이 자신의 의사에 반한 강제성이 있었어야 하며, 직속상급자와 바로 위 상급자에게 먼저 문제 제기가 있어야 했고, 고발로 인한 개선의 확신이 있었어야 한다. 고발자의 조직에 대한 증오, 조직 내부 특정인에 대한 복수심의 단순함이 개입되면 안 된다.

고발자의 무능력이나 오류에 대한 불이익의 회피가 있어도 안 된다. 이러한 것이 고발의 동기가 되면 정당성이 확보될 수 없을 것이다. 또한 고발로 인한 고발자의 수혜나 수익을 담보하지 않아야 한다. 사회전체의 이익이 아닌 특정집단이나 사회 일부 층의 이익만을 위한 고발도 정당화되어서는 안 될 것이다.

공자가 말한 정직함이란 순리를 말하고 있다. 순리란 억지가 개입하지 않는 것이다. 의도적인 고발을 부정하는 것이다. 아버지의 죄를 고의적으로 고발하지 않는 순리를 말하는 것이지, 위증을 해서라도 아버지의 죄를 부정하라는 억지는 아닐 것이다. 공자는 부자간의 사랑이 규범보다 앞선다는 것을 말하고 있다.

부자간의 정은 천륜의 영역인 바 세속의 법으로 재단할 문제가 아니라는 말로도 들린다. 이는 현대에서 공사 구별을 못하는 인정주의로 빠질 위험도 있다는 비판도 있다.

이 세상을 살다보면 온갖 올바르지 않는 일에 우리는 노출된다. 유혹의 손길은 끊임없이 우리의 주변을 돌고 있다. 그것에 휘말리는 순간 우리는 그 소용돌이 속에서 나오지 못하는 결과를 맛본다. 욕망의 그늘은 우리의 판단을 흐리게 하고 이성적 행동을 방해한다. 자기 자신을 스스로 갈고 닦지 않으면, 오염된 세상사에 쉽게 따르는 결과를 낳는다.

자신의 욕망을 충족하기 위해 거짓을 일삼는 행위는 결국 드러나게 되는 게 세상 이치이다. 부모자식 간의 일어나는 일에 있어 거짓의 행위는 또 다른 생각을 하게 한다. 공익을 위한 내부고발 문제도 우리들에게 시사한 바가 있다.

자기양심에 따르는 행위는 시행착오를 방지할 여지가 많이 있다. 양심에 목소리에 응답하는 사람은 자신의 가치를 높일 것이고 자존감이 상승된다.

자신의 욕망을 충족하기 위한 거짓행위는 자기파멸적이다. 이러한 행위를 억제하는 것도 작은 용기에서 출발한다. 선택의 순간에 용기가 필요한 것이 자기검열이 될 것이다.

나의 양심에 어긋나 있으면 실행하지 않으면 된다. 당장은 불편할지 모르지만 지나고 나면 마음이 가벼워진다. 양심에 어긋난 행위는 줄기차게 나를 괴롭히고 파괴적으로 몰아간다.

살면서 바람직하지 않고 올바르지 않는 일에 직면할 때가 있다. 그 일을 직면하는 경우도 많아진다. 내가 경험한 바로는 과감하게 올바르지 않다면 외면해 버리는 것이다. 처음에는 마음이 불편하다. 청탁이나 부탁을 들어주지 못한 것에 대한 상대에게 미안함 등이 작용한다. 하지만 시간이 지나면 이는 해소된다. 마음이 가벼워지는 것을 느낀다.

비록 없이 살더라도 정도를 걸으면 된다. 거짓 행동으로 인한 마음이 무거워지는 삶은 괴로운 것이다. 올바르지 않는 일에 연루되어 무거운 삶을 살아가는 것보다 불행한 것이 없다. 스스로 자유를 박탈하는 것이다.

잘못된 판단으로 내 스스로를 구속하는 행위는 하지 말아야 한다. 그러한 소용돌이에 휩쓸리면 쉽게 빠져나오기 힘들고 자기 합리화에 매몰된다. 결국은 후회 할 일만 양산하는 어리석은 삶을 살게 된다. 나를 이롭게 하고 스스로 충만한 삶을 살려면 작은 용기부터 발휘하여야 한다.

내 안에서 울리는 양심적 행동은 마음을 가볍게 한다. 인간은 원래 순수했기에 내면세계의 나와 잘 지내면 된다. 태도나 행동으로 실행하기 전에 할 일이 있다. 나를 검열하는 양심에게 질문해 보는 습관을 가져보는 것이다. 그러한 목소리를 듣다보면 시행착오가 많이 줄어들 것이다.

사회생활을 하면서 스스로 부조리에 가담하지 않겠다고 선언하고 실천하도록 해야 한다. 그 끝은 무한한 자유와 자기긍정을 갖게 될 것이다.

내가 가치가 없으면 어떠한 취급에도 저항이 약화된다.

지금 잘 살고 계신가요?

우리는 어떠한 풀리지 않는 일에 대해 많은 생각을 하게 된다. 실제로 우리는 매일 그렇게 살고 있다. 생각을 많이 한다는 것은 두 가지 양면성이 있다.

사고력을 높이는 좋은 생각거리를 한다면 스스로에게 발전적 자양분이 될 수 있다. 하지만 그 반대의 경우는 다르다. 예를 들면, 우리는 경제적인 만족감이 부족하면 항상 심리적으로 안정을 찾기 힘들다. 실제 한 설문 조사에서 젊은 20~30대 사람들에게 질문을 하였다. 지금 현재 가장 고민하고 있는 일이 무엇인지 물었다. 응답자 중 다수를 차지하는 것이 금전적 문제였다. 경제적 문제로 하루 종일 그 생각에서 자유스럽지 않다고 응답했다. 그 다음이 미래에 대한 불안감이라고 응답했다. 이와 같은 응답은 특정 연령층만 해당되는 것은 아닐 것이다. 자본주의 사회를 살아가는 우리들의 이야기이다. 여러 가지 이유가 있을 수 있다. 그러나 자본에 대한 노예는 되지 않아야 할 일이다.

그렇다고 월급 받으면 은행대출금 납입, 보험료, 세금 등 지출되는 돈 계산에 생각을 많이 하라는 것이 아니다. 통장 잔고에 전전긍긍하는 것은 왠지 쪽팔리는 일이다. 빚지고 살면 피곤하다. 나의 정신세계가 안정되지 않고 자본에 끌려 다니는 초라한 나를 본다. 빚을 갚는 것이 우선이다. 아니면 스스로 감당할 빚에서 더 이상 넘어서지 말아야 한다.

자본주의의 억압에서 자유스러워져야 한다. 그렇지 않으면 몸은 자유스러운 자유주의 체재에서 살고 있으나 마음은 구속당하고 사는 꼴이다.

대한민국 사회에서 중산층이라고 하면 대부분 집 담보 대출을 안고 산다. 이것은 애교 정도로 넘어갈 수 있다. 하지만 자기 능력을 넘어서는 지출은 자기 파괴적이다. 그 때부터 돈 걱정이 시작된다. 무분별하게 소비할 때는 모른다. 시간이 지나 갚아야 할 시기가 오면 후회와 함께 심리적 압박감이 오게 마련이다. 하루 종일 돈 걱정에 정신세계가 흩트려지는 것을 느끼게 된다. 인생을 섹시하게 사는 데 큰 방해꾼으로 작용한다.

사람 사는 세상에 태어나 이러한 억압을 스스로 만들지 않아야 한다. 기본적으로 나의 정신을 자유스럽게 만들어 놓고 있어야 한다. 그래야 양질의 인간살이가 본격적으로 시작된다고 생각한다. 나는 프리드리히 니체를 흠모한다. 반시대적인 생각을 펼치면서 그에 대한 정당화를 위해 철저히 고민하고 아파한 사람이기 때문이다. 자유로운 영혼을 마음껏 펼치다가 갈 수 있다는 것은 축복이다.

자본론을 쓴 마르크스는 평생 궁핍하게 살았다고 한다. 친구 엥겔스에게 도움을 많이 받았지만 형편이 그리 좋지 않는 삶을 살았다. 그래도 자기 삶을 섹시하게 이어갔었다. 지구상에 자본주의가 살아남을 수 있도록 자본론에 충고를 아끼지 않는 위대함을 보여 주었다.

우리는 이제 자본주의가 낳은 절대가치 기준에서 해방되어야 할 시기이다.

"위험하게 살아라" 전복의 철학자 니체의 말이다. 그는 "내 말을 믿어라" 실존의 가장 커다란 결실과 향락을 수확하기 위한 비결은 "위험하게 사는 것"이다 『즐거운 학문, 1882』. 기존의 세계에서 진리로 간주했던 것들을 의심하고 파괴한 뒤, 새로운 가치를 창조하려던 니체이다.

서양 형이상학의 가치를 뒤집으며 전복의 철학자가 되었다. 니체는 왜 전복의 철학자가 되었는가. "나는 인간이 아니다. 나는 다이너마이트다" 『이 사람을 보라, 1888』. 삶과 사상이 하나 되었던 니체.

독일 시골마을 뢰켄에서 태어나 이탈리아 토리노의 광장에서 발작을 일으키기까지 파란만장한 그의 인생이 곧 수많은 사상을 낳은 모태가 된다. 19세기의 시대정신은 기존 사상에 대한 의심과 새로운 가치를 제시하는 용기에서 출발했다.

허무주의가 일상화된 시대에 등장한 철학자 마르크스(1818~1883), 니체(1844~1900), 프로이트(1856~1939)가 있었다. 그들은 시대정신을 각각 생산관계, 권력의지, 무의식의 개념으로 해석했다. 신이 죽은 시대를 선언한 니체는 신의 죽음은 본래 기독교 이후의 사건이지, 결코 반 기독교적 사건이 아니라고 한다. 오늘날 우리는 신이 죽은 기독교 이후의 시대에 살고 있다. 이 시대에는 세속화가 그 어떤 신학적 담론에서도 하나의 규범이 되어버렸다. 그것은 세속화, 합리화, 현대화가 신의 죽음을 불러 왔던 것이다.

'신이 죽었다'라고 발언한 니체. 하지만 19세기는 이미 그때까지 절대적이라고 믿었던 가치에 대해 새로운 의문을 던지기 시작한 시대였다. 그리고 니체는 그 의문에 대한 마침표를 찍었다. 그렇다면 누가 신을 죽였는가. 스스로 추락하는 신의 자살인가? 아니면 누군가가 행한 타살인가? 니체는 "우리가 신을 죽였다."라고 하면서, 우리는 목표가 결여되어 있으며 "왜"라는 물음에 대한 대답이 결여되어 있다는 것을 지적했다. 허무주의는 무엇을 의미하는가? 신이 죽은 허무의 시대를 우리는 어떻게 견뎌야 할까. 니체는 허무주의를 둘로 분류하고 이를 통해서 '목적도 의미도 없는 삶을 긍정하라'는 살신성인(殺神成人)의 방법을 제시한다.

니체는 권력을 악하고 부패할 수밖에 없는 것으로 여겼던 기존 철학자들과 달리, 살아있는 모든 것에는 '권력의지'가 있다고 말했다. 아메바부터 만물의 영장인 인간에 이르기까지 모든 생명체는 욕망, 충동, 생존으로 시작되는 권력의지를 지니고 있다. 약자에게도 권력의지가 있다.

노예는 주인에 대한 반작용으로 약자의 논리를 만들고 가치를 뒤집어서 정신적 승리를 얻어낸다. 그것을 니체는 '무능의 간계'라고 했다. 권력이란 에너지다. 개인과 주변 세계를 움직이게 한다. 우리는 스스로를 넘어서려는 의지 즉 권력의지를 갖고 있다. 그래서 권력은 생산적인 힘이다.

인간이 생각하는 능력을 상실한다면 의지는 소멸된다. 생각하는 능력이 의지인 것이다. 살아가는 의지는 동물과도 같은 본능에서도 나온다. 동물과 다른 인간의 살아있음은 의지하는 생각에서 시작하여 죽음에 이르기까지 지속된다. 그 과정에서 우리는 나의 의지가 살아있음을 느낀다. 나의 의지가 없다면 우리는 죽은 것이다.

마르크스는 종교를 '인민에 아펜'으로 규정했다. 종교는 14세기 르네상스 시기까지 절대적 권력을 행사했다. 신이 인간세계를 규정하고 지배하는 것처럼 절대화되었다. 힘없고 나약한 약자인 다수의 민중은 신을 숭배할 수밖에 없었다. 약자가 신을 의지할 수밖에 없는 구조를 만들어버린 것이다.

종교가 가지는 절대적 힘은 맹목적 믿음이다. 의심하지 않고 믿는 행위는 위험하다. 우리 인류는 인간이 할 수 있는 능력을 스스로 무력화했던 시기를 거쳤다. 지금은 인간이 신을 의심하는 시대로 변했다. 절대적 권력을 가졌던 종교적인 신의 위치는 인간 다음으로 밀려나는 시대이다.

프로이트는 정신분석학의 창시자이다. 무의식이 행동에 영향을 준다는 이론을 대중화시킨 사람이다. 인간의 근원성은 의식이 아니라 무의식에 있다. 이성 중심에서 욕망 중심으로 보았다. 마르크스는 인간의 근원성은 그 사람의 물질적 조건에 있다고 주장했다. 정치사상적 이성의 상부구조물은 물질, 경제, 사회, 화폐의 하부 구조에 의해 영향을 받는다고 했다. 우리 인간은 스스로 신을 넘어서는 길을 가는 중이다.

니체는 실존주의 선구자로서 인간의 우주적 본성은 이성이 아니라 동물적 의지에 있다고 강조했다. 의지는 육체성을 기반으로 하는 데, 현대는 사유가 아닌 경험의 세계라고 보았다. 인간의 육체, 물질, 욕망은 현실 세계에 있다.

현대는 이성에서 감성으로, 정신에서 육체로, 집단에서 개별로, 보편에서 특수로 본체에서 현상으로 철학의 관점은 변했다. 현대가 이러한 현상으로 변한 이유가 있다. 인간이 스스로 진화했기 때문이다. 실제로 일어나지 않는 일을 믿지 않게 되었다. 수많은 세월 동안 인간은 스스로 깨우친 결과이다.

과거 보이지 않는 신만을 숭배하던 시대는 지나갔다. 절대다수의 세계인들은 현실을 살아가는 데 집중하고 있다. 내가 이미 규정되어버린 명제로 살아가는 '~이다'는 과거가 된 것이다. 지금 사람 사는 세상은 '~있다'이다. 실존적 삶을 추구하는 세상으로 변한 것이다.

지금 내가 여기에 있으면서 대면하려는 것에 두려움을 가지면 안 된다. 실존적 삶의 방향은 내 앞에 직면한 모든 것에 대결하는 것이다. 그 바탕에는 나를 먼저 사랑하고 믿어야 하는 전제 조건이 따른다.

무한 사랑을 먼저 자신에게 부여하여야 하는 것이다. 나를 사랑하지 않고, 자존감이 부족하면 이상을 찾아 헤매게 된다. 이상 속에 매몰되는 삶은 현실을 부정하고 사람 사는 세상에서 배제되는 삶이다.

아낌없이 현실을 긍정하고 다가서는 자세가 나를 살게 할 것이다. 그러한 삶에는 지금 여기의 나의 실존적 가치와 함께 더 큰 의미를 스스로 부여한다.

자본의 굴레에서 벗어나는 방법을 강구하여야 한다. 내가 꼭 필요한 부분과 그렇지 않은 부분을 항상 개념화시켜야 할 일이다. 자본주의 사회에서 나의 자유를 획득하고 유지하는 것은 빚을 최소화하는 일이다. 그래야 이 시대를 나의 '권력의지'가 제대로 작동되게 하는 시작이 될 것이다.

> 40년만 젊어지면
> 좋겠습니다

내가 가끔 먹고 싶은 반찬이 있으면 들리는 동네 반찬가게가 있다. 그 가게는 어머니와 딸이 운영하고 있다. 또 다른 직원이 한 명 있다. 딸의 어린 자식이 있는데 6세 정도의 여자아이이다. 내가 반찬을 사러 가끔 들르면 그 아이는 정말 반갑게 인사를 하곤 한다. 보는 눈은 있는가 보다. 둘이 통성명도 했다.

조잘거리는 모습이 어찌나 예쁜지 내 마음이 흐뭇하다. 나는 그 아이와 이런저런 이야기를 하고 나온다. 딸 바보 아빠들의 마음을 알 것 같다. 천진난만한 그 아이에게 나는 무장해제이다. 오죽했으면 그 친구에게 책사서 보라고 용돈도 주었겠는가.

그 어린아이에게 내가 받은 인상은 인간본질이었다. 어디를 가도 만날 수 있는 아이들이다. 이제 세상에 태어나 세상을 알아가는 사람이다. 나도 저때의 나이를 살았다. 나는 지금 어린아이가 아니다. 오염된 어른이 되어 버렸다. 되돌릴 수 없다.

21세기의 인간의 자화상은 천상의 구원을 더 이상 믿지 않는다. 우리는 지상의 세속적 가치만 추구하는 현재의 상태에 만족하는 상태이다. 즉 교육, 행복, 노동, 건강으로 대표되는 현재의 충족에만 만족하는 인간형을 니체는 최후의(마지막) 인간이라 말했다.

니체의 "신은 죽었다"라는 표현은 잘 알려져 있다. 그러나 정확하게 이해하는 사람은 드물다. 니체는 어린 시절 목사인 아버지를 일찍 잃었다. 그리고 어린 남동생마저 보내게 된다. 누구보다도 기독교적이었던 니체였다. 어린 시절 꼬마목사라는 별칭을 얻을 정도였다.

니체의 정신세계는 이 지점에서 달라진다. 기독교의 신을 의심하게 되는 것이다. 서구의 전통적 가치를 상징하는 기독교의 신을 부정하기에 이른다. 더 나아가 서구의 사상과 문화, 규범과 제도, 모든 사회조직의 밑바탕이 되는 초월적 가치에 반기를 드는 것이다.

플라톤의 철학은 기독교적 사상과 함께 현세의 삶을 가치 없음으로 규정했다. 인간 이성의 최고의 개념으로 인간이 영원히 존재하는 이데아를 주장했다. 이 세상보다, 저 세상의 불변하는 절대적 가치로서 초월적 특성을 가진다. 데카르트의 철학이 궁극적으로 찾아내고자 하는 사물의 실체도 현실적인 아닌 관념적이고 초월적이다.

초월적 가치의 문제는 현실을 부정하는 데 있다. 인간을 포함한 현실의 모든 것은 신 앞에서는 보잘것없는 것으로 가치가 하락된다.

어떤 신의 가치에 특권을 부여한다면 그 가치는 절대화된다. 반면 다른 가치들은 폄하되고 억압당하게 된다.

니체는 상대적인 진리관을 이야기한다. 무엇이든 관점에 따라 다르게 보일 수 있다는 '관점주의'를 말하고 있다.

니체는 기독교의 신만을 비판한 것이 아니다. 모든 초월적 신을 말하고 있는 것이다. 그래서 "신은 죽었다"라고 표현한 것이다. 초월적 가치를 만들어내기 위한 허구적인 말에 불과하다고 했다. 이렇게 초월적 가치의 붕괴를 언급하며 '가치의 전도'를 주장한다.

현대를 살아가는 우리는 허무주의의 도래를 보고 있다. 기존의 절대적 가치가 약화되고 있음을 반증하고 있는 것이다. 절대다수의 사람들이 신이 지배하는 시대에 살았다. 현대는 초월적 가치에 의심을 갖고 진리라고 하는 것들이 사실은 언어적 수사에 불과하였다는 것을 깨닫고 있다는 것이다.

신이라는 절대적 가치에 지배받던 인간이 스스로 인간이기를 앞세우는 시대가 온 것이다.

그렇다면 니체가 말한 '초인'이란 무엇인가. 그것은 특별한 영웅들만 지칭하는 말이 아니다. 오히려 그 말은 자신을 넘어서고자 하는 지극히 평범한 사람들을 가리킨다. 니체는 목표를 설정하고 스스로 선과 악을 구별하라고 하였다.

자기긍정과 자기 극복을 통해 신이 없는 시대 신성함을 창조하라고 니체는 말한다. 인간이 허무주의가 난무하는 21세기에 스스로 긍정할 수 있는 것은 무엇인가? 신의 부재로 세상은 더 이상 긍정적인 목적이 없는 것 같다.

니체는 영원히 돌고 도는 세상에서 실험적 삶을 스스로 살아낼 수 있음을 강조하여 긍정의 의미를 찾아내었다. 그것은 삶 전체가 모래시계처럼 끝없이 거꾸로 세워져 되풀이 된다. 삶에 의미는 과정과 순간에 있는 것이다.

지금 여기에 우리가 있는 사실로 삶을 그대로 인정하라는 것이다. 우연, 생성, 순간을 긍정해야 한다. 다시 생겨날 수 있기 위해서는 소멸하기를 원해야 한다. 한 날에서 다른 날로 말이다. 끊임없이 돌아오는 삶을 다시 살기를 원할 만큼 순간의 삶을 긍정하여야 한다.

니체는 우리 자신이 되기 위한 세 가지 방식을 제시했다. 낙타의 단계로 복종할 줄 알아야 한다. 허무주의를 인식하고 낙타가 보여주는 순종의 자세가 바로 정신 변화의 출발점이다. 사자의 단계에서는 새로운 가치를 위한 자유의지를 갖는다. 자신만의 의지를 가지고 기존의 가치를 부정한다.

현재를 의심하는 힘을 가진 사자의 정신단계이다. 새로운 가치를 창조하기 위해 내면의 명령에 따르는 사자의 태도이다. 다음으로 삶을 놀이로 만드는 어린아이로 변신하라는 것이다. 망각의 힘, 새로운 시작, 놀이 신성한 긍정이다.

어린아이는 곧 삶의 예술가이다. 삶을 놀이로 만들고 놀이의 규칙을 스스로 만들어가는 어린아이의 정신이다. 니체는 곧 어린아이의 정신 형태를 그가 추구했던 초인과 가장 가까운 유형이라고 하였다.

삶의 무상함을 인정하고 운명을 사랑하면 춤을 춘다. 사람은 대지와 삶이 무겁다고 말한다. 중력의 정신이 바라고 있는 것이 바로 그것이다. 그러나 가벼워지기를 바라고 새가 되기를 바라는 자는 자기 자신을 사랑해야 한다.

우리의 삶을 정당화하고 예술로서의 삶을 살아야 한다. 예술을 향한 내면의 충동을 인정하고 삶을 풍요롭게 만드는 것이 예술이다. 우리는 운명을 사랑하고 긍정하여야 한다. 삶을 있는 그대로 긍정하고 받아들이는 것에 대한 능동적인 자세를 말한다. 그것이 바로 신이 죽은 시대에 자신이 주인이 되어 삶을 예술로서 승화할 수 있는 것이다. 니체는 "인간은 확정되지 않은 동물이다. 끊임없이 변화되고 진화한다."라고 했다. 인간만큼 불완전하고 불확실한 존재가 있을까.

우리는 옛것을 찾고 고향을 그리워하며 추억을 갈구하며 산다. 뒤돌아보는 회귀 본능이 작동한다. 어린아이가 되어보려는 것은 물과도 같을 것이다. 모든 걸 포용하고 이해하고 망각하고자 하는 내가 되고 싶다는 욕망이다. 현재의 내가 나에게 말하고 있다. 어린아이들이 질문을 한다. '왜'라고. 우리는 그에 대한 답변을 살아야 한다. 세상에서 가장 두려운 존재는 어린이들이다.

리세기가 여러분을
원하고 있습니다

70, 80, 90년대에 걸쳐 국내차트 1위 보유 곡을 가장 많이 올린 가수. 가요계의 제왕 조용필! 그 중에서 가사를 읽어보면 인생이 보이는 '킬리만자로의 표범'이라는 노래가 있다. 가사를 읽고 생각하게 하는 구절이 많다.

    먹이를 찾아 산기슭을 어슬렁거리는 하이에나를
    본 일이 있는가
    짐승의 썩은 고기만을 찾아다니는 산기슭의 하이에나
    나는 하이에나가 아니라 표범이고 싶다
    산정 높이 올라가 굶어서 얼어 죽는 눈 덮인

킬리만자로의 그 표범이고 싶다

자고 나면 위대해지고 자고 나면 초라해지는
나는 지금 지구의 어두운 모퉁이에서 잠시 쉬고 있다
야망에 찬 도시의 그 불빛 어디에도 나는 없다
이 큰 도시의 복판에 이렇듯 철저히 혼자 버려진들
무슨 상관이랴
나보다 더 불행하게 살다간 고호란 사나이도 있었는데

바람처럼 왔다가 이슬처럼 갈 순 없잖아
내가 산 흔적일랑 남겨둬야지 한 줄기 연기처럼
가뭇없이 사라져도 빛나는 불꽃으로 타올라야지
묻지 마라 왜냐고 왜 그렇게 높은 곳까지 오르려
애쓰는지 묻지를 마라
고독한 남자의 불타는 영혼을 아는 이 없으면
또 어떠리

살아가는 일이 허전하고 등이 시릴 때 그것을
위안해줄 아무것도 없는 보잘것없는 세상을

그런 세상을 새삼스레 아름답게 보이게 하는 건
사랑 때문이라고 사랑이 사랑을 얼마나 고독하게
만드는지 모르고 하는 소리지
사랑만큼 고독해진다는 걸 모르고 하는 소리지
너는 귀뚜라미를 사랑한다고 했다
나도 귀뚜라미를 사랑한다
너는 라일락을 사랑한다고 했다
나도 라일락을 사랑한다
너는 밤을 사랑한다고 했다
나도 밤을 사랑한다
그리고 또 나는 사랑한다 화려하면서도 쓸쓸하고
가득찬 것 같으면서도 텅 비어있는 내 청춘에 건배

사랑이 외로운 건 운명을 걸기 때문이지
모든 것을 거니까 외로운 거야
사랑도 이상도 모두를 요구하는 것
모두를 건다는 건 외로운 거야
사랑이란 이별이 보이는 가슴 아픈 정열
정열의 마지막엔 무엇이 있나

모두를 잃어도 사랑은 후회 않는 것
그래야 사랑했다 할 수 있겠지

아무리 깊은 밤일지라도 한 가닥 불빛으로
나는 남으리 메마르고 타버린 땅일지라도 한 줄기 맑은
물소리로 나는 남으리 거센 폭풍우가 초목을 휩쓸어도
꺾이지 않는 한 그루 나무되리
내가 지금 이 세상을 살고 있는 것은 21세기가
간절히 나를 원했기 때문이야

구름인가 눈인가 저 높은 곳 킬리만자로
오늘도 나는 가리 배낭을 메고 산에서 만나는 고독과
악수하면 그대로 산이 된들 또 어떠리

우리는 2020년 현재 전 세계적으로 정보기술과 생명기술의 혁명적 시대에 살고 있다. 그에 더해 인공지능의 완성이 눈앞에 다가오고 있다. 빅 데이터의 알고리즘은 모든 권력이 소수 엘리트의 수중에 집중되는 디지털 독재를 만들어낼 수 있다. 그 중심에 우리가 있다. 인간의 이기적인 유전자가 만들어 내는 세상이다. 그 세상에서 우리는 스스로를 배제하고 소외당하는 현상을 맛보게 될 수도 있다.

손을 묶인 듯이 어찌 할 방책(方策)이 없어 꼼짝 못하게 되는 속수무책(束手無策)의 시대가 올 수도 있다. 21세기를 우리가 살아가는데 '바람처럼 왔다가 이슬처럼 갈 순 없잖아 내가 산 흔적일랑 남겨둬야지 한 줄기 연기처럼 가뭇없이 사라져도 빛나는 불꽃으로 타올라야지'라는 의지를 품어야 할 것이다. 인간 스스로 자생할 수 있는 근육을 키워야 할 것이다.

고독은 홀로 서보겠다는 선언이다. 고집스럽게 독선적인 행보도 아니다. 사회 구성원으로서 내가 가야 할 길을 알고 가는 길이다. 그것이 참다운 고독이다. 타인에게 의지하고 도움을 요청하는 것도 용기가 필요하다. 맹목적인 요청이 아니다. 내가 홀로 서기 위한 용기이며 손을 내미는 것이다. 주저하지 말고 세상에 뛰어들어야 한다. 내가 스스로 세상에 흡수될 때 나는 그곳에서 나로 존재한다.

나만의 세계에서는 내가 될 수 없다. 그저 있을 뿐이다. 단순히 있을 것인지, 나로 거듭날 건지는 내가 선택한다. 크나큰 용기가 필요한 것이 아니다. 작은 움직임이면 충분하다. 아주 작은 용기에서 출발한 우리는 각자가 내가 되어 갈 것이다. 내가 되어 간다는 것은 숭고함이다. 우리가 사는 세상에 작은 새싹들을 키워야 할 자세이다.

목적이 없는 과정은 허무함을 가져온다. 목적이 있는 과정은 생산적이다. 일을 이루는 과정은 관계이다. 목적을 향해 가는 시간에서 우리는 변화를 목격한다. 변화되고 조합되어 하나의 목적이 이루어지는 것이다.

여기에 이스라엘 작가 유발 하라리는 말한다. 21세기의 우리의 교육은 교사가 학생들에게 더 많은 정보를 제공하는 것을 피해야 한다. 정보는 이미 학생들에게 차고 넘친다. 그 정보를 이해하는 능력을 발휘하게 하는 교육. 중요한 것과 중요하지 않은 것의 차이를 식별하게 하는 교육. 수많은 정보 조각들을 조합해서 세상에 관한 큰 그림을 그릴 수 있는 교육을 제안 한다.

인간 스스로 21세기에 다가올 시대 변화에 소외당해서는 안 된다. 스스로의 칼을 품고 당당히 맞서야 한다. 그래야 우리는 이 시대를 지배하고 주인으로 살아갈 것이다. 50이 넘어서 바라본 세상은 스스로 잘하면 기회도 복도 따라 온다고 생각한다. 나의 자식들에게 재산을 물려주려는 의지는 좋은 일이다. 흔히들 자식들에게 돈을 물려주는 것보다 그것을 지키는 방법을 가르치라고 한다.

나는 우리 아이들에게 물려줄 재산이 많지 않다. 하지만 나는 우리 아이들에게 부족하지만 나의 삶의 방식을 행동으로 보여주고 갈 생각이다. 늦게 철이 들어 열심히 실천하고 있다. 특히 아이들과 대화를 많이 하려고 한다. 그들의 눈높이에서 대화를 이어가다 보면 어느새 시간이 많이 흘러가 있었다. 그리고 아이들은 나에게 슬며시 다가오고 있었다. 따라오라고 하지 않았다.

우리는 어디에서 어디로 가고 있습니까?

　내가 어렸을 때만 하더라도 소통의 도구는 편지글과 대화가 전부였다. 말할게 있으면 만나든가 아니면 손 편지를 쓰든가 둘 중 하나였다. 직접 대면하고 손으로 마음을 전하는 방식이었다. 지금은 기술의 발달로 인해 스마트폰으로 소통을 많이 한다. 대화는 즉각적이고 소음이 많이 생산되는 현실이다.
　당연히 소음과 진동이 난무하는 현대인의 소통 현실이다. 과거에는 CCTV라는 감시카메라는 구경도 할 수 없었다. 지금은 어디를 가든지 우리는 24시간 감시카메라에 노출되어 있다. 투명사회가 되었다. 나의 모든 행동이 파악되는 오늘날 우리들의 삶이다.

가족이라는 구성체는 있으나 대체로 대화의 부족으로 인해, 가족인지 단순 동거자인지 구별하기 힘든 현대의 우리들의 삶이다. 당연히 각자의 내면의 세계를 파악하기 힘들다. 대화를 하더라도 자기주장이 강하게 표출된다. 나의 주장이 옳다고 믿어 버리는 순간 타협이 어려운 실정이다.

갈등이 조성되고 해결하기 힘들어지는 일이 많아진다. 주로 자기만의 세계가 형성되고 융화하는 공동의 장은 좁아지는 현실이다.

과거에 부대끼며 살았던 시대에는 사람들 간의 의심이라는 것이 그리 난무하지 않았다. 지금은 사람이 적이고 제일 무서운 존재이다. 속고 속이는 세상에 방심하면 안 된다는 부모님의 교육이 낳은 현실이다. 서로가 믿지 못하고 타인을 의심해야 하는 사람 사는 세상이다.

핸드폰이 삶이다.

정치가가 보여주어야 하는 통합과 보존은 뒤로하고 당쟁의 연속으로 우리들을 무관심하게 만든다. 미디어에서 보이는 정치가의 언행은 아이들에게 눈과 귀를 가리게 만든다. 무엇보다도 국민을 대표하는 사람들의 윤리관이 명확해야 한다. 염치없는 행동을 서슴없이 자행한다.

억압으로 점철된 공산주의는 몰락하였다. 그러나 인간이 만든 최고의 발명품이라는 통치제도의 민주주의는 부패로 발전하고 있다. 염치가 없어지는 민주주의다. 자본주의라는 경제 시스템에서 경제적 강자는 민주주의의 법치아래 보호를 받고 있다. 경제적 약자는 또 다른 억압과 착취를 받고 있다. 자유민주주의의 역설이다.

지금은 끝없이 발전과 진보를 외쳐대는 자본주의 경제 시스템의 시장이다. 그곳에서 사람들은 어느 누가 강제적으로 억압하지 않더라도 스스로 억압한다. 스스로 살기 위해서 달려야 하는 현실이다.

정글에서 살기 위한 교육이 우리 아이들의 마음의 온도를 영하로 만든다. 거기에 어른들이 단단히 한몫 하고 있는 현실이다. 우루과이 대통령을 지낸 호세 무이카는 우리들은 지속적인 발전과 진보하기 위해서 태어난 것이 아니라 행복하기 위해서 태어났다고 하였다. 무조건적인 문명의 발전이 인간을 스스로 소외시키는 요인으로 작용하는 역설의 시대이다. 코로나가 우리에게 주는 의미는 좀 멈추어 보라는 뜻이 아닐까 자본주의 시장에서 우리들은 나로 존재하지 않는다. 이곳에서 살아남기 위해서는 나를 집단에 편승시켜야 한다. 그렇지 않으면 먹고 살기 힘들다. 인간의 이기적 유전자가 이루어놓은 달려만 가는 세상. 자기의 영혼을 뒤로 한 채 무의식적으로 살아가는 사람들이 많아지고 있다. 마치 증기기관차의 동력을 발생시키기 위해 쉼 없이 석탄을 화구로 넣어야 하는 현대인의 삶이다.

경쟁과 비교, 브랜드의 소비, 미디어에 종속되어 노예가 되어버린 충실한 소비자가 우리들이다. 내가 나를 표현하면 바보가 되는 현실. 소수의 의견은 집단에게 억압되고 있다. 사회적 약자의 의견은 펼쳐 보이기도 전에 패기처분 당한다. 집단이기의 우세가 득세하는 현실이다.

70~90년대의 '개천에서 용 난다'의 표현은 사라진지 오래다. 경제력이 출세와 사회지도층으로 가는 지름길이 되었다. 경제적 약자는 루저(패배자)가 되는 게 여기 지금 우리가 살고 있는 시대이다.

오직 자본이 인격이며 사람으로 대접받는 현실을 우리는 보고 있다. 사회적 성공의 기준이 이러한 자본의 축적의 양으로 변질되었다. 또한 우리는 그러한 현실을 어찌하지 못하고 적응하며 살고 있다. 그만큼 국가 권력에 의해 우리는 학습당해 버렸다. 그리고 부지불식간에 경제적 억압에 고통 받고 있는 것이다.

국가는 우리들에게 갈등과 분쟁을 해결하는 학습조건과 역량을 가르치지 않았다. 경제적 억압, 즉 부채를 많이 부담시켜 국민의 목소리를 낮추게 한다. 당장 벌어야 오늘을 살게 하는 방법을 국가는 노리고 있다.

먹고살기 바쁜데 한가하게 국가가 하는 일에 의심을 갖고 무슨 일을 하겠는가. 자포자기식의 삶의 연속이다. 갈등과 분쟁에 대해서 슬기롭지 못하는 이유가 있다. 이를 국가와 기득권이 노리는 것이다.

유럽 선진국에서는 초등학교 때부터 노사 간의 갈등과 분쟁에 대해 학습한다. 서로 상생하는 방법과 분배의 정의를 실천하는 좋은 방법이다. 그들이 성장하여 사회에 진출하여 보여주고 실천하는 것은 대화와 타협이다. 왜냐하면 어렸을 때부터 그러한 교육을 받았기 때문이다. 하지만 우리의 현실은 어떤가. 학습이 제대로 되지 않고 성장한 성인들은 어떻게 하는가. 갈등과 반목에 현명하지 않게 대처하는 것은 어쩌면 당연한 일이다.

우리가 미디어에 노출된 정치인 등의 사회 지도층 인사들의 언행을 보면 알 수 있지 않는가. 개인으로 나를 표현하기보다는 집단적 사고의 결집으로 줄다리기의 연속이다. 대화와 타협은 여기에 존재하지 않는다. 동물적인 분쟁으로 이어지는 집단적 사고의 맹점이다.

사람 사는 세상에서 우리가 알아야 할 중요한 것이 있다. 바로 공동의 장(場)을 형성하고 공감하는 분위기를 조성하는 행위이다. 이는 하루 이틀에 정착되는 문화가 아니다. 오랜 시간을 두고 학습하고 단련이 필요한 분야이다. 그러한 교육을 받고 자란 후세대의 사람들은 자연스럽게 대화와 타협에 익숙해질 것이다.

아울러 공존하는 세상살이에 어떻게 살아야 할지도 스스로 답을 찾는 좋은 밑거름이 될 것이다. 타인과 나의 의견이 다르다 하여 무조건적 배척행위는 어리석은 일이다. 프랑스 철학자 질 들뢰즈는 진리에 대해, 조건에 따라 변하는 차이의 반복이라고 하였다. 잘사는 것이 도대체 무엇인가? 서로 다름이라는 조건하에, 건전하게 다투는 반복적 행위가 아니겠는가?

우리가 알고 있는 진리라고 표현하는 것은 시대와 상황에 따라 변한다. 자기가 알고 있는 진리라고 생각하는 것에 너무 얽매이는 것은 위험한 것이다. 다양한 현상에 대해 변하고 진보하는 우리들의 세상이다. 당연히 모든 사안에 대해 대화와 타협이 병행되어 올바른 합의점을 도출하여야 할 것이다.

이분법(all or nothing)적인 정쟁의 인간관계는 자칫 우리를 진리에 접근하는 데 방해하는 요인이 된다. 열린 마음의 자세를 갖기 위해서는 올바른 교육이 반드시 선행되어야 할 것이다. 다양성을 존중하고 이를 조합하여 또 다른 다양성을 생산하는 '헤테로피아'적 사회가 필요하다.

교육에 대하여 의견 있습니다

내가 초등학교 시절 학급회의 시간이 있었다. 일주일에 한 번 정도 실시한 것 같다. 주제를 놓고 각자가 발언하는 시간이었다. 생각을 정리하여 말하는 친구도 있었고 즉흥적인 발언을 하는 친구도 있었다.

당시를 생각하면 주로 발언을 하는 친구들은 정해져 있었다. 공부도 잘하고 생각이 있는 학생들이었다. 하지만 끝까지 침묵을 지키는 친구들도 많았다. 자기를 드러내기가 부끄럽거나 말 주변이 없었을 것이다. 당연히 존재감 없이 학급회의를 관망하는 수준으로 끝났을 것이다.

지금은 학교에서 회의를 하는 시간이 그리 많이 주어지지는 않는 것 같다. 중, 고등학교 교육과정을 살펴보면 주로 교과 위주의 주입식 과정으로 이루어져 있다. 선생님은 말하고 학생들은 듣고 질문은 자제한다. 이러한 과정이 고등학교에서는 더욱 심하다.

입시가 눈앞에 있는데 한가하게 토론이나 하겠는가. 또한 교과 과목의 깊이도 학교 수업보다는 학원 수업의 비중이 높아진다. 학교는 졸업하기 위해서 학원은 입시를 위해서 존재한다.

내신 성적을 좋게 받기 위해서는 공부를 해야 한다. 좋은 대학이라는 목표를 세우고 경쟁에서 뒤처지지 않기 위해 암투가 벌어지는 곳이 학교이다. 좋은 대학을 입학하고 졸업하는 학생들이 사회 지도층이 될 확률이 높다. 이를 잘 아는 것이 학부모이다. 그래서 학부모들은 자녀들이 좋은 대학을 입학하는 데 온갖 수단과 방법을 동원한다. 패배자가 되지 않는 길은 좋은 대학에 가는 것이다. 지금 우리가 겪고 있는 현실이다.

공부라는 것은 학문이나 기술을 배우고 익힌다는 것이다. 배우고 익히면 기뻐해야 할 일이다. 그러나 아이들의 얼굴에 기쁜 표정이 없나. 내일 또 공부를 해야 한다는 사명감으로 살고 있는 듯하다. 학생들은 생각의 고리가 활발하게 연결되고 사고력이 향상될 나이이다.

지금 학생들은 공부에 억압되어 뇌는 경직되어 있다. 공부와 연결되지 않는 수업은 왠지 공허하다. 그러한 학생들이 좋은 대학을 가고 졸업을 한다. 운 좋게 좋은 직장에 들어가고 사회 지도층으로 성장한다. 그들이 무엇을 펼치고 무엇에 삶에 의미를 부여하겠는가?

내가 보기엔 그들은 빼앗긴 시간과 노력을 보상받으려 한다. 당연히 윤리와 도덕적 관점은 흐릿해진 엘리트(선택된 사람)로 성장한다. 이기적이고 자기중심적 사고가 높아지는 것이다. 인간 본성의 통합과 보존 정신이 결여되어 사회에 진출하는 것이다. 이러한 사람들이 모인 집단과 조직은 정글사회에서 이루어지는 약육강식의 법칙에 의해 강자로 군림한다. 뒤처지면 제거되는 정글에서 그들은 승자가 되는 것이다.

현재 상황을 살펴보면, 경쟁을 마치 사람 사는 세상에 필수 과목처럼 인식하는 경향이 있다. 초등학교 때부터 서열 경쟁에 노출되는 학교는 학교로 보기 어렵다. 국가에 충성할 수 있는 직업인을 양성하는 공장일 뿐이다. 원래 학교설립의 목적이 그렇다.

학교라는 공장은 경쟁을 가르친다. 선생님의 교육은 국가에서 내려주는 지침으로 그대로 학생들에게 전수된다. 그렇지 않는 반골 기질의 일부 선생님들은 국가에 반항한다.

그들은 지금의 공교육을 비판하면서 나름의 교육을 펼쳐 보인다. 하지만 학생들에겐 환영 받지 못한다. 학생들은 부모님께 이러한 것을 알리고 부모님들은 즉각 항의를 한다.

교육과정을 만드는 데 기득권의 영향이 절대적이다. 기득권을 가진 사회지도층은 조선시대 사대부와 다를 바 없다. 자기들의 영구적인 기득권을 나눠주기 싫은 것이다. 이것이 우리 대한민국 교육의 현실이다.

사회학의 관점에서 우리는 현재를 이렇게 살아도 되는가를 의심해야 한다. 하지만 그 의심에 대한 전투력은 부족하다. 일부 혁신을 이루려는 사람들이 존재하기는 한다. 대부분 우리는 미처 생각하고 알지도 못하는 사이를 살고 있다. 그냥 그대로 또는 이대로 조용히 사는 것이다.

국가를 운영하는 데 있어 교육이 얼마나 중요한가는 두루 다 아는 사실이다. 국가는 법치를 기반으로 국민을 위해 존재해야 한다. 일부 권력자들을 위한 특별기관이 아닐 것이다. 법을 만드는 국회에서 국회의원의 역할은 중요하다. 국민이 법치국가에서 살아가는 데 절대적으로 영향을 받기 때문이다. 다양한 분야의 법을 발의하고 법을 만드는 국회의원의 자질은 공공적인 마인드를 기본으로 하여야 한다. 협치를 당연한 것으로 인식하는 것이다. 그것은 국회의원 개개인의 윤리와 도덕정신이 기본으로 장착되어야 하는 것이다. 그들에겐 파란 알약이 필요하다.

지금의 대한민국의 국회 현실은 어떤가. 이념에 매몰되어 당리당략에 몰려 달리는 패거리나 다름없다. 부끄러움을 모르고 염치가 없어지는 행위를 반복되고 있다. 그 자리에서 획득한 정보를 열심히 자기들의 이익을 위해 사용한다. 부동산 매입, 자녀교육비리, 취업청탁, 각종 이권개입 등에 적극 가담하는 천박한 일을 하고 있다. 당파적 갈등과 분쟁에 휘말려 정작 민생의 고달픔을 해결하는 법안은 시원하게 내놓지 못하고 있다.

이와 같은 현상이 줄곧 반복되는 이유는 있다. 기득권 세력들이 학위와 지식만 쌓아온 결과이다. 그들은 제대로 된 대한민국 교육과정을 이수하지 못하였다는 것이다.

소위 SKY출신이 지배하는 민주주의 공화국 이것이 민주는 아닐 것이다. 그들만의 세상이 지속되면 곤란하다. 그들은 학벌에 대한 자부심만 있지 그에 상응하는 인격과 인품은 존재하지 않는다.

이와 같은 현상은 왜 이렇게 수정되지 못할까.

나는 이러한 현상을 학교 공교육에서 발견한다. 입시나 경쟁위주의 교육과정, 서열화 된 등수 매기기, 주입식 교육이 낳은 산물이다. 이러한 결과로 직업의 귀천이 생산되었다. 그리고 우리의 부모님들은 아이들을 상위층에 진입시키기 위해 할 수 있는 모든 수단과 방법을 강구한다.

피해자는 자라나는 우리들의 아이들이다. 우리사회는 사회적 성공의 기준을 높게 책정하고 있다. 자본주의의 경제적 권력이 성공의 기준화로 변질되었다. 그리고 힘없는 자들은 그들에게 기생하고 살고 있다.

밥이라도 얻어먹으려면 자본 권력에 머리를 숙여야 하는 현실이다. 수단과 방법을 가리지 않고 상위층에 도달하기 위해 나를 버린다. 그것을 인생의 목표로 인식해 버리는 결과를 낳았다. 이러한 사회적 분위기가 정글에서 살아나는 약육강식의 법칙으로 고착화되었다는 현실이다.

나는 이러한 대한민국의 암울한 현상을 변화시키는 데 한 가지 방법이 있다고 생각한다. 단어컨대 초등학교 교육과정부터 매일 토론 과정을 도입하는 것이다. 어떠한 주제에 대해 다양한 의견과 관점을 생산하는 과정이다. 나와 다르다는 것을 어릴 때부터 인식하고 합의하는 과정이 필요하다. 초, 중, 고, 대 이렇게 16년을 토론하고 합의하는 과정을 매일 반복한다면 어떻게 될까?

사람 사는 세상은 그야말로 아름다운 풍경으로 그려질 것이다. 매일 매일의 일상이 습관이 되고 그것이 인생이 된다고 한다. 국가도 그렇게 된다. 나라의 일이 그리 대단한가? 자라나는 새싹인 우리 아이들에게 가르치면 된다. 나라가 시끄럽고 분쟁과 갈등이 많이 생산되는 이유는 있다. 가진 자들이 더 가지려고 하니까, 못가진 자들이 내 놓으라고 아우성치는 단순한 현상일 뿐이다. 이 이상도 아니고 이하도 아니다.

매일 전국에 있는 초등학교에서 토론하고 다름을 인정하는 교육이 시행되어야 한다. 그러한 교육과정이 정착된다면 국가의 미래는 상상만 하여도 흐뭇한 광경이 펼쳐질 것이다. 그들이 성장하여 사회지도층이 된다면 갈등과 정쟁이 난무하는 민주주의는 사라질 것이다. 또한 권력에 쉽게 편승하여 나만의 인위와 이기적인 기능권의 획득은 삼가지 않을까.

우리 사회에 신분의 차이는 분명히 존재한다. 우리 사회에 대표적인 예를 들면 남·여 차이, 비정규직·정규직 차이 말이다. 하지만 그에 따른 차별은 없어야 한다. 같은 일을 하면서도 여성이라는 것과, 비정규직이라는 이유로 차별을 받는 사회의 패러다임을 바꿔야 한다.

우리 세대에 그러한 변화를 기대하기가 힘들지 모른다. 정치인들의 천박한 작태를 그만 보고 싶다. 미래 세대 아이들에게 기대를 가져 볼 일이다. 조금은 더디더라도 서로의 입장과 의견이 다르다는 관점을 존중하는 교육이 이루어져야 한다. 그러한 교육이 실현되고 미래에 나라의 중추적 역할을 그들이 맡기를 희망한다. 우리세대가 늦었다면 미래 세대에게는 반드시 이러한 놀이방식과 공간을 만들어 주어야 한다. 어른이 해야 할 일이다. 미래 세대에 섹시한 인간 참살이가 실현되기를 기대한다.

내 마음아 사랑한다

시골마을은 적막하다.

한 때 분주한 시절이 있었다.
그곳에서 벼가 자라는 것을 보았다.
밭에서 나는 작물의 성장도 보았다.
아이들과 함께 자연이 주는 풍경에서 살았다.

봄, 여름, 가을, 겨울은 어김없이 순환하고 있었다.
봄의 향기로운 냄새도
여름에 작열하는 태양에 뜨거움도

가을에 풍성한 결실도
겨울에 혹독한 추위도 반복되었다.
하늘과 땅에서 이루어지는 자연의 법칙은 변함이 없었다.

자연을 많이 접한 사람들은 몸이 건강하다.
사고방식이 협동적이다.
남을 배려하는 이타심을 자주 발휘한다.
마음이 좀 너그럽다.
자연을 억지로 편집하면 자연은 아프다.
자연은 기능을 변경하고 상실한다.
순환하는 법칙에 엇박자가 나면 자연은 화를 낸다.
북극의 빙하는 서서히 녹아내리고 있다.
과거 평균 영하 10~15도였다.
지금 겨울철 온도는 영하 18~25도까지 내려간다.

물이 흐르는 것을 유심히 바라본 적이 있다.
거친 장애물을 유연히 스쳐지나가는 물의 흐름을 볼 수 있다.
모든 것을 감싸고 도는 물의 흐름은 큰 강을 이루고 바다와 마주한다.

사람의 마음도 유연하게 작동하면 어떨까.

반드시 도를 닦아야 큰 마음을 가질 수 있을까.

장석주 시인의 대추 한 알의 의미가 생각난다.

세상 모든 것이 의미이다.

비와 바람과 태풍, 추위와 더위를 견디고 자란 대추 한 알이다.

여기에 있는 나와 저기에 있는 너는 서로 지나온 과거의 만남이다.

너와 나의 존재는 자연이 주는 결과이다.

함부로 너를 대하지 않겠다.

너도 대추 한 알 같은

존재보다

더 소중한 사람이니까.

가만히 듣겠습니다

경영학에서 리더십 부분에 리더가 갖추어야 할 요소가 있다. 그 중에 경청의 중요성을 강조하는 대목이 있다. '상대방의 말을 경청하는 것은 내가 말을 하기 위해 지불하는 가격이다.' 사람이 말하고 듣는 의식적 분배 과정을 염두에 두어야 하는 말이다. 사람은 본능적으로 자기주장을 상대에게 관철하고자 하는 기질이 있다. 자연스러운 인간의 자기표현 방식이다.

너 나 할 것 없이 우리는 더 말을 많이 하고 싶어하고 표현하고자 한다. 따라서 토론이나 회의에서 자기를 내세우기를 당연시한다. 둘만의 대화에서도 마찬가지일 것이다. 주도권을 잡기 위한 경쟁이 암투기 시작된다.

각자가 자기주장이 강하고 말을 많이 하면, 상대를 제압할 것 같은 생각을 한다. 하지만 말을 많이 하는 사람은 상대하기가 곤란하다. 만남이 순조로울 수 없다. 한두 번은 그렇게 될 수 있지만 다음 만남은 힘들어질 수 있다.

다언삭궁(多言數窮)이란 말이 있다. 말을 많이 하면 자주 궁지에 몰린다는 말이다. 말을 많이 남발하게 되면 그만큼 헛말도 많이 하게 된다. 말하고 듣는 것의 조율을 적당히 하는 의식적 연습을 해야 한다. 그래야 실언을 피하고 궁지에 몰리는 경우를 줄일 수 있다. 말을 많이 하고 언변이 좋은 사람이 사람을 이끄는 것이 아니다. 잘 들어주는 사람이 결국 모든 이들을 아우르는 힘을 갖는다.

나이가 들수록 듣는 것을 괴로워한다. 스스로 성인군자라 생각한다.

사회적 갈등을 최소화하는 길은 경청일 것이다. 상대를 존중하지 않는 대화는 갈등과 반목이 조성된다. 서로 간의 배려심이 부족하여 상대방의 의견을 존중하지 않는 결과로 나타난다. 이로써 사회적 갈등이 일어나고 우리가 아는 바와 같이 분쟁에 의한 사회적 비용이 많이 소비된다.

타인의 이야기를 차분히 들어주는 것은 인내심이 필요하다. 그만큼 경청의 자세는 내공이 필요한 부분이다. 내가 말을 더 하는 것과, 더 많이 들어주는 것에는 차이가 있다. 적절한 말하기와 표현은 양질에 소통방법의 한 방편이다.

'행복하다', '즐겁다', '기쁘다', '평안하다', '불안하다', '우울하다', '슬프다', '외롭다' 등의 사람 기분은 정상적인 감정이라고 한다. 미국정신의학협회가 만드는 '정신장애진단과 통계매뉴얼 DSM(Diagnostic and Statistical Mannual of Mental Disorder)'에 의하면 2000년도에 정신장애의 종류를 365종으로 만들어 놓았다. 지금 현재는 훨씬 더 늘어났을 것이다. DSM의 매뉴얼 작성 참여자는 미국제약회사와 야합을 하였다.『워싱턴 포스트』

우울증과 정신분열증에 대한 기준을 낮추어 작성한 것이다. 이러한 기준에 의해 병원을 찾는 대부분의 사람들을 환자로 만들었다. 사람의 마음이나 기분을 제약회사와 정신장애 진단 참여자들이 담합을 한 것이다. 사람들에게 약물치료의 환상을 심어 주게 되는 근간을 만들어 놓은 것이다.

나는 들어가는 말에 현대를 살아가는 사람들은 마음의 무게가 가중되고 있다고 했다. 그렇다면 미국 아저씨들이 만들어놓은 매뉴얼에 적용하면 우리 국민 대부분이 정신질환자이고 약을 처방받아야 한다. 그래서 미국 제약회사는 돈을 많이 벌겠구나 하는 생각도 든다.

어떻게 마음에 깃든 병을 약물로 치료할 수 있을까. 나는 이해가 되지 않는다. 절망과 상실에서 오는 마음의 병은 마음으로 치유해야 된다고 생각한다. 물리적인 상처에는 당연히 수술이나 약물이 필요할 것이다.

우리 인류는 인간 뇌의 작동 상황을 완벽하게 밝혀내지 못 하고 있는 현실이다. 간단히 표현하면 인간 뇌의 작동이 어떻게 돌아가는지 다 알지 못한다는 것이다. 완벽히 알지도 못하는 인간 뇌의 영역을 일시적인 약물처방으로 다룰 수 있을지 의문이 생긴다. 그래서 나는 정신적인 측면의 아픔에 대해서는 약물보다는 마음으로 응대하여야 한다고 생각한다. 마음에 상처가 있는 사람들에게는 공감하고 들어주는 것만큼 좋은 치유 방법도 없다고 생각한다.

주위를 보면 타인의 말을 잘 들어주는 사람에게는 사람들이 많이 모인다. 이유는 사람은 내 말을 잘 들어주는 사람에게 끌리는 게 본능이다. 한 번쯤 실험을 해 보아도 좋을 것이다. 진심으로 상대방의 말을 경청하고 난 후 상대의 태도가 어떻게 변하는지 관찰해 보면 안다. 분명히 상대는 나에게 더욱 더 신뢰를 주면서 의지할 것이다. 상대방의 말을 듣는다는 것은 고통일 수도 있다. 하지만 진심을 가지고 상대의 말을 들어 준다면 그 수고에 대한 열매는 달달하다.

자기 자신을 뒤돌아보고 반성하는 사람들은 스스로 자기의 마음을 치유하는 사람들이다. 지금까지 자기 자신이 타인들과 소통하는 방식이 어떠했는지 돌이켜보는 시간이 필요하다. 아마도 대부분 자기주장과 표현에 비중을 두었을 것이다. 그래서 갈등을 생산하고 문제를 야기했던 경험이 있을 것이다.

타인의 아픔이나 슬픔에 대하여 귀 기울여 주는 것은 사랑이다. 크나큰 위로의 말을 전할 필요는 없다. 다만 조용히 곁에 있으면 된다. 곁에 있다는 것은 공감이다. 그것으로 충분하다. 모든 것은 시간이 말해 줄 것이다.

상대의 현재를 알아채는 것은 내가 공감을 하려는 준비 단계이다. 그것에 나의 마음을 조용히 전달하면 될 것이다. 우리는 얼마나 다른 사람의 마음에 동의하고 공감하려는 준비가 되어 있을까. 현재를 살면서 나만 잘되면 그만이라는 이기주의적 사고가 비중이 높아가고 있다. 지금 여기 내가 어떤 자세로 세상과 대면하고 있는지 알아볼 일이다. 서로의 공간에서 나의 존재만이 빛날 수는 없는 것이다. 내가 먼저 상대를 끌어올려 주려는 배려가 필요한 시대이다.

사람은 기본적으로 부채의식을 갖고 있다. 무엇이든지 신세를 지게 되면 갚아야 한다는 기본적인 뇌 기억의 회로가 작동한다. 서로 주고받는 관계에서 순수하게 나를 갈고 닦는다면 베풀면서 행복해지는 결과를 가져온다. 우리의 내면에 있는 순수함을 되돌려 가져와야 할 시기이다. 그것은 오염된 인간 세상을 맑게 하는 정화수가 될 수 있을 것이다. 니체는 말한다. "어린아이로 돌아가라고" 순수함과 천진함이 작동하는 세계는 우리가 바라는 세상일 것이다.

인간이 추구하는 가장 높은 단계의 정신적 만족감은 행복이다. 하지만 행복이라는 추상적인 것에 매몰되는 순간 방향을 잃을 수도 있다. 잡히지 않는 행복만 생각하다가 지금을 잘 살지 못하는 사람이 얼마나 많은가.

일상의 소중함과 현재 내가 소유하고 있는 것에 감사하여야 한다. 나의 신체라도 건강하다면 모든 걸 가진 것이다. 무한 가능성을 가지고 있기 때문이다. 건강한 신체와 정신으로 무얼 못 하겠는가. 행복이 멀리 있는 것이 아니라 지금 여기 내안에 모여 있는 것이다. 모여 있는 행복을 풀어쓰면 된다.

지금 내가 하는 일과 계획에 집중한다면 그것이 바로 행복일 것이다. 먼 산을 보는 안목과 현재를 바로 보는 눈은 낮과 밤을 이해하는 것이다. 그래서 타인에 대해 관대해지고 귀 기울여 주는 마음이 작동한다. 행복은 나를 스스로 밝아지게 하는 것이다. 낮과 밤을 상징하는 태양과 달을 품어야 내가 보인다.

경청은 서로 다름을 통합하는 능력을 기른다. 서로 같음은 반작용이 발생한다. 자석도 같은 극은 붙지 않는다. 서로 같음보다는 다름에서 오는 보완과 소통, 통합의 섭리가 작동된다. 서로 다름이 통합하여 새로운 다름을 생산한다. 이것이 반복되어 우리 인류는 성장하였다. 우리는 다름에 대해 긍정해야 한다. 나의 주장과 다른 주장이 합해서 새로운 것을 창조하는 아름다운 합이다.

화이트헤드가 과정철학에서 주장하는 바와 같이 다름의 관계에서 오는 통합이다. 사람 사는 세상에서 다름을 인정하는 것만큼 중요한 것도 없다. 갈등을 없애고 다 같이 행복할 수 있는 마음자세가 있다.

나의 주장을 상대편이 불편하지 않게 관철시킬 수 있는 내공을 연마하는 것이다. 하루아침에 이루어지지는 않는다. 단 시간에 이루겠다고 할 필요는 없다. 다만 자기 내면에 간직하고 부단한 연습을 하다보면 내 몸과 마음에 익숙해질 날이 올 것이다. 나도 모르게 시나브로 내가 나를 보는 통찰력을 발견하는 명(明)을 발견하게 될 것이다. 그것을 아는 데서 행복은 출발할 것이다.

고통은 오르막길일 뿐
담담히 지나가면 됩니다

　사람 사는 세상이 온갖 사건과 사고에 노출되어 있다. 살면서 좋은 일만 있으면 얼마나 좋겠는가. 또한 모든 일이 순조로우면 좋겠지만 인간사 모든 일이 고통의 연속일 것이다. 그 고통에 얼마나 현명하게 대처하는가에 따라 자기평가는 달라질 것이다. 힘들고 지칠 때가 수없이 반복된다. 그것이 인생이다. 사람으로 태어나서 사람됨이 되고 사람다움으로 거듭나는 과정은 수양과도 같다. 그만큼 복잡한 세상살이에 마주하며 우리가 현재를 산다.

　나는 한때 공부에 뜻을 두고 대학원에 진학하였다. 석사과정을 마치고 박사과정에 입학하였다. 직장을 다니면서 학업을 한다는 것은 힘든 일이었다. 여러 가지 과제는 물론, 발표 자료를 만드는 과정의 연속이었다. 밤새 경영학 원서를 독해하며 프레젠테이션을 작성하였다.

나의 영어 실력을 가지고 원서를 제대로 해석하기에는 벅차고 힘들었다. 머리에서 스팀이 올라오고 눈물도 나곤 했다. 박사과정에서는 이러한 과정을 지속적으로 반복하는 일과였다. 또한 박사과정을 마치고 논문 과정에 들어가서는 지옥이라는 것을 맛보았다. 지도교수님의 좋은 논문에 대한 욕심이 나를 압박하고 힘들게 하였다. 지도교수님의 입장에서는 당연한 일이었다.

논문의 글이 잘 쓰여지지 않을 때가 가장 힘들었다. 직장 생활과 병행하는 논문작성 과정은 집중력이 그리 좋을 리 없었다. 보통 논문 과정을 2년 정도 하면 학위를 받는 것이 통상적이었다. 하지만 나의 지도교수께서는 본인의 교수생활에 첫 박사제자의 논문에 열정을 가지셨다.

지도교수님은 의도한 논문의 글이 나오지 않으면 끝없이 지적을 하시곤 하였다. 나는 그 요구에 쉽게 만족을 드리지 못하였다. 논문의 글이 잘 쓰여지지 않을 때는 포기하고 싶은 생각이 스멀스멀 고개를 들곤 하였다. 이러다 포기하는 사태가 올지도 모른다는 공포감도 있었다.

집중력이 떨어지면 당연히 좋은 글이 안 나온다. 그것의 반복이었다. 2년이라는 지지부진한 시간을 보냈다. 그리고 지도교수님의 마지막 경고에 위기감을 느꼈다. 이런 식으로 논문을 쓸려면 포기하라는 경고였다. 나에게 최대의 위기가 온 것이다. 가족을 비롯한 주위 사람들을 생각하게 되었다. 이대로 포기해야 하는 걸까.

나는 포기하고 싶지 않았다. 나는 새로운 다짐을 하게 되었고, 다시 시작한다는 마음으로 나를 다독였다. 위기가 곧 새로운 시작점을 나에게 알려주었다. 집중력이 발휘된 것이다. 나는 새로운 마음으로 그동안 작성했던 논문을 힘차게 갈고 닦았다. 서서히 글다운 글이 쓰여지고 있었다. 한 번 탄력을 받으니 정말 거짓말처럼 논문의 완성도가 올라가고 있었다. 그렇게 고통스럽고 포기하고픈 과정이 지나가고 있었다.

지도교수님은 그동안 나의 논문에 대한 신뢰를 주지 않았었다. 오죽 했으면 잠시 휴직을 하고 집중을 해보라고 하였겠는가. 그리고 건강을 해칠 수도 있으니 몸도 살피라고 하였다. 그러나 논문과정 3년차에 접어들면서 칭찬도 하시고 응원을 아끼지 않으셨다. 나는 힘들고 지치지만 더욱 힘을 내어 열심히 논문을 작성하였다. 드디어 논문심사과정에 들어가고 3번에 걸친 심사를 마쳤다. 심사교수님들의 칭찬을 받으면서 나의 경영학 박사학위 논문은

통과되었다.

그날 마지막 심사를 마치고 결정의 순간을 기다리는 시간이 있었다. 심사위원장께서 잠시 심사 장소에서 나가 있으라고 하였다. 잠시 후 심사위원장 교수님이 들어오라고 하였다. 총평을 하시면서 "조석중박사 그동안 수고했네! 축하하네." 하시면서 내게 악수를 청했다.

그 순간 나도 모르게 눈물이 주르륵 흘러 내리기 시작했다. 3년 동안의 논문 과정에서 겪었던 온갖 일들이 교차하는 순간이었다. 정말 포기하지 않으니 끝은 오기는 온 것이다.

힘든 고통을 외면했다면 나는 박사학위를 받지 못했을 것이다. 그러나 그 과정을 인내하면서 한 걸음 한 걸음 내딛다 보니 고지는 나에게 깃발을 선사하였다. 그리고 그 산 정상에서 나를 보았다. 이런 걸 임마누엘 칸트 식으로 숭고함을 느낀다는 것인가.

지금 이 순간 목표를 달성하기 위해 학업에 정진하는 분들께 용기를 가지시라고 말하고 싶다. 참기 힘든 임계점을 넘어 서 보기를 권한다. 담담하게 마음을 잡고 지나가 보면 지나가 있다.

우스운 이야기지만 그러한 논문 과정을 마치고 병을 얻거나, 과로로 사망도 한다고 한다. 나와 같은 과정을 겪었을 분들께 존경을 표하고 싶다. 정말 고생 많이 하셨을 일이다. 해보면 안다. 안

해보면 그 고통을 모른다.

　우리는 타인이 이룬 성과에 쉬운 평가를 내리는 어리석음을 보이기도 한다. 나는 내가 직접적으로 경험해보지 않은 타인의 성과에는, 절대적으로 비판이나 비난할 자격이 없다는 걸 배웠다. 그리고 내가 이룬 성과에 대해서도 겸손이라는 것을 어떻게 표현해야 되는지도 배웠다.

　어떻게 보면 그 과정이 내 인생에서 가장 힘든 시기 중 하나였을 것이다. 그리고 그 과정을 지나쳤다. 묵묵히 인내하면서 말이다. 그러한 과정을 겪으면서 나의 인생에도 변화가 왔다. 아무리 힘들고 고통스러운 일이 있을지라도 그 또한 피하지 않고 지나가면 된다는 것을 배웠다.

　내가 그 과정을 회피했다면 나중에 내 자신에게 무어라 말할까. 아마도 나름대로 합리화는 하였을 것이다. 그러나 포기한 나의 내면의 목소리는 나를 부끄럽게 생각했을 것이다. 지금은 스스로 내가 자랑스럽다. 앞으로 나의 인생에서 힘든 일이 얼마든지 기다리고 있을 것이다. 나는 배웠다. 아무리 현실이 나에게 고통을 준다고 하여도 담담히 지나가면 된다는 것을 배웠다.

빅터 프랭클의 『죽음의 수용소』에서의 마지막 글이 생각난다. 그가 수용소에서 겪었던 고통은 나의 고통과는 비교도 되지 않는 큰 고통이었다. 나는 그 마지막 글을 읽고 크나큰 힘을 얻었다. "왜, 살아야 하는지 아는 사람은 그 어떤 상황도 견딜 수 있다. 살아 돌아온 사람이 시련을 통해 얻은 가장 값진 체험은 모든 시련을 겪고 난 후 이 세상에서 신 이외에 아무것도 두려워할 필요가 없다는, 경이로운 느낌을 갖게 된 것이다."

궁하면 통한다는 말이 있다. 어떠한 일에 답이 없을 것 같지만 분명히 답이 있다. 그것을 찾고자 하는 의지만 있다면 나의 물음에 응답이 있다는 걸 배웠다. 그 의지로 인해 답을 찾을 수 있는 기회가 열린다는 것도 배웠다. 사람 사는 세상에 오묘한 이치인 것 같다. 차분하고 평온한 마음을 모으면 된다.

내게 닥친 한계점을 극복하는 끈기를 발휘하는 순간 인생살이가 그리 힘들지 않을 것이다. 근력운동도 한계점에서 한 개를 더 하는 순간 근육이 강화된다.

나의 아들에게 말해주고 싶다. "스스로 하고 싶은 일을 찾아야 한다. 자기가 하는 일에 어떠한 외부의 기준을 갖지 마라. 그 일이 올바르고 바람직하다면 그것이 성공이다."

일을 이루는 데 있어 묵묵히, 뚜벅뚜벅 걸어가보라고 말해 주고 싶다. 그곳에서 아름다운 풍경을 차분히 볼 수 있는 여유있는 마음이 생긴다고 말이다.

감성을 착하게 만들어보면 부자 됩니다

　사람은 직관적인 감정과 심사숙고하여 판단하는 이성적인 사고를 가진 동물이다. 우리가 사는 사회에서 심사숙고하는 이성적인 태도만 인간이 가지고 있었다면 역사는 달라졌을 것이다.
　지구인은 세계 1, 2차 대전을 겪으면서 인간의 합리적 이성에 의문을 갖지 않을 수 없었다. 그래서 주요 강대국에서 전쟁의 폐해를 감지하고 1945년 국제연합(UN)을 창설한다. 전쟁의 무분별한 발생을 방지하고 평화 유지를 위해 설립된 것이다.

　역사를 살펴보면 이성의 올바른 작동이 이루어지지 않은 사례는 많다. 대표적으로 나치 독일에 의한 600만 명의 유대인 학살이 그 반증이다. 아무 생각없이 인종의 말살에 충실했던 히틀러의 충신 아돌프 아이히만이 그 당사자다. 이 같이 이성적인 판단의 결여는 우리 인류의 치욕적인 역사로 남아있다. 우리가 여기에서 다시 한번 인간을 생각하게 한다.

인간은 어느 쪽이 더 나에게 가치가 있는가를 판단하는 가치관이 있다. 즉 그것은 어떠한 행위의 옳고, 어떠한 행위가 틀린 것이냐 하는 도덕적 판단의 기준이다. 또한 개인적으로 어떠한 상태가 행복한가, 불행한가의 판단기준이다. 이러한 기준에 의해 주변의 사건이나 물건 혹은 타인에 대한 마음속의 느낌을 태도라 한다. 이러한 태도를 기반으로 우리는 행동으로 보여지는 것이다.

감수성이 뛰어난 사람이 좋은 리더가 될 가능성이 많다. 인간은 원래 비합리적인 사고력에서 합리적으로 진보하였다. 간단하게 예를 들면 합리적이란 1+1=2, 비합리적 1+1=3 쉽지 않은가?

인간의 감정이 제대로 작용해야 합리적이고 현명한 결정이 가능하다. 우리가 살면서 어떠한 행위를 할 때 강력한 행동 동기는 감정으로 시작한다. 감정은 본능이며 직관적이다. 이에 반해 이성은 그 다음에 작동하는 인간의 사고방식이다. 그래서 이성이 감정을 이길 수 없는 것이다.

감정이 제대로 발현되지 않으면 이성이 잘 작동 되더라도 좋은 리더가 되기가 어렵다. 독재자가 그 예일 것이다. 독재자는 자기만의 세계에서 기분에 따라 의사결정을 쉽게 한다. 즉 감정이라는 분석적 여과과정을 거치지 않는 행위는 파괴적으로 진행하는 경우가 많다.

주위를 둘러보면 감정 영역이 손상된 사람들은 자식들을 잘 돌보지 않는 경우가 있다. 하지만 이성적으로 부족하지만 지적장애 부모가 아이를 잘 키우는 이유는 감정 영역이 정상이기 때문이다.

우리는 가정이나 사회에서 사람들의 감정과 요구를 읽어내는 공감능력을 길러야 한다. 그래야 좋은 가정을 이루고 올바른 사회구성원이 될 수 있다. 직장에서 공감능력이 떨어지는 리더는 카리스마에 집착한다. 그러한 사람은 소통을 억제한다. 시간이 얼마 없다고 인식하는 카리스마형 리더는 원시적이다. 반면 공감형 리더는 시간적 여유를 중요시한다. 기다린다는 것이다.

정직한 사람은 나의 이익을 위해 다른 사람을 이용하는 비율이 낮다. 정직하지 못한 사람은 자신이 우월하다고 생각하며 서로를 구분 지으려는 경향이 있다.

부정직한 사람은 자기이익을 위해 감언이설이나 거짓말을 이용한다. 즉 자기 합리화를 위한 독선적인 행위를 정당화한다는 것이다.

우리가 보는 종교분쟁에 노출되어 있는 사회이거나, 이상과 이념이 강한 사회일수록 정직해지기 어렵다. 종교적인 이유로 테러 같은 행위가 아무렇지 않게 일어나고 있다. 이상에 대한 환상 앞에 무한 폭력을 정당화하는 현실을 보고 있는 것이다.

나의 이익을 위해 끝도 없는 부정직한 사람은 성장과정에서의 올바른 교육이 결여되어 있다. 정직한 사람은 가식적인 것을 싫어한다. 그래서 공정하고 청렴할 수 있다. 정직하게 사는 것이 궁극적으로 나의 생존성을 높여주는 중요한 요인이다. 그렇지 않는 사람은 사회에서 제거의 대상이 된다.

부정직한 사람은 외향적이며 자의식이 과잉되어 있다. 내향적이면 음모가 많다. 원만하면 아첨에 능하다. 폐쇄적이면 고집불통이 된다. 차가우면서 능력 있는 사람이 오래 갈 것 같지만 그렇지 않다.

따뜻한 마음을 가진 사람은 비록 능력이 없다 하여도 오래도록 생존할 수 있다. 우리사회에 그러한 사람들이 대부분이기 때문에 우리는 특별하다고 느끼지 않을 뿐이다. 사실은 마음이 따뜻한 사람들이 이 사회를 대부분 이끌고 있다는 것을 분명히 알아야 한다.

우리는 아이들을 타인을 배려하는 이타적, 윤리적으로 만들어야 한다. 오늘날 어른들은 아이들에게 정글에서 사는 방법만 가르치지 오래 생존하는 법을 가르치지 않는다. 인간이 삶을 이어가는데 윤리성, 이타성은 생존에 가장 유리한 형질이다. 대부분 윤리적이며 이타적인 사람이 사회에서 성공한다.

이타적인 사람은 나보다 못한 사람에게도 설명을 잘한다. 이기적인 사람은 지식과 정보를 공유하지 않는다. 이타적인 사람은 부족한 사람에게 설명을 하기 위해 더 많은 정보를 습득하고 이해를 필요로 한다. 부족한 사람의 무지에서 출발한 질문일수록 이타적인 사람은 지식의 기원과 본질을 돌아보는 시간을 갖는다.

감성이 풍부하고 남을 나의 존재처럼 생각하는 사람에게 적이 있을 수 있겠는가. 사람 사는 세상은 따뜻한 피를 가진 자들의 부대낌이다. 내 자신의 감정을 다스릴 수 있는 내공을 연마하여 다른 이에게 전파하여야 한다. 그 올바른 감정영역이 작동하면 이성적 사고력은 현명하고 바람직하게 작동한다.

그러기 위해서는 올바른 가치관의 확립과 아울러 좋은 태도를 갖고 행동하는 것이 중요하다. 우리가 보는 모든 것은 판단을 요구한다. 조금만 더 천천히 살펴보는 여유로움을 갖는다면, 우리가 살아가는 데 시행착오를 최소한으로 줄일 수 있을 것이다.

감성적 사고력을 향상시키는 것도 그리 어렵지도 않을 것이다. 한 번쯤 더 생각해 보는 습관을 기르면 된다. 자연스럽게 나의 감성 영역이 넓혀지는 현상을 볼 것이다. 주관적인 나에 생각의 영역에서 내 자신을 타인처럼 앞에 놓고 손님처럼 생각해 보아도 좋을 것이다. 손님은 낯설고 어려운 이방인이다. 나를 손님으로 대하는 순간 모든 것이 조심스럽고 방만하지 않을 것이다.

객관적 사고력은 이기적인 사고방식을 무력화하는 데 좋은 방식이다. 내 스스로 답을 가지고 있다고 판단해서는 위험하다. 유교의 창시자인 공자는 제사를 지내는 형식과 절차를 다 알고 있었다. 공자는 제사를 지내면서 그 형식과 절차를 다시 한번 되물어 확인하는 겸손을 보여 주었다.

자기를 낮추어 상대방을 세워주는 행위는 쉽지 않은 일이다. 결과적으로 자기를 낮춘다는 것은 다른 사람을 생각한다는 것이다. 그리고 다른 사람들과 오랜 시간 좋은 관계를 유지하는 데 영향력이 엄청나다. 이는 자기 우월감에 빠지기 쉬운 상황에서 공감을 형성하는 능력을 발휘한다. 자기감정을 다스리는 능력을 보여

주는 것이다.

  스스로 자기를 객관화하는 것이 그리 쉬운 일이 아닐 수도 있다. 그러나 사람이 모여 사는 세상에는 서로의 부대낌이 이루어져야 한다. 그래야 삶이 풍부해지고 서로의 유대가 윤택해지는 결과를 낳을 수 있을 것이다. 그러한 사람들이 많이 모인 조직과 사회는 세상을 더욱 더 밝고 빛나게 하는 원동력이다.

  나는 종교를 갖고 있지 않다. 종교에 대한 나름의 기준이 있어서는 아니다. 그냥 필요를 느끼지 못할 뿐이다. 나는 종교인이 되었든 비종교인이 되었든 사람다움을 보고자 한다. 엄마가 어린아이를 따뜻하게 가슴에 품고 있는 모습. 언어로 표현하기가 쉽지 않은, 엄마 같은 사람의 마음과 행동이 세상살이를 알게 한다.

  故이태석 신부님이 생각난다. 자기를 불살라 촛불처럼 세상을 빛나게 하신 분이다. 그분의 숭고함을 어찌 따라갈 수 있을까. 생각하면 생각할수록 감히 접근할 수 없는 영역의 사람이다. 사람에 대한 아낌의 실천을 하신 분이다.

  신부님의 사람다움을 실현하신 정신세계에 머리가 숙여진다. 우리는 그분을 전부는 알 수는 없다. 분명한 건 참살이(Well Being)를 그분 나름대로 실천하고 가셨다는 사실이다. 인간 역사 700만 년의 이기적 유전자를 이타적 유전자로 바꾸어 보라는 메시지를 남기셨다. 오늘부터라도 나에게 남아있는 차가운 감정을 끓여야겠다.

우리가 보았던 신부님의 삶은 고달프고 힘들었다. 하지만 그 누구보다도 행복하고 성공적인 인간다움을 보여 주었다. 어두운 곳에서 작은 촛불하나가 얼마나 세상을 따뜻하고 아름답게 하는지 보여 주었다. 나의 현재의 삶에 대한 부끄러움과 함께 그분을 기억하고 싶다.

부모의 부모가 되어 보겠습니다

시대가 변하긴 많이 변했다. 내가 어렸을 때만 하더라도 가족 구성원이 할아버지, 할머니, 아들내외, 손자, 손녀로 이루어진 가정이 많았다. 조선왕조 500년 역사를 보더라도 농경사회가 주를 이루는 사회였다. 살아가는 데 노동력이 집중되어야 할 가족 구성이었다. 그래서 가족이 함께 모여 사는 형태가 이루어진 것이다. 서로 부대끼며 살아가는 환경이었다.

오늘날 과학의 발전과 함께 산업화로 변화되면서 우리는 흩어지게 된다. 산업화의 물결로 젊은 사람들은 도회지의 일원이 되기 위해 하나 둘 떠났다. 가족이 축소되는 현상이 나타난 것이다. 지금 지방을 가보면 연세가 많으신 어르신들이 대부분이다. 마을 이

장도 70세 이상인 곳이 많다.

내가 살았던 고향에도 홀로 지내는 분들이 많이 계신다. 덩그러니 홀로 계신 어머니의 친구 분들에게 인사를 하지만 표정은 밝지 않다. 자식들이 가까이 있어도 같이 살지 않는다. 가끔 들려보는 정도로 자식 된 도리를 하고 있는 듯하다.

시대가 그러니 서로 그렇게 하는 것이 마음이 편할 것이다. 부모님들은 억지를 부리지 않는다. 나를 모시라고도 하지 않는다. 부모이기 때문에 그렇다. 부모는 그것이 자식들에게 해 줄 수 있는 최선의 길이라는 것을 안다.

사람이 태어나는 과정은 잉태와 동시에 대략 10개월 정도 어머니 뱃속에서 머무른다. 그런 다음 불완전한 존재로 세상에 첫 선을 보인다. 다른 포유류와 달리 사람은 서지도 걷지도 못한다. 또한 말이라는 언어를 바로 하지도 못한다. 당연히 부모의 보살핌이 일정기간 지나야 사람으로서 기능을 발휘한다. 그 기간이 지나면 비로소 걷고 뛰고 말하는 과정으로 진입한다.

그러한 과정이 온전하게 진행이 되지 않을 때가 있다. 여러 가지 사정으로 어린 아이의 양육이 불완전하면 성장에 방해가 된다. 그 결과 올바른 사람으로 성장하지 않을 수 있다. 그만큼 부모의 보살핌이 중요한 것이 인간의 성장과정일 것이다.

인간은 죽음이라는 그다지 유쾌하지 않은 관념을 애써 외면한다. 따라서 영원히 살 것처럼 행동하는 경우가 많다. 그렇지 않은 부류도 있으나 보편적으로 그렇다. 그래서 인간은 자신의 영원성을 2세라는 또 다른 인간으로 대처한다.

나의 삶을 영원히 지속해 줄 수 있는 것은 2세이다. 그 2세가 다음 세대를 생산하는 과정이 반복된다. 그래서 내 자신이 영원히 존재할 거라고 믿고 있다. 동물의 세계를 보더라도 어미는 새끼를 잘 돌본다. 인간도 마찬가지다. 대부분 부모는 자신들의 유전적 전달자로서의 자손들에게 본능적으로 최선을 다한다. 본능적으로 그렇게 진화되어 있는 것이다. 다만 사고력을 가진 인간은 동물들과 조금 다를 것이다.

감정과 이성을 가진 사람들……

부모 자식 관계를 서로에게 빚지고 갚아야 하는 채무관계로 본다면 어떨까. 내가 너무 나간 건가? 아무튼, 좀 비약적으로 표현하면 '품앗이' 정도로 표현이 적절할까. 사람 사는 세상에 주고받는 행위는 단순하다. 받았으면 갚고 주었으면 받아야 하는 그런 거다.

인간 내면을 살펴보면 주고받는 행위에 대해 손해 보는 장사는 절대 하지 않는 것이 인간이다.

따라서 부모 자식 간의 관계도 엄연한 거래적 삶으로 본다면 거래이다. 우리가 의식하든 안 하든 관계없이, 부모와 자식은 거래라는 셈속에서 살고 있다. 주었으니 받아야 한다는 무의식이 있을 수 있다. 또한 받았으니 갚아야 한다는 무의식이 있을 것이다.

하지만 그러한 거래가 원만히 이루어지지 않는다면 상황은 다르게 전개된다. 주는 것에 소홀하고 제대로 받지 못하면 거래가 원활하지 않을 것이다. 인간은 기억하고 그것을 미래에 있을 일에 꺼내어 사용하는 동물이다. 부모는 자식에게 잘해야 대접 받는다.

거래가 잘 이루어지기 위해선 주고받는 것에 충실하여야 한다. 무의식적으로 말이다. 그것은 인간이 동물적으로 가지는 주고받는 사랑 행위도 포함된다. 또한 사고력을 가진 동물로서 주고받는 또 다른 행위가 존재한다. 서로가 부채의식을 가지고 서로 상생의 길을 가는 것이다. 경제적, 물질적, 심리적인 주고받음이다.

부모는 아이의 거울이다. 사람은 대부분 성장과정에서 부모의 영향을 받게 된다. 어른이 된다는 것이 그래서 어렵다. 아이

낳고 부모만 된다고 어른이 아니다. 어른으로서 갖추어야 할 자격이 있다.

부모는 아이를 낳고 최선을 다해서 보살필 책임과 의무가 있다. 그것은 당연한 일이다. 그러한 살핌에 대한 행위를 소홀히 한다면 아이에게 빚을 지는 것이다. 또한 아이도 제대로 된 보살핌을 받지 못하면 부채의식이 감소된다.

그래서 사람 사는 세상에 부모 자식 간의 관계도 부채의식을 느끼고 살아야 한다. 그래야 서로에게 충실하고 최선을 다하는 행위로 발전할 것이다. 어른이 된다는 것이 각자의 신분에 맞는 역할을 충실히 할 때 비로소 주어지는 것이리라.

흔히 부모들에게 아이들을 손님처럼 대하라고 한다. 소유물이 아닌 잠시 곁에 있다가 떠날 손님처럼 말이다. 손님에게는 공손하고 편안하게 대접하고 잘 보내드려야 한다. 아이들을 손님처럼 대한다면, 그 아이들도 성장하여 다음 세대에도 그렇게 할 것이다. 우리는 아이들을 억압하고 착취하는 소유물이 아님을 알아야 한다. 아이들이 성장하면 어른이 된다. 어른이 되었을 때, 나약했던 신체와 정신은 올바르든 올바르지 않든 간에 힘을 가지게 된다.

때가 되면 더 이상 아이는 아이로서 존재하지 않는다. 독립된 객체로 알을 깨고 나오는 새로운 우주로 완성된다. 손님이 다시 찾아올 수 있도록 대접을 잘 해야 하는 이유가 있다. 손님은 은혜에 대한 부채를 갚으려 반드시 돌아올 확률이 높기 때문이다. 이것이 인간이 사람으로서 사는 거래 방식이고 기본이 될 것이다. 만약 그렇지 않다면 세상은 우울해질 것이다.

사람 사는 세상에 '사랑'의 덕목을 인간이 추구하는 최고의 마음씀이라고 한다. 사랑은 모든 것을 아우르는 깊은 마음의 울림이다. 그것이 동물과 다른 인간의 행위 방식이다.

700만 년의 인간 역사에서 부모가 아이를 낳고 그 아이가 부모가 되는 과정이 반복되었다. 또한 부모의 희생이 고갈되면, 자식이 부모의 부모가 되는 역사가 반복되었다. 우리는 그러한 역사의 후손이며, 현재를 살고 있는 것이다. 그 중심에 부모 자식 간의 사랑이 있었을 것이다.

내가 부모가 되어 아이들에게 사랑을 주지 않는다면, 다음 세대에 좋지 않는 영향을 줄 수도 있다. 인간은 배우는 동물이다. 배우고 그것을 응용하는 행위의 반복이다. 나의 유전적 형질의 좋은 것만을 영원히 지속하고 싶다면 아이들을 사랑하라. 그러면 나는 죽어서도 영원히 살아갈 것이다. 우리가 반드시 알아야 할 것이 있다. 사람의 마음씀에 있어 따뜻한 마음을 가져야 한다는 것이다. 그것이 인간이 가지는 최고의 마음의 시작이자 끝이 될 것이다.

미국 하버드 대학의 커트 교수는 인간관계에서 성공하는 조건 중, 첫인상의 중요성을 실험 연구하였다. 마음이 따뜻한 사람과 유능한 사람을 비교 분석한 것이다. 마음이 따뜻한 사람은 언변이 능숙하고 능력 있는 유능한 사람보다, 언변이나 능력이 떨어져도 타인에게 신뢰나 관계 면에서 훨씬 더 좋은 결과를 보였다. 포근하게 다가설 수 있는 따뜻한 마음을 갖는다는 것은 쉬운 일은 아니다.

우리가 부모가 되어 아이들에게 대하는 방식대로 그렇게 하면 마음이 따뜻해진다. 그것을 모든 생활에 적용한다면 살아가는 것이 아름다워질 것이다. 그래서 가정이 중요하다. 모든 사회생활의 출발점은 가정이기 때문이다. 아이들이 부모가 이룬 가정에서 사랑의 보살핌으로 성장한다면 거래가 잘 되는 것이다. 아이들에게 마음의 거래적 관계를 소홀히 하면 안 된다.

우리는 부모가 주었던 사랑에 보답해 주고 아이들에게 보여 주어야 한다. 부모의 에너지가 소진되는 순간부터는 자식이 부모의 부모가 되어야 한다. 그것은 인간살이의 가르침이고 기본적으로 사수하여야 할 사람됨의 길이다. 그래야 나의 자존감과 가치가 높아질 것이다. 사람다움으로 갈 수 있는 길목이다.

사람은 무척 단순하다. 주고받는 부채의식을 자주 인식하게 만들어야 한다. 모든 면에서 따뜻한 마음으로 먼저 베풀어 보아라. 반드시 그 몇 배의 갚음으로 되돌아 올 것이다.

부모의 부모가 된다는 것은 나를 사람다움으로 거듭나게 할 것이다. 내가 어렸을 때 강한 의지와 힘을 가진 부모가 있었다. 지금은 모든 것이 서서히 소멸해 가는 부모님이 내 앞에 있다.

내가 어렸을 때, 나는 부모님이 모든 것을 해결해 줄 것 같은 믿음으로 바라 봤다. 지금은 부모님이 나를 그렇게 바라보고 있다. 부모님은 나에게 의지하고픈 마음이 있다. 직접적으로 표현은 하지 않으나 표정이 말을 하고 있다. 나를 살펴보라고 그것이 사실이다.

자식으로서 부모의 의지함의 표현을 외면해서는 안 된다. 그것이 부모의 부모가 되는 자연스러운 길이다. 사람으로 태어나 동물처럼 살지 말아야 한다. 사람다움은 사람의 도리를 알고 실천하면 완성된다.

사지 멀쩡함에서
깨달음을 얻었습니다

　내가 근무하는 회사에 여직원이 한 명 있었다. 그 여직원은 나의 대학 후배의 아내였다. 2011년에 입사를 하였다. 두 아이의 엄마이기도 하였다. 업무를 하는 데 있어 사회 경험이 어느 정도 갖추어져 있어 빠르게 적응하고 있었다. 업무량이 많아 힘든 부분도 있었다. 그러나 차분한 성격의 소유자인 그녀는 묵묵히 자기 임무를 충실히 하고 있는 듯하였다. 그녀는 개인적으로 운동도 하고 수영도 하면서 자기관리를 나름 잘하고 있는 중이었다
　그녀에게 업무의 스트레스가 지속되고 있다는 것을 나는 알고 있었다. 그러던 중 2015년 겨울 그녀가 정기건강검진을 받았는데 유방암 2기의 진단을 받게 된 것이다. 나는 그 이야기를 듣고 어이

가 없었다. 너무나 성실히 자기관리를 하며 잘 생활하고 있었는데 이런 진단이 나오다니 이해가 되질 않았다. 그녀 또한 큰 충격을 받은 듯하였다. 더군다나 암세포가 다른 장기로 전이되는 단계라고도 하였다. 그녀에게 감당하기 힘든 일이 진행되고 있었다. 평범한 일상을 잃은 것이다.

그녀는 항암치료를 시작하게 되었고 그 고통에 우울해 하였다. 사무실에서 눈물도 가끔 흘리기도 하였다. 나는 그러한 그녀에게 미안한 마음으로 위로와 격려를 하였지만 소용이 없었다. 이미 일상이 변해 버렸고 앞으로의 기나긴 치료과정이 그녀 앞에 있었다. 대학 후배가 나에게 전한 말로는 항암치료에 의한 독한 약물로 인해 머리가 순식간에 빠지기 시작했다고 하였다. 그리고 집 화장실에서 후배가 아내의 머리를 깎아 주면서 둘이 많이 울었다고 하였다.

그녀는 기간을 정하고 퇴사를 결정하였다. 업무 인계를 마치고 본격적으로 항암치료를 할 계획이었다. 2016년 7월 퇴사 후 그녀는 최선을 다해서 치료과정을 밟고 있었다. 1, 2년간 심리적인 기분상태가 오락가락 하기도 하고 심하게 우울해하기도 하였다 한다. 평온한 가정이 그녀 중심으로 생활이 바뀌고 가족들이 성심껏 응원을 했다고 한다. 그녀의 심성이 단단하고 흔들리지 않아 1년차, 2

년차를 넘어가면서 차츰 치료효과를 보고 있다고 하였다. 나는 그녀에게 도의적인 미안함으로 가끔씩 안부를 묻곤 하였다. 과중한 회사업무로 인해 병을 키운 것은 아닌지 미안한 생각이 자꾸 들게 된 것이다. 나는 가끔 그녀를 후배와 같이 안부를 묻기 위해 만나기도 하였다. 최근에 5년차를 넘기면서 항암종료는 물론이고, 약 복용도 안하고 잘 지낸다고 한다. 정말 잘된 일이다. 그동안 힘들었을 과정을 견디면서 잘 지냈다고 하니, 나의 송구스러움이 조금 가시는 듯하였다. 오늘 나는 그녀와 후배를 만나러 간다.

한 라디오 프로그램에 이러한 사연이 하나 있었다. 남편이 출근하는데 아내의 배웅이 평소와 달랐다. 남편은 평소와 다른 아내의 배웅에 약간 걱정이 되었다. 하지만 일주일 정도 지속된 아내의 어두운 표정에 남편은 아내에게 사실을 말해 달라고 하였다. 아내는 어릴 때부터 앓은 천식 때문에 폐가 안 좋은 것을 알고 있었다. 최근에 건강 검진을 받았는데 암의 발생을 우려한 것이다. 건강검진을 받고 결과를 기다리는 중이었다. 초초하고 걱정이 이만저만이 아니었다. 철없는 고등학생 아이와 박봉의 초임 공무원인 남편에게 짐이 될 수 있다는 생각이 꼬리를 물고 있었다. 남편도 그 말을 듣고 검사결과 날짜가 다가오는 순간까지 근심이 쌓일 수밖에 없었다. 검진결과가 나오는 그날 남편은 아내로부터 상기된 목소리의 전화를 받았다. 암이 아니라는 것이었다. 그 순간 남편은 "하나님 아버지 감사합니다."라고 외치면서 기뻐하였다.

주위에 모든 것이 아름답게 보였다. 직장에서 갈등을 겪던 동료도 아름답고 고맙게 보였다. 아내는 예전의 아내이지만 이 평범한 삶이 얼마나 고마운지 새삼 느끼는 순간이었다. 일상의 평범함이 주는 감사함이 부부에게는 새로운 인생에 대한 깨달음을 안겨준 것이다.

우리가 무탈하게 사는 일상이 얼마나 행복한 삶인지는 대형병원 중환자실을 방문해 보면 안다. 나도 친구가 위암 초기진단으로 수술을 한다기에 병원을 방문한 적이 있다. 그곳에 방문했을 때 중환자실에는 병마와 싸우고 있는 환자들로 채워져 있었다. 간호를 하고 있는 가족들의 어두운 얼굴도 보았다.

나는 친구를 병문안 하고 나오는 길에 깨달았다. 내 힘으로 걸어서 일상을 사는 현재가 얼마나 행복하고 감사할 일인가를 알았다. 그러한 평범함을 유지하고 감사하면서 살아가기는 쉬운 일은 아니다.

평범한 일상을 살아가는 것이 쉬운 일은 아니다. 뭔가 이벤트가 있어야 한다는 강박에서 벗어나야 한다. 중용에서 이야기하는 중심 잡는 것이란 '평정심'을 유지하는 것이다. 살아가면서 어느 한 곳에 치우친 번뇌의 마음을 다스리라는 것일 수도 있다.

언젠가 나는 차를 타고 가다가 길가의 공원을 바라봤다. 산책길을 따라 두 손을 마주잡고 걷는 노부부를 본 적이 있다. 공원이나 어느 곳에서든 드물게 볼 수 있는 광경이다. 내가 본 부부의 모습은 오랜 세월 같이하면서 보낸 흔적이 그대로 보였다. 흘러간 세월 동안 기쁜 일도 슬픈 일도 있었을 것이다.

자식을 낳아 기르고 교육하고 시집 장가도 보냈을 것이다. 두 사람은 각자의 소임을 다 하고 한가로워 걷는 모습일까? 아마도 그랬을 것이다. 너무나 다정한 모습으로 손을 잡고 거니는 모습은 무언가 임무를 완수한 분위기다. 사람의 얼굴 표정에 그 사람의 지나온 역사가 새겨져 있다고 한다. 얼굴에 새겨진 평온한 모습에서 그들의 삶은 성공이었다는 직감이 든다.

우리는 살면서 무엇인가 이루고자 하는 목표를 한 두 가지씩 가지고 산다. 그 목표를 향해 나의 일상을 계획하고 실천하면서 사는 것이다. 누구나 성공이라는 것을 생각하며 오늘을 살고 있을 것이다. 노부부도 마찬가지로 그들만의 목표를 세우고 실천하며 오랜 시간을 살았을 것이다. 온갖 세상사의 일을 극복하면서 말이다. 그들이 그렇게 다정하게 손을 잡고 거니는 모습은 아름다운 성공이다. 인생을 잘 살았고 잘 마무리 할 수 있는 능력이 있다고 볼 수 있을 것이다.

목표에 따라 크고 작은 업적을 남길 수도 있을 것이다. 야망을 크게 설정한 사람은 그에 걸맞는 계획과 실천과정이 있었을 것이다. 반면 그렇지 않은 사람은 소박한 목표를 세우고 계획과 실천을 하며 살았을 것이다. 목표가 크든 작든 간에 나름의 노력과 실천을 충실히 하였을 것이다.

사람 사는 세상에서 욕심 없이 사는 사람이 있을까. 모두 다 조금씩은 욕심을 부려가며 살아가고 있다. 자기 스스로를 제대로 아는 사람은 자기가 채울 그릇의 양을 알게 된다. 그것에 어울리는 삶을 살아가는 것이다. 하지만 그릇의 양을 제대로 파악하지 못하면 욕심과 허영으로 살아가게 된다. 당연히 어색한 인생살이가 될 것이다. 사람의 인지 능력은 그것을 본능적으로 알고 있다. 그것을 애써 외면하다 보니 세상살이가 힘들고 고달픈 인생으로 전락하게 된다.

21세기의 각박한 시대에 우리는 성공이라는 목표를 행복으로 착각하고 있다. 성공이라는 것이 우리가 다 아는 경제력이라는 것이 일반화된 시대이다. 돈이 행복이라는 것이 절대화되는 사회는 위험하다.

우리가 보는 미디어를 보자. 돈이면 다 된다는 것이 조금은 씁쓸하다. 우리는 그것에 학습당하고 있는 것이다. 학습을 충실히 한 사람들은 그것을 위해 열심히 산다. 아무생각 없이 허구인 인생을 사는 것이다.

무엇인가 분명히 있을 것이라 착각한다. 그것이 미디어가 우리를 노리는 것이다. 그래서 TV를 자주 보면 안 된다. 내게 절대적으로 필요한 정보가 아니라면 그러한 바보상자에 현혹되어서는 안 된다.

21세기의 인간은 정보의 홍수에 평범함을 잃어버렸다. 우리들의 뇌는 이미 무궁한 성공 신화에 노출되어 욕심으로 가득 찬 마음을 가져 버린 것이다. 너무 많이 알아서 병이 생긴 것이다. 그 병을 어떻게 치유하여야 하는가. 간단치가 않다. 서서히 마음의 짐을 내려놓는 연습을 할 때이다.

마음의 짐을 내려놓기 위해서는 평범함이라는 것에 귀 기울여 보는 것도 좋을 것이다. 평범함이라 하여 자기를 낮추라는 것이 아니다. 자기의 올바른 그릇을 만들어 보라는 것이다. 스스로에게 어울리는 삶에 대한 그릇을 만들어 실천해 보는 것이다. 내가 앞으로 어떻게 살아야 하는가를 자주 질문을 해 보는 것이다. 거기에 답이 있을 것이다.

어떻게 살아야 하는 가를 스스로에게 질문하는 것은 평범하게 살겠다는 선언이다. 자기에게 질문하는 사람은 내면에서 답을 요구받게 된다. 그것이 가치관의 형성을 이루게 한다. 가치관이 고착화되면 나의 태도가 바로 설 수 있다.

태도가 행동으로 이어져 반복되는 것이 인생살이가 될 것이다. 일상의 평범함을 꾸준히 실천하고 살아가다 보면 어느덧 나의 인생은 성공이다. 누구와도 비교하지 않고 나를 이끌어 보면 그것으로 성공적인 인생이다.

마음에게 부담을 주는 행동을 하면 안 된다. 자꾸 마음이 움직이면 의도하지 않는 결과만 나에게 돌아온다. 그 결과 평범함에서 일탈하고 마음이 아프고 괴로우며 사는 것이 고달픔의 연속이다. 나에게 어울리지 않는 욕심을 걷어 낼 수 있는 능력을 길러야 한다. 나에게 어울리지 않는 옷은 어색하다. 우리는 어색함을 금방 알아챌 수 있다. 내가 지금 욕심에 차 있다는 것도 알 수 있다. 그것을 알고 실천하면 될 일이다. 과도한 욕망을 멈추기 위해서는 절제하고 참아보는 연습을 해보는 것이다. 연습을 반복하다 보면 나의 인생을 내 자신이 이끌어가고 있다고 느낄 것이다. 외부의 영향에 흔들리지 않는 자유로운 인생 말이다.

세속적인 성공의 기준을 밖에서 찾으면 인생이 힘들어진다. 자기만의 굳은 성공기준을 세워야 한다. 적어도 타인에게 피해를 주지 않는 인생. 나의 말 한 마디로 다른 사람을 올바르게 인도할 수 있는 교양. 타인의 아픔과 기쁨에 진심으로 공감하는 마음 정도를 갖추고 살면 된다.

우리 모두는 세월이 흐르면 자연적으로 늙어가는 것이다. 아름다운 마무리를 할 수 있다는 것은 축복이 될 것이다. 가을빛에 어울리는 공원 산책길이 초대한다. 그 길을 서로 손잡고 인생을 뒤돌아보는 여유로움이 있다. 그것이 평범함에서 얻을 수 있는 참살이의 모습이 될 것이다. 지금 내가 가지고 있는 것에 감사하는 마음을 가지면 된다. 나는 스스로 말하고, 듣고 걷고 먹는 것에 감사하고 있다.

Part 04

익어감

사람이 익어가는 것은 성숙이다.
이 세상에 존재하는 것들의 서로 다름을 조합하는 기술력이다.
인간의 품격이 시작되는 단계이다.
모험으로 시작하는 실험과 과정인 경험이 생산된다.
결실에 의한 감각을 느끼면서 우리는 성숙한 인간으로 재탄생한다.
우리는 조금씩 스스로를 다듬고 관계 맺음에 의해 인생기술자가 된다.
인생 장인정신을 획득하는 것! 익어감이다.

*오늘부터
독립하겠습니다*

한 방송에서 현직 판사의 귀향을 다룬 적이 있다. 그 판사는 그동안 사회의 각종 분쟁에 대해 판결을 내리는 업무에 시달렸다고 고백했다. 쉴 새 없이 넘쳐나는 소송에 대한 판결문 작성에 스트레스가 많았다고 한다.

훈훈한 미담을 다루는 것보다, 사회 부조리의 현상을 줄곧 봐왔다고 하였다. 그는 사건을 다루는 과정에서 정신적으로 부정적 사고가 줄곧 형성되었다고 한다. 사람을 보는 눈이 흐려진다고도 하였다. 당연한 일이다. 그러한 일에 매몰되다 보면 직업병이 생기기 마련이다. 그는 더 이상 자기 정신세계의 혼란스러움을 참지 못했다. 결단을 내리고 과감히 현직에서 물러나 고향으로 향했다. 농사를 지으면서 심리적 안정감을 발견했다고 한다.

얼마나 정신적 스트레스가 심했으면 스스로를 찾겠다고 귀향을 하였을까. 다른 사람들은 이렇게 이야기 한다. 많은 사람이 우러러 보는 판사직을 그만둔 것에 대하여 의문스러워한다. 하지만 정작 당사자의 생각은 다른 것에 있었다. 귀향을 결심한 이유는 현재 위치가 불편했던 것이다. 그 자리에 어울리지 않는 자기를 발견한 것이다. 그는 억지를 부리면서 참지 않았다. 타인의 이목을 따지지 않았고 자기가 되었던 것이다. 그래서 후회 없는 결정을 하였을 것이다. 무엇 때문에 살고 있는지 알고 싶었을 것이다.

그는 귀향을 한 후 너무나 행복하다고 미소 짓는다. 그도 그럴 것이 자기가 진정으로 하고 싶은 일을 하고 있다고 느꼈기 때문일 것이다. 매일 반복되는 판결의 부담감이 있었을 것이다. 업무에 압박감이 그를 다른 길로 안내하는 계기가 된 것이다. 그리고 그 굴레에서 빠져나와 해방된 것이다.

쟈크 라캉은 "우리는 타자의 욕망을 욕망하면서 살고 있다."라고 하였다. 곰곰이 생각해 보면 우리는 그렇게 살고 있는지도 모른다. 알게 모르게 말이다.

부모의 욕망, 직장 상사의 욕망, 남편의 욕망, 아내의 욕망, 연인의 욕망 등의 타자에 의한 욕망에 용해되어 있을 수도 있다. 스스로 깊게 살펴보지 않으면 내가 주체인지 타자에 의한 객체인지 혼란스럽기도 하다.

전직 판사는 타인에게 보여 주기 위한 삶이 그리 행복하지 않았을 것이다. 무엇보다 자기가 아니었다는 것을 알았던 것이다. 우리는 대부분 타인을 의식하면서 산다. 나의 현재 위치와 모습이 어떻게 보여질까 전전긍긍하면서 살고 있는 것이다. 조금이라도 잘 보이고 남들보다 우월하다는 인식과 인정을 받기 위해서다.

그러면서 자신을 무력화시키고 있는 것이다. 그 판사는 자기의 위치와 미래의 모습에 위기감을 느꼈을 것이다. 그래서 아무나 할 수 없는 결정을 용기를 가지고 실행한 것 뿐이다. 자기를 찾아야 한다는 평범함이었다. 특별할 것도 없는 일이다.

원래대로 돌아간 것 뿐이다. 자기 삶의 주체적 결정에 대한 스스로의 마음을 위로하고 감싸 주는 용기를 발휘한 것이다.

그는 아마도 고향에 대한 생각을 자주 하였을 것이다. 과중한 업무에 시달리면서도 한편으로 자기의 꿈이 이게 아닌데 하는 생각이 있었을 것이다. 그래서 고향으로 내려가는 결정을 감행한 것이라 생각된다.

우리는 가끔 스스로 생각하기에 오염되었다고 느낄 때가 있다. 왠지 무슨 탈출구를 찾아야 할 것 같은 생각이 스멀스멀 올라온다. 그 순간이 나를 변화시키는 지점이다. 다른 일을 찾아야 한다거나 이동을 해보려는 상상을 하게 된다. 예를 들면 과거를 회상하고 내가 태어나고 자란 고향을 생각한다. 거기에는 나의 순수함이 남아있는 공간이다. 그곳으로 가고 싶어 한다.

어쩌면 혼탁한 일반명사로 사는 곳보다 나를 그대로 드러내는 고유명사의 고향이 좋을 수 있다. 고향으로 가면 나도 모르게 과거의 나 자신으로 복귀한다. 행동이나 말이 조심스러워지고 정신을 놓지 않는다. 내가 일반명사화되어 익명성이 보장되는 대도시의 무분별한 생활과는 차이가 있다.

코로나 바이러스가 우리에게 고통만을 준다고 생각해서는 안 된다. 깊이 생각해 보면 과거에도 이러한 바이러스에 의한 피해는 인류에게 각성을 요구하였다. 분주함과 진보, 증식, 발전의 소용돌이에서 잠시 휴식을 인류에게 권고하고 있는지도 모른다. 이쯤 되면, 무분별한 발전만을 추구하는 자본주의의 기관차에서 내려와도 좋다. 앞서가고, 발전하고, 개발하고, 최첨단을 달려야 한다는 것은 자본주의의 악령이다.

독립한다는 것은 자기가 되어가는 과정의 등용문이다. 자기 스스로 결정한 일에 대해서는 우리는 열정적으로 변한다. 그 일에 의미를 발견하려는 의지는 높아갈 것이다. 또한 후회하지 않도록 스스로 노력하기 때문에 실패할 확률이 낮다.

사람 사는 세상에서 나이 50이 넘었다는 것은 숙성 단계이다. 경험도 어느 정도 있을 것이다. 이렇게도 저렇게도 살아봤을 나이이다. 부모로, 자식으로, 사회구성원으로서 대부분 충실하게 살았을 것이다. 이제는 나를 발견하고 나를 욕망하면서 살아야 할 시기이다.

나이 드신 어르신들이 돌아가시면 인류의 큰 도서관이 하나 사라진다고 한다. 50이 넘어가는 우리들은 익어가야 한다. 우리는 아이들에게 도서관의 기능을 하여야 하고 물려주어야 한다.

잘 익은 막걸리 한 잔 하시지요

우리가 먹는 모든 열매는 처음에는 설익은 것이다. 먹기가 곤란하다는 것이다. 시간이 흐르고 익어가는 과정이 필요하다. 기다림이 필요한 시기이다. 그래야만 우리들에게 알맞은 맛으로 변한다. 흔히 보는 감을 보더라도 처음에는 푸르스름하다. 떫음맛이 강하다. 어느 정도 시간이 지나면 연분홍색으로 변한다. 그쯤 되면 달고 맛있게 변한다. 거부감이 없다는 것이다.

어느 노래가사에 우리인생을 '우리는 늙어가는 것이 아니라 익어가는 것이다'라고 노래한다. 인간도 자연의 일부인데 열매와 다를 것이 없다. 씨앗이 새싹이 되고 자라서 열매를 맺고 익어가는 과정이다. 인간도 태어나서 자라고 자기의 열매인 나름의 목표를 이루는 과정이다. 그 과정이 고통이다. 고통은 성과이며 사람 자체이다.

인간을 포함한 모든 동, 식물이 자연의 일부이다. 특별할 것도 없다. 모든 것이 생성 소멸하는 과정을 반복하는 것이다. 인간이라고 자연에서 특별한 대접을 받을 이유도 없을 것이다. 자연 앞에 겸손해야 되는 이유이다. 자연의 흐름 속에 익어진 홍시가 있다. 열매의 부드럽고 달달함이 있다. 사랑스럽고 아름답게 보이는 홍시의 모습이다.

우리 자신이 익어간다는 것은 성숙함이다. 인간은 세월이 흐르면 늙어간다. 생물학적으로 거부할 수 없는 것이다. 우리는 늙어감에 대해 얼마나 생각하고 있는가? 하루하루 살다가 시간이 흐르면 내 모습이 변한다. 파릇한 젊음이라는 것도 사라진다. 나를 바라보는 나에 모습은 늙어있다. 늙는다는 것이 아쉬움일 수도 있다. 그것은 주변과 비교하기 때문에 느끼는 감정일 것이다.

나만 보고 나를 평가하는 늙음에 대해 생각한다면 그리 슬프지도 않을 것이다. 내가 스스로 잘 익었는지는 자신이 더 잘 안다. 지나온 시간이 말해줄 것이다. 뒤돌아보는 나를 자주 발견하여야 한다. 지난 시간을 아쉬워하는 생각이 많아지면 제대로 익었다고 할 수 없다. 후회하는 시간이 많아서 생기는 생각이다.

내가 잘 익어가고 있다는 것은 타인으로부터 오는 시각에서도 느낄 수 있다. 내 존재가 그들에게 비춰진다. 나도 타인들을 보고 평가한다. 순간적으로 행하여지는 인간 인식 능력이 있다. 인간은 '메타인지' 능력이 존재한다. 우리는 무의식적으로 타인들의 가치를 평가한다. 처음만나는 사이에도 가치를 평가하는 게 인간이다. 반면 오래두고 보면서 가치를 판단하기도 한다. 당신은 어느 쪽인가? 그런 다음 사람과 관계설정을 조정하는 것이 인간이다.

인간의 인지능력은 대단하다. 타인의 행동, 목소리의 미세한 부분에서 그들의 기분을 감지할 수 있다. 이것을 인간이 순간적으로 인지하는 능력이 있다는 것이다. 자신이 아는 것과 모르는 것을 즉각적으로 알 수 있는 능력이다. 스스로 문제점을 찾아내고 해결하며 자신의 학습과정을 조절할 줄 아는 지능과 관련된 인식 기능이다. 빅 데이터를 보유한 인공지능이라도 이 능력은 사람보다 떨어진다. 그래서 우리는 그것을 직감적으로 알아차릴 수 있다. 인간은 정말 섬세하고 알 수 없는 존재이다. 인간 두뇌의 영역은 아직 미지수이다.

타인으로부터 내가 가치 있다고 느낀다면 잘 익었다고 보아도 된다. 홍시의 부드럽고 거부감이 없으며 보기 좋은 생김새처럼 말이다.

 나는 인생의 마지막 여정을 겪어보지는 않았다. 곧 있으면 다가올 마무리 단계가 어김없이 나에게도 올 것이다. 그 시간이 나에게는 아름다운 마무리를 설계하는 데 소중한 시간일 것이다.

 잘 익어가도록 내 스스로를 살펴야 한다. 어떻게 보면 인생이라는 여정은 지속되는 고통이다. 거기에서 즐거움의 순간순간을 늘려가려는 안간힘을 쓰고 있는 중이다. 또한 조금이나마 고통을 줄이기 위해 몸부림치는 사람살이의 여정이다. 내가 나를 잘 숙성시키도록 스스로 만들어야 한다. 뒤를 돌아보고 반성하는 자세가 습관이 되어야 한다. 나를 익어가게 하는 데 있어 영양분으로 큰 쓰임새가 있을 것이다.

소크라테스 형!
고마워요

　우리는 흔히 나이 드신 어른의 죽음에 대해 '돌아가셨다'라고 표현한다. 그 출처는 아는 바 없지만 오래전부터 그렇게 우리들의 인식 속에 자리잡고 있는 듯하다. '자연에서 왔으니 자연으로 돌아갔다. 흙으로 돌아가다.' 이 정도 아닐까.
　어릴 적 내가 겪은 죽음이란 것을 보면 슬픔이었다. 동네에서 누가 죽으면 어머니는 빨래도 하지 않으셨다.
　우리에게 죽음이 주는 의미는 슬픔이 절대적이다. 전부는 아니지만 죽음에 대해 기쁘다는 감정은 드물다. 동네에 누가 돌아가시면 약 삼사일은 웃고 떠드는 일은 없었다. 라디오 소리도 높이지 않았다. 암묵적으로 돌아가신 분과 그 가족들에게 예의를 갖추는 행위인 듯하였다.

　사람이 수명을 다하고 돌아가는 것. 중간에 불의의 사고와 지병으로 예기치 않게 돌아가는 것. 이것이 인간이 돌아가는 사라짐이다. 우리가 죽은 사람을 보내고 슬퍼하는 것은 아쉬움의 기억 때문일 것이다. 그 기억이 우리의 뇌를 괴롭히고 슬픔을 작동시키는 것이다. 그리고 세월이 지나면 아무 일도 없었던 것처럼 일상으로 돌아간다. 사람은 망각의 동물이고 기억이 사라지기 때문이다.
　죽은 자는 이러한 슬픔을 알지 못할 것이다. 우리와 함께 존재하지 않기 때문이다. 우리가 아는 존재란 내가 여기 시간과 공간에서만 의미가 있기 때문이다. 그 외에는 존재로서의 기능을 상실한다. 같이 공감하는 조건은 시간적으로 같이 존재하여야 가능한 일이다. 죽은 자는 여기에 없다.

　여기에 내가 존재하는 것은 의미이다. 종교를 믿는 사람들은 다른 의견이 있을 수 있다. 마음속에 자리잡는 존재도 존재라고 할 수 있다. 하지만 나는 그러한 것에 대해 없는 존재를 존재로 인식하는 것에 동의하지 않는다. 현실에 마주하는 수많은 존재자들과의 관계에서도 우리는 많은 이야기를 생산한다고 생각한다.

하물며 없는 존재를 가지고 우리가 갑론을박 하는 것은 무엇 때문일까? 없는 존재를 있는 것과 같이 인식하는 것은 수많은 사람들의 동의가 필요하다. 존재 없음을 존재자로 인식하게 하는 갈등을 사람이 만들어 놓았다. 종교적 분쟁이 말해주고 있다. 평화가 사라졌다.

보통 현실에 없는 존재가 있다고 믿는 것을 종교라고 한다면, 존재자를 부정하는 것이 무신론자일 것이다. 유신론자는 무신론자를 안타까운 시선으로 볼 수 있다. 반대로 무신론자들도 유신론자들을 그렇게 바라보는 시각이 있다. 둘 다 이유 있는 시각이다.

내가 무신론자라 존재자의 존재를 부정했다. 결국 나 또한 유신론자의 존재자의 존재함을 인정하지는 않는다. 하지만 나는 그 존재한다는 신을 부정할 수는 없지 않은가? 왜냐하면 증명할 수 없기 때문이다. 없음을 증명한다는 것이 모순이다. 나는 증명할 수 없다.

사람 사는 세상에서 개인적 신념을 권력에 의해 재단하면 안 될 일이다. 현대는 다양성이 존중되는 사회로 진입했다. 다양성을 이해하는 폭이 넓어져야 한다. 그 방법은 올바른 교육에서부터 출발할 것이다. 그렇지 않으면 뿌리 깊은 종교적 신념과 그 반대의 무신론의 갈등은 인간 종이 사라지면 끝날 것이다. 둘 다 존중받아야 할 일이다.

현실적인 시각에서 내가 바라보는 사람의 존재 없음-존재 있음-존재 없음을 이야기 하고 싶다. 사람 사는 세상에서 우리는 수많은 죽음에 대해 이야기를 듣는다. 나와 직접적인 관계가 없는 죽음은 별로 슬퍼하지 않는다. 그 관계망에 내가 존재하지 않기 때문일 것이다. 무관심 속에 우리는 수많은 죽음이라는 사라짐을 경험한다. 지금 이 순간도 이어지고 있다.

우리 인류가 정해놓은 시간의 시작은 있다. 하지만 이전에는 무엇이 있었나? 질문 자체가 모순이다. 영원한 과거에 잠깐의 현재, 영원한 미래가 있을 뿐이다. 여기에 우리의 이야기가 잠깐 끼어든다.

사람은 없음에서 잉태하여 잠시 존재자로 있다가 다시 없음으로 간다. 흐름을 시간이라고 정해놓고 이야기 하는 우리이다. 무한한 시간 영역에서 찰나를 존재하고 가는 것이다. 우리는 없음이다. 사람은 없음에서 왔기에 없음으로 돌아가는 거라 생각한다. 슬퍼하는 영역은 살아있는 자의 몫이다.

내 자신이 없음이었는데 없음으로 가는 것은 되돌아가는 것이 아닐까. 단지 잠깐의 있음이 의미일 뿐이다. 전과 후는 그냥 없음이다. 의미도 아니다. 차갑고 어두운 우주공간이 없음이고 의미 없는 곳이다. 그래서 사람이 죽으면 돌아갔다고 하는가 보다. 참으로 위로가 되는 말이다.

소크라테스는 이성의 두 가지 근본 관심을 이야기 했다. "너 자신을 알라" 현재의 자기를 인식하는 능력을 기르라는 것이다. 내 자신을 바로보고 지금 여기를 포착하는 역량을 기르라는 의미일 것이다. 또 다른 하나는 "너 자신을 돌보라"이다. 이는 실천적 자기 도야의 명령일 것이다. 이상적인 삶과 가치에 대한 질문을 스스로 하게 하는 일이다.

소크라테스가 이야기 했던 자기 인식의 명령보다 더, 우리 인간이성의 궁극적 사명이 또 있을까? 자기로부터 출발하여 관계하는 우리들이다. 인간이성의 궁극적 사명은 나를 아는 것이라 생각한다. 지금 여기에 바로 서보겠다는 다짐이 나를 알아가는 출발이라고 생각한다.

그래서 나는 찰나를 사랑해야겠다. 찰나의 짧음을 알아야겠다. 찰나의 순간을 쪼개보면 나를 볼 수 있다. 두려워하거나 슬퍼할 필요도 없다. 사람이라는 존재가 없음에서 왔는데 없음으로 가는 것이 슬픈 일이겠는가? 없음에서 있음을 만나 잘 있다가 없어지는 것이다. 지금 여기 내가 있다는 것이 중요하다. 나를 알아가는 순간이다.

나를 팔아
부자가 되고 싶습니다

나는 나이 50이 넘었다.

주위 사람들의 눈총이 두려운 나이가 된 것이다.
그 나이에 뭘 하고 살았는지 되물어 보는 시기이다.
이제까지 뭐하고 살았나?
나에게 물어볼 시간이 많아졌다.

사람은 실수도 하고 의도하지 않는 일에 가담도 한다.
나도 모르게 요령을 피우며 무임승차도 한다.
내 의지와 무관하게 타인에게 피해를 줄 수도 있다.

사악한 의지로 타인에게 피해를 주며 사는 사람도 있다.

사람은 의심하고 질투나 시기심을 가지고 남을 헐뜯는 행위도 한다.
집단 이념에 동참하여 상대 집단과 결투도 마다하지 않는다.
사람은 큰 뜻에 동참하는 의지도 발휘한다.
불타는 사랑도 꿈꾸며 이성에 목말라 한다.

사람은 누가 알아주지 않아도 타인을 위한 희생도 기꺼이 감행한다.
나를 알아주기를 애써 바라면서
"나는 이런 사람입니다"라고 광고하는 사람도 있다.

사람은 이룰 수 없는 꿈을 찾아 그냥 직진도 한다.
살아가는 것이 힘들어 이 세상에 아무 느낌이 없는 사람도 있다.
한 번 더 용기를 가지고 일어서 보려는 사람도 있다.

자기가 처해 있는 상황에 묵묵히 소임을 다하며 살아가는 사람도 있다.

인류가 이제까지 살아남은 이유가 절대 다수의 이런 사람들 때문이다.

사람은 할 수 있는 일이 무궁하다.
이러한 행위는 사람이기에 가능한 것이다.
좋음이 되었든 나쁨이 되었든
사람 사는 세상에 일어날 수 있는 당연한 일이다.

기업에서는 상품만 파는 것이 아니다.
청소기라는 역할에 그 청소기의 가치가 포함된 것을 판매한다.
청소기의 가치는 청소기를 뛰어 넘는 기능으로 인정받는다.

나는 왜 여기에 있을까? 무엇을 알고 있는 건지?
무엇을 추구하면서 살고 있는 걸까?
뒤를 보게 하는 나에게 던지는 질문이다.
나에게 가치를 물어보는 것이다.

사람은 세상에 태어나 자식으로 부모로
사회 구성원으로 살다가 돌아간다.

내가 나의 가치를 높이는 것은
뒤를 보고 반성하는 행위이다.
자식으로써 부모로써 사회 구성원으로써
기능적인 역할을 넘어서야 한다.

살면서, 나는 왜 여기에 있을까? 무엇을 알고 있는 건지?
무엇을 추구하면서 살고 있는 걸까?
질문을 자주 던져 보아야 한다.

~로써 도구로만 기능하는 사람보다
~로서 자격을 갖추고 가치를 상승시켜 보겠다는 의지를 가져야 한다.
우리는 앞으로 자식으로서 부모로서 사회구성원으로서
살아야 한다.

스스로 나의 수준 높은 가치를 팔면서 살아보기를
스스로 응원하여야 한다.

알 깨고 나갑니다

'결혼을 졸업한다'는 '졸혼'은 2004년 일본 작가 스기야마 유미코의 『졸혼을 권함』이란 책에서 처음 사용한 용어이다. 이혼하지 않고 혼인 관계는 유지한 채, 남편과 아내로서의 의무와 책임을 벗어나 각자의 여생을 자유롭게 사는 것을 뜻한다. 우리 인류는 남녀 간의 성행위의 산물이다. 그 중심에 결혼제도가 있다.

우리가 사는 동양은 유교적 문화의식이 강하게 표출되는 지역이다. 남성이 우위에 있으면서 가정을 이끄는 데 남성의 절대적 지위가 행사되는 문화이다. 여성의 역할은 가정에서 살림을 하고 아이들을 양육하는 역할을 하여왔다. 하지만 최근에 여성의 사회 진출이 본격화되고, 남성위주의 사회적 작동시스템이 여성이 참여하는 시대로 변화되는 시대이다.

대표적으로 과거 여성이 운전을 하면 신기하게 보았던 시대가 있었다. 차를 운전한다는 것은 남성의 전유물이었다. 지금은 성인 여성이라면 대부분 운전면허를 취득하고 운전을 생활화하는 시대이다. 시대가 변할수록 남녀 간의 종속적 관계가 평등적 관계로 이동하는 추세이다.

이러한 사회적 변화는 여성이든, 남성이든 각자의 자기인식의 강도가 높아졌다고 볼 수 있다. 자식을 위한 타인을 위한 나보다 자기의 자아실현의 목적의식을 더 많이 가지는 시대로 변한 것이다. 그래서 졸혼도 하고 황혼이혼도 하고 서로 맘에 안 들면 이혼을 하고 각자의 인생을 다시 설계하는 시대로 진입한 것이다.

나를 알아채고 창조하는 시대를 우리는 살고 있다.

대한민국 현대사를 보면 집중적으로 1961~1979년은 '멸사봉공'의 시대로 집단을 우선시하고 개인은 없었던 시대였다. 국민들의 의식 속에 자리잡고 있었던 '패러다임'이 고착된 것이다. 자연스럽게 '나'라는 존재가치를 집단에 의해서 무력화하는 시대를 살았던 것이다.

이제 우리는 변화에 대한 두려움을 갖지 않는다. 시작하고 도전하고 변화시키는 주체로 거듭난 것이다.

노래 경연장의 미디어를 본 적이 있다. 각기 출연자의 특색을 살려 기존 노래를 각색하여 보여주는 것이다. 심사를 맡은 이들은 심사기준을 나름 정하고 있을 것이다. 출연자 중 한 사람이 우리가 접하지 못했던 독특하고 창의적인 노래를 들려주었다. 신선하고 충격적이고 매력이 있었다. 하지만 심사위원들은 쉽게 그에 대한 공감을 백프로 갖지 못했다. 낯설기 때문에 당황하는 것이다.

변화에 대한 두려움과 우려가 교차하는 것이다. 심사위원들은 기존의 음악세계의 틀을 처음에는 깨지 못하였다. 낯설어하는 것이다. 낯설음을 쉽게 수용하지 못하는 기존의 사고의 틀이 더욱 지배적이라는 것이다.

그는 처음에는 선택을 받지 못하고 중간에 탈락하였다. 심사평은 무한하게 칭찬 일색이었으나, 최종적 선택에는 배제되는 현상이 이어졌다. 하지만 패자 부활전에서 다시 살아남아 최종 우승을 하였다. 나는 이러한 결과에 심사위원들께 존경을 표현하고 싶다. 낯설고 생소한 음악장르에 힘을 실어주는 평가는 대단했다. 음악장르의 패러다임을 바꾸는 데 일조한 셈이다.

우리는 지나간 역사 속에서 주류를 이루어 왔던 대세적 사상의 틈바구니 속에 갇혀 살아 왔다. 그러한 흐름을 살펴보면 대충 이렇다.

우리가 아는 아리스토텔레스는 『니코마코스윤리학』에서 지식을 다음의 네 가지로 분류하였다. 첫 번째는 지혜를 탐구하려는 여러 가지 활동의 지식을 '소피아'로 칭했다. 두 번째는 우리가 사용하는 물건이나 건물 등의 제조자가 가지고 있는 장인적 기술의 지식을 '테크네'로 칭했다. 세 번째는 과학이나 기술의 전반적 지식을 '에피스테메'라 하였다. 마지막으로 실용적 지식을 '프로네시스'라 하였다. 프랑스 철학자 미셸 푸코(1929~1984)는 특정한 시대를 지배하는 인식의 무의식적 체계, 혹은 특정한 방식으로 사물들에 질서를 부여하는 무의식적인 기초를 '에피스테메'라 칭했다. 푸코는 에피스테메를 권력과 지식이 작동하는 특정한 시기의 기본적 주류를 형성하는 담론 체계를 의미한다고 하였다.

미국이 과학사 학자 겸 철학자인 토마스 쿤(1922~1996)은 그의 저서 『과학혁명의 구조, 1962』에서 어떤 한 시대 사람들의 견해나 사고를 지배하고 있는 이론적 틀이나 개념의 집합체를 '패러다임'이라고 하였다.

이러한 현상을 보면 그 시대의 중심사상을 생산하고 피지배자들에게 주입했던 사람들은 권력자들이었다.

현대를 살아가는 우리는 특정한 방식의 질서와, 시대를 지배하는 에피스테메와 패러다임에 종속되어 있는 것은 아닌지 의심해 보아야 한다. 다수의 의견이 지배하는 시대에 소수의 의견이 이러한 지배적 담론에 끼어들지 못하고 있는 것일 수도 있다.

우리의 생각이 거대한 집단의 패러다임에 지배당하고 있다. 그래서 우리는 이 시대의 거대 질서와 패러다임의 테두리에서만 생각하고 살고 있는지도 모른다. 무의식적으로 말이다.

이러한 현상은 세계화시대에 더욱 심화되는 분위기다. 교류의 단절에서 오는 독특하고 특정 지워지는 구분은 사라지는 것이다. 모든 것이 표준화되고 통합되어가는 시대이다. 여기에서 새로움이나 혁신적인 발상은 거대집단에게 소외된다. 다만 거대 집단에 의해서 혁신과 창조는 이어진다.

헤르만 헤세의 소설 『데미안』에서 인상 깊은 구절이 있다. "새는 알에서 나오려고 투쟁한다. 알은 세계이다. 태어나려는 자는 하나의 세계를 깨뜨려야 한다." 나를 가두고 있는 좁은 세계에 머물지 말라는 메시지인 것이다. 우리가 살고 있는 시대의 어떠한 기준, 이념, 사회적 통념에서 탈피해 보려는 시도가 있어야 한다.

한 시대의 주류를 이루는 흐름을 변화시킨다는 것은 어려운 일이다. 21세기의 우리가 사는 현재는 어떤 사람들이 변화시켰을까? 현재의 무거운 담론 장에서 거부할 수 없는 지배적 지식과 일반화에 반기를 들었던 사람들이 있었다. 아무도 하지 않는 일을 시도했다. 가보지 않는 곳을 가보았다. 그들은 니체가 말한 것처럼 반시대적으로 생각하고 반시대적으로 행동했다. 그래서 그 시대를 진일보 하는데 영향을 미쳤던 것이다.

지난 역사에 반시대적인 그들이 없었다면 오늘의 우리는 어떠한 삶으로 여기 있을까. 나는 여기서 비판하고 싶다. 기술과 과학적 진보에 대한 무한 질주로 인해 인간 스스로가 그것에 소외당하는 현실은 안타까운 일이다. 인간이 창조한 물질, 문명에 의해 인간이 소외당하고 쓸모없어지는 현상이 많아지고 있다.

인간의 삶에 대한 의미를 생각한다면 우리가 발명하고 발전시킨 것에 대해 소외당하는 일은 없어야 한다. 시대를 지배하는 패러다임이 권력의 힘과 어우러지는 것은 진정한 인간 세계가 아닐 것이다. 권력이나 지식의 우월함이 인간이 지향하는 목적도 아닐 것이다. 그것은 단지 권력에 의한 지배일 뿐이다. 새로움을 창조하거나 거대 권력에 맞서는 것은 패러다임의 이동을 내포하고 있다. 하지만 인간은 한 번 가진 권력을 쉽게 양보하지 않는 습성이 있다. 그래서 살가죽을 벗기는 '혁신'이 어렵다는 것이다.

우리를 둘러싸고 있는 생각의 고리를 깨고 새로움을 발견하는 곳을 바라봐야 한다. 아리스토텔레스가 이야기 하는 지식의 네 부류에서 우리가 얻어야 할 것이 있다. 단편적인 앎도 있고 구조적인 관계를 생각하는 지식도 있다. 내가 생각하기에 여기에서 가장 중요한 지식을 꼽으라면 이것이다.

특정상황에 어떻게 행동하는 것이 적절한지 판단하는 능력인 '프로네시스'의 지식이다. '신중'하라는 메시지인 것이다. 지금 우리가 여기를 살아가는 데 가장 필요한 지식이고 역량을 키워야 하는 지식이라고 생각한다.

'프로네시스'의 실천은 의외로 쉬울 수 있다. 조금만 더 고민해 보는 습관이 있다면 가질 수 있는 역량이다. 무슨 일을 하든지 지금 현재를 의심해 보고 더 좋은 길을 찾아보려는 습관일 것이다. 시의적절한 판단을 위한 시작점이다.

우리를 지배하는 틀에서 벗어나는 일은 쉬운 일이 아니다. 사람이 한 시대를 살아가는 데 시간이 무궁하게 주어지는 것도 아니다. 현시대의 단단한 지배적 담론을 변화시키는 것은 변화를 원하는 사람들의 연대이다. 헤르만 헤세의 『데미안』에서 우리가 배워야 하는 것은 이것이다. 내가 여기에 존재하는 알 속이 전부가 아니라는 인식을 갖는 것이다. 내가 혹시 작은 알에서 안주하고 있는지 고민해 보는 것이다. 그 알을 깨려는 시도는 다른 세계로의 여행의 시작이자 변화이다.

*우리는 원래
착한 바보였습니다*

인간은 태어날 때 본질적으로 순수함으로 태어난다. 세월이 흐르고 세상과 관계함으로써 인간 본성의 변질이 시작된다. 나의 인생 50년 동안 내가 만나본 사람들이 많이 존재한다. 나를 객관화하여 돌이켜 보는 시간도 가져 보았다. 지나간 일이지만 흐뭇했던 일보다는 후회할 일이 많다. 내가 잘못한 일들도 많다. 모든 일이 사람과의 관계에서 비롯되었다.

나에게 교훈을 남긴 사람들도 많다. 공부하면서 인연을 맺었던 교수님들, 특히 나에게 독서를 적극 권장하고 좋은 책들을 추천하셨던 교수님이 생각난다.

나를 힘들게 하는 사람들도 있었다. 당시에는 원망스럽고 힘들었지만 지나고 나니 모두 다 내 인생의 스승이었다.

나를 좋게 인도하든지 아니면 고달프게 하든지 그들은 나에게 의미였다. 단지 내가 그들을 어떻게 해석하는가에 따라 다름이 있었을 뿐이다. 결국 모두가 나에게 이로움이었다.

인간본성의 기본은 자기만을 위한 이기적인 본능을 우선으로 한다. 인간이라는 종(種)이 600만 년 동안 진화하면서 발단된 기본적 감정이다. 자기만을 위하고 자기 집단을 위하는 생존을 위한 필수적인 감정의 진화였다. 시간이 흘러 인간의 문명이 발달하면서 사람들은 예의를 갖추게 된다. 자신을 더 돋보이게 하려는 의지가 발달하게 되었던 것이다. 사람다움으로 진입하는 단계로 발전하게 된 것이다. 그 바탕에 도덕성이 있다고 생각한다. 사람 사는 세상에 인간이 지켜야 할 도리나 바람직한 행동기준이다. 우리는 대부분 무엇이 인간 도리이고 바람직한지 성장하면서 알게 된다. 이것은 실천적 문제이다. 국가가 가지고 있는 법률적 기준에 의한 것보다 앞선 것이 두덕일 것이다.

법이 우리를 구속하는 것은 자유를 박탈하는 것이다. 법이 없었던 시대에 우리는 자유를 잘 사용하였다. 인간이 집단생활을 시작하면서 자연스럽게 지켰던 자연법이 있었다. 서로 말하지 않아도 지키고 유지하려는 자유스러움을 갖고 있었다. 하지만 사회가 거대해지면서 인간은 이기적으로 진화한다. 소유한다는 개념이 생기기 시작하면서 인간은 타락하기 시작한다. 인간이 인간을 보호하는 수단인 법을 만들게 되는 원인이다. 나의 소유물을 타인으로부터 보호하기 위한 수단으로 법은 발전하였다.

지금을 사는 우리는 인간을 넘는 인간으로 거듭나는 과정이라고 생각한다. 우리에게 닥친 미래에 대해 휴머니즘을 넘어선 포스트휴머니즘으로 가는 과정이다. 인간본성이 시간의 변화와 구조적 영향으로 변화될 수 있다는 것도 알았다. 우리는 인간으로 태어나는 것이 아니라, 인간이 되어가는 과정에 있다. 인간으로 만들어지는 것이다. 인간이 사회적 동물이기는 하다. 환경에 의해 얼마나 많은 사람들이 변하고 있는가. 이러한 구조적인 문제를 생각한다면 인간은 주변 환경에 지대한 영향을 받는 '환경적 동물'이기도 하다.

영화 '포레스트 검프'에서 주인공은 불편한 다리와 남들보다 조금 떨어지는 지능을 가지고 태어났다. 사회의 편견과 괴롭힘 속에서도 따뜻하고 순수한 마음을 지니고 살아간다. 여기에서 내가 주인공의 내면을 엿본 장면이 있다. 첫사랑 '제니'와의 사이에서 태어난 아들을 만나면서 제니에게 질문하는 장면이 나온다. 주인공이 보여주는 표정은 무언가를 알고 싶은 신호가 있었다.

제니에게 질문을 하는 찰나의 순간, 간절함을 나타내 보이는 얼굴 표정의 장면이 있다. 아들이 나와 같은 사람이 제발 아니기를 바라는 간절함이 순간적으로 스쳐지나간 것이다. 그 애절한 눈빛은 간절함이었다.

제니의 답변에서 아주 똑똑하고 착한아이라는 말을 듣고서야 그는 미소를 짓는다. 그리고 아들에게 다가가서 따뜻하게 안아주는 모습을 보였다. 주인공은 알고 있었다. 자기 스스로 다른 사람과 다르다는 것을 느끼고 있었던 것이다. 아들이 나와 같은 삶을 살아가지 않기를 바라는 마음이 간절했을 것이다.

그는 순수함을 벗어날 수 없는 사람이었다. 그렇게 태어났고 그러한 삶을 살아갈 운명이었다. 다른 사람들이 그를 이용하고 무시하고 외면해도 그는 그 자신이었다. 포레스트 검프가 보여준 이미지는 우리들이 바라는 인간 본성일지도 모른다. 그는 모든 사람들에게 감동을 주었다.

우리가 일부러 지능을 떨어뜨리고 살 수는 없다. 포레스트 검프처럼 인생을 살 필요는 없다. 하지만 우리는 인간 본성의 순수함을 여기에서 찾아야 한다. 원래 우리는 포레스트 검프 같은 사람이다. 포레스트 검프는 변하지 않았고 다른 이들이 변했을 뿐이다.

인간 본성에 대해 각기 다른 의견이 있을 것이다. 내가 보기엔 인간 본성은 하얀 도화지에서 시작한다고 생각한다. 그다음 그려지는 인간 본성은 환경과 자기의지에 의해 새롭게 그려진다고 생각한다.

내가 세상에 태어나 오염되고 변화되는 주체일 뿐이었다. 우리는 순수함이 무엇인지 안다. 그것을 유지하기가 얼마나 힘든 일인지도 안다. 인간의 지식이 모든 것에 대해 올바르고 바람직한 것으로 사용되지 않는다.

우리는 살면서 지식의 축척과 경험으로 오염되고 순수함을 잃어간다. 많은 사람들이 포레스트 검프에게 감명을 받는 이유는 간단하다. 내가 그렇게 되고 싶다는 고백이다. 순수함을 잃어버린 자신을 되돌리기 어렵다는 자책이며 자기위로이다.

인간이 동물과 다른 점은 언어를 구사하고 정치적 능력이 있다는 것이다. 정치란 좁게는 국가를 다스리는 권력을 차지하기 위한 모든 활동이다. 넓은 의미로는 사회생활을 하는 중 사람들 사이의 의견 차이나 갈등을 해결하는 활동이다.

이러한 능력을 가지고 인간 본성을 만들어 가는 것이다. 600만 년 전 아프리카 대륙에서 변변치 못하게 태어난 인간. 지구의 주인이 어떻게 되었나? 언어를 가지고 허구적 상상으로 신화, 전설, 종교 등을 발명하였기 때문이다.

7만 년 전 언어를 발명하고, 1만 2천 년 전 정착하여 도시를 형성하였다. 동물을 가두어 기르는 가축화를 실현하였다. 그러한 인간이 불과 500년 전 과학과 기술을 결합하는 알고리즘을 발명 하였다.

물질과 문명을 발달시킨 인간의 나약함은 지금도 지속되고 있다. 끊임없이 나를 드러내는 작업에 몰두하고 있으며 불안해 하고 있는 것이다. 인간의 얼굴을 한 인간 본성은 불평등에 대한 두려움을 갖고 있다. 스스로 불완전함에 대한 두려움도 있다. 무엇을 결정하는 것에 대한 두려움을 간직하고 살고 있다. 인간의 가장 깊숙한 내면에서 울리는 허무주의에 대한 두려움이 존재한다.

그리스 최초의 철학자 탈레스는 세계를 구성하는 자연적 물질의 근원을 물(水)이라 하였다. 물은 스스로의 변화에 의해 다양한 만물을 형성한다. 인간은 물 없이는 살 수 없다. 생물학적으로 물이 없다면 우리는 곧 죽음으로 이어진다. 인간은 만물의 영장으로 거듭났다. 동물로서의 만물의 영장이 된 것은 물을 다룰 줄 아는 능력을 가지고 있기 때문이었다.

인간으로 태어나 인간으로 되어가는 과정은 동물과는 좀 다르지 않겠는가? 21세기의 현재와 미래에는 인간이 더 높은 인간으로 되어 가는데 있어 근본적인 질문을 던져야 한다.

자연을 이루고 만물을 형성하는 데 물이 있다면, 인간을 인간답게 형성하는 데는 도덕적 능력을 찾아봐야 할 것이다. 우리가 도덕적 능력을 배양하고 형성하는 데 힘을 더 들인다면, 자연에 존재하는 물의 역할과 같은 것이 될 것이다.

사람으로서 지켜야 하는 도리나 바람직한 행동을 도덕이라고 하였다. 도덕성이 사람 사는 세상에 높은 인간적 가치가 생산되는 기본적 발아요소가 아닐까?

인간의 진화는 무엇보다 자기반성으로부터 시작하여, 현재보다 개선된 진보를 갈망해서 나온 결과물일 것이다. 인간이 갖추어야 할 최고 덕목이 도덕이라고 한다면, 도덕적으로 되어가는 과정에서 우리는 뒤돌아보며 살아야 한다.

스티븐 핑커는 『빈 서판』에서 사람들은 누구나 다 인간 본성에 관한 나름의 이론을 가지고 있다고 했다. 사람들은 다른 사람들의 행동을 예측해야 하는데, 이를 위해서는 무엇이 사람들을 움직이는가에 대한 이론이 필요하다. 우리가 사람들에 대해 생각하는 방식에는 인간 본성에 대한 암묵적인 이론이 깊이 잠재해 있다. 스티븐 핑커의 '빈 서판' 비판은 나름 의미가 있다. 인간 본성은 유전적 요인을 동반하고 있다는 것이다. 하지만 인간은 유전적 본성이 있다고 하더라도 얼마든지 감정과 이성의 작동으로 본성이 변화되고 있다는 것을 말하고 싶다.

그리고 그러한 변화가 유전된다고 생각한다.

핑커가 이야기한 '인간 본성은 문제이기도 하지만 또한 답이기도 하다'라는 의미는 인간 스스로 만들어가는 원인과 결과라고 말하고 싶다.

인간본성은 변한다. 그리고 유전된다.

다른 면으로 본다면 인간이 인간을 알아야 한다는 것이다. 나에게 이로움으로 작용하면 서로 관계를 유지한다. 그 반대의 경우는 배제하는 것이 인간이다. 이 중심에 도덕이 전적으로 작용하는 것은 아니다. 다만 나에게 이로움과 해로움을 구분하는 데 작용하는 인간 본성의 기준이 있을 뿐이다.

나는 인간본성을 자기만을 생각하는 이기적인 단계에서 차츰 도덕적 판단을 요구하는 공감능력의 발전으로 거듭난다고 생각한다.

우리사회에서 보여지는 인간의 이기적인 발상은 파괴적인 부분이 많다. 개인이기, 집단이기가 불러오는 현상은 나와 생각이 다르고 나와 내가 속한 집단과 이념이 다른 사람과 사람들을 배제한다.

포레스트 검프가 보여준 행동은 이 세상 모든 것에 대한 공감이었다. 적이 있을 수 없고 적을 만들어 낼 수 없는 구조이다. 물과 같은 존재라는 것이다. 우리는 원래 착한 바보임에도 불구하고, 어울리지 않는 가면을 너무 두껍게 쓰고 다닌다.

프리드리히 니체의 "인간은 확정되지 않은 동물이다. 끊임없이 변화하고 진화하는 동물이다"라 말한 것은 적절하다.

*자유롭고 뿌리가 깊은 사람은
스스로를 익어가게 만듭니다*

사람 사는 세상에서 우리는 수많은 사건과 사고에 직면한다. 사건과 사고에는 내가 스스로 일으키는 일도 있다. 반면 나의 의지와 상관없이 외부적 원인에 의한 일과도 마주하게 된다. 사건과 사고에 직면할 때 우리는 당황한다. 예기치 않은 일이기 때문이다.

교통사고와 같은 우연한 일을 우리는 겪을 수 있다. 상처를 입을 수 있다. 치유하면 되는 일이고 수습하면 되는 일이다.

살다보면 나에게 크나큰 사건이 발생하기도 한다. 가까운 사람의 죽음이나 나에게 닥치는 우연한 큰일이 그것이다. 사건에 우리는 인생의 전환점을 마주한다.

변화됨을 마주하는 것은 인간에게 주어지는 고통일 것이다. 고통은 인간에게 숙명이다. 고통은 고통을 긍정할 수 있는 강자에게 삶을 긍정한다. 고통을 극복하는 강자는 자유로운 인간이다. 고통에 굴복하는 노예적 삶은 유쾌하지 않다. 우울감과 무력감에 자기를 포기하는 지경에 이를 수 있다.

　나와 관계하는 것에 대해 나에게 기쁨을 주는 것에 대해 집중해야 한다. 관계의 복잡함에 대해 본능적으로 나를 느껴보는 감각을 기르는 것도 좋다. 나의 의지와 상관없이 내가 느끼는 대로 기쁘면 관계는 좋은 것이다. 반면 불편하고 어딘지 어색하면 나를 축소시키는 요인이다. 관계를 점검하는 시간이 필요함을 알려주는 것이다. 올바른 판단의 능력이 발휘되는 시점이다. 멈추고 보아야 자세히 볼 수 있는 것이다.
　내가 생각하는 만큼 이 세상은 나에게 현실적으로 다가올 수 있다. 우리가 꿈꾸는 범위에 따라 보여지는 세계는 다채롭다. 내안에 있는 것에 머물러 있으면 범위는 좁아진다. 시야를 밖으로 돌려 모든 사물에 능동적으로 매혹당하는 능력을 발견하면 좋다. 쓰다가 버리는 것이 아니라, 사물에 매혹당해서 뜻하지 않는 세계로 신입하는 자유로움을 발견하는 것이다. 사물도 좋고 사람도 좋다. 나와 다른 세계를 이어보는 실을 발견하는 것이다.

오늘 내 앞에 있는 사물에 대해 시각과 감각을 동원해 보자. 관심을 주는 것이다. 그것의 반응을 온몸으로 느껴보는 것이다. 편견은 필요하지 않다. 두 가지의 양면을 보는 것보다, 경계를 허무는 중립적 사고로 그것을 바라보자. 즉 그것의 유용한 쓰임새에 마음을 주어보는 것이다. 나의 품격이 여기에서 발휘된다.

자유로운 사람은 자신에게 소유하는 것이 아무것도 없을 때 빛을 본다. 궁상떨지 않는 사람은 없음에도 자기 삶을 자기 스스로 설계하는 능력을 발휘한다. 없다는 것에 대해 자유스럽다. 스스로 극복하는 능력이며, 자기를 자유롭게 만들어 가는 시작점이다.

질 들뢰즈는 차이와 반복에서 넘어섬의 경험을 이야기 한다. 초월적 경험은 피할 수 없는 만남에서 온다고 한다. 감각의 자유는 불편함을 감내하고 극복하는 데서 우리에게 다가온다. 그 경계를 넘어서지 못할 때 우리는 불편함에 노출된다.

나의 자유로움을 외부의 영향으로 구속시키는 것은 불행이다. 과거에 얽매이지 않고 현재를 받아드리고 미래를 수용하는 것이 시간을 사는 우리들의 자연스러움이다. 내 기준대로가 아닌, 왜? 그랬을까를 물어보는 여유로움의 넓이이다.

자유란 내가 생각하는 것과 믿고 있는 것에 대해 질문해 보는 자세이다. 나의 감정을 내가 지배하는 순간 나를 자유롭게 한다. 나라는 존재를 완벽한 공통체로 바라봐야 한다. 내가 나의 지배자가 되어야 자유스럽다.

우리 자신을 무한한 능력자로 키워나가야 한다. 자신의 능력을 믿고, 밀고 나가는 힘을 기르는 것이다. 우리의 능력은 향상될 것이고 세상사에 두려움이 사라질 것이다. 자기가 하고 싶은 일을 늦더라도 시도해 보는 것이다. 이것이 자기의 삶이고 자유로움의 결정체일 것이다. 다른 사람의 욕망을 내가 수행하는 것이 아닌 나만의 삶이다.

타자로부터 인정받기 위한 욕망의 노예로 살지 말아야 한다. 날선 자존심으로 나를 버리는 일은 없어야 한다. 그저 웃어 넘겨 볼 수 있는 자긍심을 기르는 긍정의 긍정을 발견해야 한다. 자신을 뜻대로 부리는 자신의 주인이 되어야 한다. 너무 속도를 내어서도 곤란하다.

천천히 아주 조금씩 나를 손님으로 바라보며 느리게 가도 좋다. 늙어 죽을 때까지 배우는 것에 대해 열린 마음을 소유하면 된다. 내가 아는 지식과 지혜가 다른 이들을 넘어 설 수 있다는 자만

심은 위험하다. 내가 아는 지식은 먼지와 같다. 내가 갖은 지혜는 이 모든 공동체의 안전운행에 극히 일부임을 알아야 한다.

나 혼자만이 아닌, 나와 너와 우리가 만나 여기에 아름답게 살고 있다는 깨달음이 필요하다. 나 혼자만이 이룬 가정과 기업과 국가가 아니다. 공동체의 일부분인 우리가 가져야 할 현명한 마음가짐이다.

나무는 작은 묘목에서 자라기 시작한다. 성장한 나무가 되기까지 오랜 시간이 걸린다. 나무가 튼튼하게 성장하기 까지는 우리가 볼 수 있는 줄기나 잎을 먼저 키우지 않는다. 오랜 시간 동안 작은 양의 영양분으로 뿌리를 먼저 내리는 데 사용한다. 가뭄과 폭풍에 견디기 위한 준비를 하는 것이다.

나무가 성장하는 자연스러움이다. 나무는 자기를 안다. 이렇게 해야 크게 오래도록 자라기 때문이라는 것을 알고 있다. 사람도 이와 다를 바가 없다. 심지가 깊고 튼튼한 사람은 내, 외부적 영향에 쉽게 흔들리지 않는다.

내 안에 있는 세계와 내 밖에 있는 세계를 구분할 줄 아는 사람이 되어야 한다. 내 안에 있는 튼튼한 성을 만드는 사람이 중요하다. 뿌리 깊은 나무처럼 흔들림이 없는 사람이다. 그러한 사람은 세상이 보이는 것에 무작정 나를 맡기는 행동은 하지 않는다. 흔들림 없이 나만의 세계를 창조한다.

지금시대는 보여지는 것만을 가치기준으로 설정되는 사회이다. 나를 스스로 성장시키기 위한 출발은 나를 제대로 아는 것이다. 스스로 뿌리를 깊게 자라게 하는 나를 키우는 것이다. 겉으로 드러나는 성장이 아니다. 보이지 않는 성장을 먼저 하여야 한다. 그 다음 꽃피우고 열매가 익어가도록 하는 것은 쉬워질 것이다.

사람 사는 세상에서 우리의 존재는 시간과 공간에서 유효하다. 나의 삶을 시간과 공간에서 아름답게 꽃피워 가는 것이다. 그리고 그 꽃이 열매가 되도록 잘 가꾸어야 한다. 사람이 꽃보다 아름답다는 것은 무한한 가능성이다. 인간은 얼마든지 아름다운 꽃과 풍성한 열매를 생산해 낼 수 있는 무궁한 상상력을 가지고 있다. 스스로 타인에게 기쁨이 되는 향기로운 사람이 될 수 있다.

우리 모두는 잘 익은 홍시와 같은 숙성된 사람이 될 수 있다. 노자가 이야기 한 있음과 없음의 조화로움을 아는 품격을 갖춘 사람이다. 내가 여기 있는 것도 없음에서 있음으로 다시 없음으로 돌아가는 자연적 현싱의 일부이다.

그 중심에 내가 여기 있다고 생각한다. 우리는 살아있음에 감사하고 사지 멀쩡한 것에 더욱 감사해야 한다. 주위의 모든 것이 쓸모 있음을 아는 것이 참다운 나를 발견하는 것이다. 이것이 스스로를 익어가게 하는 진정한 자유인이 실천하는 지혜로움이다. 자기의 정체성을 올바르게 확립한 뿌리 깊은 사람이 사람다움으로 가는 길목을 발견할 것이다.

Part 05

조각

나는 나이 50이 넘어서도 아직 내가 누구인지 모르겠다.
확실한 것은 없고 부족한 나를 발견하는 시간의 연속이다.
50년의 세월이 결코 짧은 시간은 아닐 것이다.
이제야 겨우 나를 좀 알아보는 과정으로 진입했을 뿐이다.
한 조각 한 조각 주워담아 모양새를 만들어 보고 싶다.
좋은 작품을 만드는 능력은 부족하지만 형태라도 갖추고 싶다.

나의 조각을 찾아서 붙입니다

1. 정직하게 인생을 산다는 것은 불가능에 가깝다. 다만 그렇게 되기를 희망할 뿐이다. 오늘을 살면서 51%의 정직함이 위로가 되게 살아야 한다. 정직함을 높이는 것은 나에 대한 예우이자 같이 더불어 사는 사람들에 대한 존중이다. 나의 오랜 생존에 '정직'을 실천하면 유리하다. 바르게 사는 것도 중요하지만 사람은 경우에 따라 실수도 많이 하고 산다. 그에 대한 솔직함을 표현할 때, 정직하다는 것을 이야기할 수 있다.

2. 예술을 모르면 인생살이에 양념이 빠진 듯하여 재미가 없다. 살면서 악기 하나는 마스터해야 한다. 음악을 알고 흥겨워 하

는 나를 발견해 보자. 사람과의 관계에서 지칠 때 스스로 위로하는 방법이다.

3. 나의 고집이 있다는 것은 좋은 것이다. 독립적 사고가 있다는 반증이다. 창조적인 발상이 많이 생산되는 지점이다. 사회생활을 하면서 예스맨이 되지 않아야 한다. 나의 주관적 사고를 기르면서 객관적인 의견이나 현상에 대해 폭넓은 시야를 가져야 한다.

4. 인간의 뇌는 게으르다. 너무 많은 계획을 세우지 말아야 한다. 나의 뇌는 따라가지 못한다. 스스로의 능력을 살펴보고 할 수 있는 쉬운 일부터 차근차근 이루어가야 한다.

5. 종이 신문의 사설이라도 챙겨보는 습관을 가져라. 세상사 흐름에 귀 기울려 나만의 정체성과 가치관을 형성해 놓은 것이 좋다. 관계 맺는 데 있어 태도나 행동을 하는 데 유용하게 쓰인다.

6. 하루에 1페이지라도 책을 읽겠다는 다짐을 하고 실천해라. 항상 책을 가까이 하는 습관을 가져야 한다. 경험의 세계는 한계가 있다. 과거에 먼저 깨달은 사람들과의 대화하는 좋은 방법은 그

들이 남겨놓은 흔적이다. 그 흔적에서 세상의 넓고 깊은 뜻을 알아가야 한다.

7. 홀로 생각을 하는데 시간을 투자해야 한다. 동물처럼 사는 사람은 동물로서만 취급을 받는다. 궁금하거나 의문이 있는 일이 있다면 멈춰 서서 생각해 보아야 한다. 그래서 스스로 살아 있다는 것을 느끼고 살아라.

8. 사랑하는 사람이 생기면 용기를 내어 적극적으로 표현해라. 사람은 언어라는 좋은 표현수단이 있다. 표현하지 않으면 상대는 나의 마음을 다 알지 못한다. 사람이 그렇다. 아니면 말고……. 용기를 내는 첫 걸음이다. 자주해 보면 익숙해진다.

9. 사회생활이나 동아리에서 한 번쯤 정의로운 일이 있다면 적극 참여를 해 보아라. 사람이 연대를 하면 얼마나 용기가 발산되는지도 경험해 보아야 한다. 사람이 위대하다는 것도 알 수 있다.

10. 자본주의 사회에서는 경제적으로 궁핍하면 안 된다. 정신적 육체적으로 자유스럽지 않다. 내가 하고자 하는 일에 걸림돌이

될 수 있다. 그렇다고 많이 갖기 위해 애쓰면 안 된다. 자본의 노예만큼 불쌍한 것도 없다. 다만, 절대로 빚지고 살면 안 된다. 돈 걱정에 삶이 초라해진다. 없이 살아도 어깨 펴고 머리 들고 똑바로 걸어가야 한다.

11. 나에게 도움이 되는 진실한 친구 두세 명을 만들어라. 평생을 우정으로 함께할 수 있는 사람이 있다면 인생이 풍요로울 것이다. 그러한 친구들을 만들기 위해서는 자신 스스로 그들을 유혹할 수 있는 능력을 갖추어야 한다.

12. 타인에게 인사를 잘 해야 한다. 인생을 살아가는 데 있어 진심어린 인사 습관이 갖추어 진다면, 평생 외롭지 않고 즐거울 것이다. 그러한 사람은 어디서든지 환영 받을 것이다. 가장 중요한 것은 좋은 곳에 발탁될 가능성이 아주 높다.

13. 나에게 스스로 질문거리를 찾아라, 그것에 대해 생각하는 시간을 가져보아라. 해결하는 방법도 나온다. 인간뇌가 게으르지만 지속적으로 느리게 작동은 하고 있다. 하나하나 쌓이면 무의식적으로 어떤 문제에 대한 해결 재능이 높아진다. 은근히 재미있다.

인생의 궁극적인 목적이 무엇인지 고민하는 습관을 가져라. 한 번 왔다가 가는 인생에서 목적의식 없이 사는 인생은 허무하고 허무할 것이다.

14. 너무 안정적인 삶을 추구하지 말기 바란다. 때론 모험도 즐기면서 남다른 성취감을 경험하는 세계에 시야를 돌려 보아라. 그에 대한 조건은 윤리적, 도덕적인 범위를 벗어나면 안 된다. 인생에 의미는 모험에서 나오는 느낌으로부터 생산된다.

15. 사람은 언어라는 표현수단이 있다. 아무리 말로 나를 포장한다고 해도 한계가 있는 것이다. 반드시 말에 대한 책임인 행동의 실천으로 타인에게 신뢰를 주어야 한다. 완벽하게 말에 대한 실천을 하기는 어렵다. 말을 아끼든지 실천할 수 있는 말만 하든지 해야 한다.

16. 독서를 생활화하면 이렇게 될 가능성이 많다. 언어를 바르게 사용하게 되고, 생각하는 능력을 높이며, 윤리적인 가치관을 형성하는 데 도움이 된다. 무조건적인 수용적 자세를 줄일 수 있다. 일과 사람 관계에서 건전한 비판적 자세를 갖출 수 있다.

17. 마음에 온도를 높일 줄 아는 사람이 사람다움이다. 항상 따뜻한 마음을 가져라. 타인을 배려하는 마음자세는 인간이 삶을 영위하는 데 기본이다. 타인의 아픔이나 어려움을 경청하고 공감하는 자세를 가져야 한다. 사회생활 하는 데 큰 이로움으로 작용할 것이다.

18. 나는 이러한 사람이다. 나만의 색깔을 만들어라. 깊은 철학적 가치관을 형성하고 살아라. 현재를 살면서 지금 보이는 세계를 포착해야 한다. 내가 어떻게 행동하고 실천해야 하는지도 고민해 보아라. 나의 좌표를 확고히 하는 것도 한 가지 방법이다. 목표를 정하고 그 목표에 도달할 수 있는 역량을 키우는 것이 좋다.

19. 사람 사는 세상에서 극복이 안 되는 일이 없다. 당장은 힘들고 지치는 일이 내 앞에 닥쳐오더라도 반드시 해결되리라는 믿음을 가져라. 어떠한 역경도 시간이 지나면 해결된다. 극한 고통이 심신을 힘들게 할 수 있다. 하지만 그 지점에서 다시 일어서 보아야 한다. 그러면 이미 그러한 역경은 과거가 되어 있을 것이다.

20. 스스로 자존감을 키워야 한다. 나 자신에게 떳떳하지 못하

면 스스로의 자존감에 상처를 주게 된다. 나를 사랑하지 않으면 타인과 관계할 때 부정적인 시각을 갖게 되는 요인으로 작용한다. 나의 자존감이 충만하고 자부심을 갖는다면 어떠한 일에도 두려워 할 이유가 없을 것이다. 또한 그 어느 누구도 함부로 나를 대우하지 않을 것이다.

21. 타인에게 물질적 심리적 부채를 얻는 것을 줄여야 한다. 타인에게 도움이 절실히 필요하면 손을 내밀어 보는 용기도 필요하다. 하지만 사람은 받는 것에 익숙하면 스스로 약해진다. 받아서 얻는 기쁨보다 베풀어서 얻는 보람과 기쁨이 더 충만할 것이다. 강한 자는 베풀면서 살고 약한 자는 한없이 받으려고만 한다.

22. 사회적 약자에게 마음을 표현하는 자세가 필요하다. 이 세상은 여유 있고 강한 사람이 세상을 이끌지 않는다. 보이지 않는 곳에서 묵묵히 자신을 드러내지 않는 수많은 선량한 개인과 집단이 있다. 그들이 세상을 움직인다는 사실이, 사실이다.

23. 내 주장과 의견이 모두 옳다는 단정을 하면 위험하다. 자기의 독선에 빠지면 안 된다. 내가 보는 모든 현상이 나의 기준만으

로 재단될 수 없다. 타인에게는 다양한 사고의 관점이 존재하고 있다는 것에 주목해야 한다. 내 주장을 펼치기 전에 다양한 시각에서 나오는 의견을 존중하라.

24. 이성간에 오래도록 관계가 지속되는 요인이 있다. 친절함이다. 이성 친구에게 항상 친절하게 대해야 한다. 친절한 사람에게는 적이 많을 수 없다.

25. 너 자신을 신뢰하라, 믿어보라, 실천하라. 타인에 의해 너의 정체성을 확립하는 것은 위험하다. 보여주기 위한 삶은 정체성을 버리는 것이다.

26. 산과 강, 바다 등 자연을 보고 감동하는 자세를 가져라. 생각을 구조화하는데 도움이 된다. 모든 것에 대한 다양성을 보라는 것이다. 아니요!라고 말하고 싶을 때는 그에 대한 논리적 설득력을 반드시 수반하여야 한다.

27. 생각을 깊게 하는 습관을 길러라. 생각을 많이 하다보면 삶에 대한 올바른 방향과 그곳으로 가는 길이 자연스럽게 보이게 된

다. 그 지점에서 지혜가 스멀스멀 올라온다. 얕은 생각과 귀찮아하는 생각이 습관이 되면, 어느덧 나는 이 사회에서 노예가 되어 있을 것이다.

28. 모든 것은 시간이 해결해 준다. 지금 내가 겪고 있는 고통과 번뇌도 시간이 지나면 과거이다. 현실에 너무 집착하지 마라. 시간이 지나면 잊어지고 치유되어 있을 것이다.

29. 타인의 고통을 공감하여야 한다. 모든 것이 아픔이었다. 열매가 떨어질 때 그 아픔은 내게로 와서 너를 알게 하였다. 힘들었다고 외치는 것을 알았다. 나와 같이 다른 사람들도 아프고 힘들다.

30. 약속을 했으면 지키고자 노력하라. 상대에게 불신에 대한 상상력을 키우게 하는 나태함을 보여주지 마라. 결국 신뢰 받지 못하는 것은 상대방에게 부정적 감정의 시간을 허용한 결과이다.

31. 집착과 집중을 구분하고 마음에 안정을 도모하여라. 마음을 한 곳에 머무르고 지속적으로 생각하는 끝에 고통이 따라오는 것은 집착이다. 이것은 파괴이며 괴로움이다. 반드시 버려야 할 생

각하는 방식이다. 또 다른 지속적인 생각인 집중은 책임질 수 있는 결과를 가져온다. 집중하기 위해 좋은 일과 계획에 대한 생각을 모으는 수양을 하여야 한다.

32. 이 세상의 모든 것은 변화하고 있다는 것에 주목하라. 언어를 사용하는 데 있어 쉽게 단언하는 것에 주의를 하라. 말을 할 때는 과거, 현재, 미래의 맥락을 포착하여야 한다. 말을 빨리 한다고 잘하는 것이 아니다. 과거에는 이랬는데 현재는 이랬습니다. 미래에는 이래야 합니다. 천천히 살펴보고 의견을 제시하라.

33. 과거, 현재, 미래의 시간에 스스로를 구속하지 마라. 단정지을 수 없는 흐름에 잠시 머물다 갈 뿐이다. 세상을 바라보는 관점을 크게 보아야 한다. 모든 일에 큰 포용력을 발휘하여야 한다. 흐르는 물처럼 살아라. 넓은 길을 걷는 자는 주변의 작은 소음을 품고 가야 한다.

34. 음주를 조심하여야 한다. 사람 관계에서 실수를 일으킬 수 있는 경우는 많다. 특히 음주로 인한 실수는 인간관계를 망치는 결과에 비중이 아주 높다. 절제하거나 끊어야 할 음식이다. 항상

맑은 정신으로 깨어있어야 한다. 온전한 정신으로 살아야 내 인생이 평안하다.

35. 나의 이익을 위해 타인을 이용하는 것에 신중해야 한다. 상대도 나와 같이 나를 이용한다. 상대의 의도를 알아차리는 지혜를 갖고 있어야 한다. 될 수 있으면 상대를 이용하여 나의 이득을 취하지 마라. 사람 사는 세상에 생각해야 할 필수 항목이다.

36. 사랑을 유지하는 좋은 방법은 상대가 좋아하는 일을 하는 것보다, 싫어하는 일을 안 하는 것이 유리하다. 짝짓기를 마음먹었다면 연인의 마음을 읽어야 한다. 그리고 미래에 동반자가 될 사람일지도 모른다. 솔직하고 솔직해야 둘이 하나가 된다는 것을 반드시 기억해야 할 것이다.

나 오 며

지나온 세월 속에 간직했던 것을 반성해 보고 뭔가를 찾으려고 노력했다. 뒤돌아서서 보니 지울 것도 많았지만, 새로운 것을 발견하는 것도 많았다. 예전에 나보다 지금의 내가 더 나답다는 것을 느낀다. 내가 생각만 하고 실행하지 않았다면 변화되질 않았을 것이다. 테스 형의 말이 옳았다. 역시 멀리 뛰기 위해선 뒤로 가 보아야 한다.

나는 사람으로 태어나고 이 세상과 인연을 맺고 살아가는 존재이다. 나는 다른 사람들과 사물에 빚지지 않는 것이 없다. 모든 것이 나에게 의미이고 참다운 교육 현장이다. 혼자서는 '인생 의미'가 없다는 것도 알았다. 반평생을 넘게 살아온 인생이다. 오십 살을 넘기면서 내 마음이 알려주고 있다.

　나는 나의 몸을 구성하는 여러 장기가 모인 유기체이다. 작은 상처에도 불편함을 느끼는 존재이다. 내 몸과 마음에 상처가 나면 스스로 치유되는 현상도 있다. 또한 외부의 도움을 받아야 하는 경우도 있다. 이와 같이 내가 스스로 할 수 있는 부분이 있고, 그렇지 않는 부분이 존재한다. 이것이 사람 사는 세상에서 사는 인간이다.

　이 세상 모든 일들이 아주 미세한 부분부터 시작하는 이치이다. 처음부터 위대하거나 거대한 업적을 이루는 것이 아니다. 자연법칙이 그랬고 사람 사는 세상이 그렇다. 관계 맺음도 미세한 움직임부터 시작한다. 나로부터 시작되는 것이다. 지나간 과거를 호출해 보니 알게 되었다.

　진정한 자유(自由)는 나로부터 원인이 되는 일을 마음껏 살아보는 것이다. 그러한 인생을 살아가는 데 전제조건은 자기 자유에 대한 책임을 반드시 가져야 한다. 이것이 사람 사는 세상에 인간의 조건이다.

　인간의 삶이란 생로병사의 운명 앞에 놓여 있다. 희로애락의 각축장에서 살아야 하는 존재일 것이다. 사람은 각자가 처해 있는 환경에서 자기 능력껏 고통과 무료함을 줄이면서 즐거움을 갈구한다. 또한 자기만의 비밀을 영원히 간직한 채 사는 인간이다.

사람 사는 세상에서 내가 할 수 있는 일은 나의 가치를 높이는 일이다. 사람으로만 살면 안 된다. 감정과 이성의 조화로움을 구조화하는 역량을 발휘하여야 한다. 사람다움으로 살아가는 기본적 조건이다. 내가 가지고 있는 유일하고 참다운 권력은 내가 되어가는 길을 찾는 '의지'일 것이다.

'정인이 학대 사건'을 보면서 느낀 점은 서글프다. 나보다 약한 상대를 학대하고 죽음에 이르게 한 양부모는 동물의 세계에서도 찾아볼 수 없는 전형적인 인간 추락 행위였다.

동물의 세계에서는 자연적인 약육강식(弱肉强食)의 흐름이 존재한다. 우리는 동물들의 세계에서 벌어지는 살육에 대해서 심판하지 않는다. 아마도 그들의 세상은 나름대로 법칙이 존재할지도 모른다. 우리 인간이 모르는 세상이다. 분명한 것은 자연은 잘 돌아가고 있다는 사실이다. 인간의 이성이 간섭하지 않았다면 더욱 자연적일 것이다.

인간들은 선과 악을 구분지어 사람들의 행위에 대해 재단하고 심판한다. 인간 이성이 만들어 놓은 부속품이다. 선과 악을 구분 지을수록 사람들은 편 가르기에 익숙해지고 재미를 보고 있다.

정인이의 양부모는 악인이 아니다. 동물의 세계와 비슷한 행위를 한 것뿐이다. 나보다 약한 상대를 잡아 죽이는 행위는 동물이다. 자연스럽다. 하지만 이성을 가진 사람이 약한 사람을 학대하고 죽음에 이르게 한 것은 자기 파괴행위에 불과하다. 악인도 될 수 없는 구조이다. 인간 이성이 잘못 작동되면 동물의 세계에도 못 미치는 행위를 하는 것을 우리 역사는 말하고 있다. 그리고 지금 보고 있다.

사람에게는 꽃보다 아름다운 따뜻한 마음과 정이 흐른다. 정인이 양부모는 자기들의 감성과 이성의 나약함을 극복하지 못하고 약한 자를 찾아 스스로 파괴하는 행위를 한 것이다. 인간이 아님을 선언하는 행위일 뿐이다. 아름답고 소중한 인간 감성과 이성의 올바른 작동이 불가했던 것이다. 그들이 사람 사는 세상에서 했던 행위를 선과 악으로 구분 짓는 것은 바람직하지 않다. 이미 그들은 스스로 소멸되었고, 우리는 그들을 법의 심판에 앞서 이미 소멸시켰다.

사람으로 태어난 것은 자연의 동물과 같다. 우리는 안다. 우리가 보편적으로 생각하는, 사람 사는 세상에서의 사람됨이 무엇인지. 동물과 다른 생각을 가진 인간은 사람됨이 되어간다.

우리 모두 처음 사는 인생이다. 사람됨을 뛰어넘어 보는 모험을 해야 한다. 우리 스스로 고유한 자기 삶의 주인으로 살아야 한다. 자기내면에 알을 박차고 '자기의지'를 발휘하는 '사람다움'으로 상승하기를 응원한다.